国际关系学院国际政治国家级一流本科专业建设系列规划教材

非政府组织概览

欧-洲-篇

罗英杰·主编

上

时事出版社
北京

图书在版编目（CIP）数据

非政府组织概览.欧洲篇：上下册/罗英杰主编. -- 北京：时事出版社，2025.3. -- ISBN 978-7-5195-0643-8

Ⅰ.D564

中国国家版本馆 CIP 数据核字第 2024HQ5659 号

出 版 发 行：时事出版社
地　　　　址：北京市海淀区彰化路 138 号西荣阁 B 座 G2 层
邮　　　　编：100097
发 行 热 线：(010) 88869831　88869832
传　　　　真：(010) 88869875
电 子 邮 箱：shishichubanshe@sina.com
印　　　　刷：北京良义印刷科技有限公司

开本：787×1092　1/16　印张：48.5　字数：762 千字
2025 年 3 月第 1 版　　2025 年 3 月第 1 次印刷
定价：368.00 元（上下册）
（如有印装质量问题，请与本社发行部联系调换）

本书系国家社科基金重大项目（题目略，项目号：22&ZD176）的系列成果之一

本书出版得到了国际关系学院中央高校基本科研业务费出版资助（项目号：3262024T06）

"国际关系学院国际政治国家级一流本科专业建设系列规划教材"编审委员会

（按姓氏笔画排序）

顾　　问：王　帆　王逸舟　陈　岳　唐永胜
　　　　　谭秀英
主　　编：罗英杰
副 主 编：朱素梅　林利民　赵晓春
编　　委：丑则静　申　林　孙冰岩　李　渤
　　　　　李春霞　刘　毅　吴　雪　何　芊
　　　　　陈　瑾　郑晓明　赵健哲　徐晓红
　　　　　莫盛凯　曹　玮　谢若初

总　序

　　国际关系学院是一所与共和国同龄的高等学府，建校以来始终响应党和国家号召，践行"为党育人、为国育才"的光荣使命，坚持"政治建校"的办学传统，坚持"小而精、特校特办"的办学理念，秉持"忠诚、勤奋、求实、创新"的校训精神，不断创新"厚基础、宽口径"的人才培养模式，培养了一大批政治素质过硬、国际视野开阔、研究基础扎实、人文素养深厚，具有创新能力和领袖素质的复合型卓越人才。

　　国际政治系发轫于国际关系学院1980年设立的国际关系教研室，1984年正式建系，是我国改革开放后首批设置国际政治本科专业的院系之一。国际政治系始终坚持以学科建设为龙头，以人才培养为核心，秉承"知政为国、胸怀天下"的系训，培养具有高度政治觉悟、扎实外语基础、广博专业知识、开阔战略视野，胜任国家机关、研究机构、高等院校、企事业单位国际问题研究或教学、外事外宣业务管理工作的高级专业人才。国际政治系拥有一支规模适度、结构合理的优秀师资队伍，45％的教师具有高级职称，多人具有博导资格，多人获得北京市教学名师和部级优秀教师等荣誉称号，多次获评省部级优秀教学团队。建系至今，国际政治系已为政府部门、科研院所、企事业单位、传播媒体等培养输送了大批优秀人才。许多毕业生已经成长为蜚声中外的专家学者和业务骨干。

　　2019年，国际政治专业被教育部评为国家级一流本科专业建设点。2021年，国际关系学院获批博士学位授予单位和政治学一级学科博士学位授权点。自此，国际政治系建设被赋予推动新文科建设，做强一流本科、建设一流专业、培养一流人才，全面振兴本科教育，提高高校人才培养能力，实现高等教育内涵式发展的新历史使命。《习近平新时代中国特色社会主义思想进课程教材指南》指出，教育是国之大计、党之大计。"培养什么人、怎样培养人、为谁培养人"是教育的根本问题，事关中国特色社会主义事业兴旺发达、后继有人，事关党和国家长治久安。课程教材集中体现党和国家意志，是育人的载体，直接关系人才培养方向和质量。推动我国教育改革创新发展和培养担当民族复兴大任时代新人，必须牢牢坚持以习近平新时代中国特色社会主义思想为指导，将其贯穿于教育教学全过程各环节。全面落实《习近平新时代中国特色社会主义思想进课程教材指南》，对引导广大青少年树立马克思主义信仰，坚定中国特色社会主义道路自信、理论自信、制度自信、文化自信，立志听党话、跟党走，形成正确的世界观、人生观、价值观，具有重大意义。作为国际政治专业国家级一流本科专业建设的重要组成部分，出版一批国际政治专业高质量课程教材，特别是教材建设相对滞后的课程教材，既是体现我系教师教学科研水平的主要途径，也是进一步规范我系教学管理，持续提高育人质量的应有之义。

为加强对系列规划教材建设工作的指导与监督，确保教材编写高质量，我系专门邀请了一批熟悉我系基本教学情况的院内外学者成立"国际关系学院国际政治国家级一流本科专业建设系列规划教材"编审委员会，负责教材总体规划、具体编写指导等工作。同时，教材在编写、出版过程中也严格遵照国际关系学院教学、科研管理相关规定，落实立项、资助审批及成果评审、验收等手续，以确保教材编写工作顺利有序推进。

"国际关系学院国际政治国家级一流本科专业建设系列规划教材"是我系第一次集中组织力量开展课程教材编写工作，既包括对国际政治传统课程教材的更新，也包括在新设区域国别学和国家安全学一级学科背景下对相关课程教材的补充。国际政治是一门相对年轻的学科，在我国的发展也不过寥寥数十载；学科所具有的极强政治属性，使得学界在概念、观点等方面很难形成统一认知；加之编写人员水平与时间有限，本套教材难免存在疏漏与不妥之处，希望专家、同行及广大读者在给予理解、支持的同时，不吝提出宝贵意见与建议，以便日后进一步对相关内容予以调整和改进。最后，衷心感谢学院领导、兄弟院系和相关部门对教材编写工作的大力支持，感谢时事出版社领导和工作人员在教材编审、出版过程中的辛勤付出，正是他们的关心与帮助，使得本套教材能够与广大读者见面。

罗英杰

2025 年 1 月 10 日

目 录

（上 册）

A

A11-Initiative for Economic and Social Rights（A11—经济和社会权利倡议）……………………………………………………（2）

ABD Welfare and Development Association（ABD 福利与发展协会，ABD Asociación Bienestar y Desarrollo）………………（2）

Academic Forum for Foreign Affairs-Austria（United Nations Youth and Student Association）（外交事务学术论坛—奥地利联合国青年和学生协会）……………………………………………（3）

Academy of Labour and Social Relations（劳动与社会关系学院）……（3）

Academy of Mining Sciences（矿业科学院）……………………（4）

Access to Information Programme Foundation（获取信息计划基金会）………………………………………………………（5）

ACEH-the Solidarity Companions African Land Action Association De Cooperation et d'Entraide Humanitaire（ACEH-团结伙伴非洲土地行动与人道主义合作援助协会，ACEH Les Compagnons Solidaires Action Terre d'Afrique Association de Coopération et d'Entraide Humanitaire）…………………………………（5）

Acronym Institute for Disarmament Diplomacy（裁军外交研究所）……（6）

Across Atlantic Development LTD（跨大西洋发展有限公司）…………（6）

ACT Alliance-Action by Churches Together（ACT 联盟—教会

共同行动）…………………………………………………（7）

ACT Asia（ACT 亚洲）………………………………………（7）

Action 237-Suisse（行动237—瑞士）………………………（8）

Action of Citizens for Nuclear Disarmament（核裁军公民行动，
　　Action des Citoyens Pour le Désarmement Nucléaire）………（8）

Action for Development（Suisse）［发展行动（瑞士）］……（9）

Action on Armed Violence（武装暴力行动）………………（10）

Action Security Etic Republicain（行动安全共和党，Action
　　Sécurité Ethique Républicaines）…………………………（10）

Actis-Norwegian Policy Network on Alcohol and Drugs（Actis—挪威
　　酒精和毒品政策网络，Actis-Rusfeltets Samarbeidsorgan）…（11）

Adelphi Consult GmbH（阿德尔菲咨询有限公司）…………（11）

Adelphi Research GmbH（阿德尔菲研究有限公司）………（12）

Africa Europe Faith and Justice Network（非洲、欧洲信仰和正义
　　网络）……………………………………………………（12）

Africa Solidarity Centre Ireland（爱尔兰非洲团结中心）…（13）

Africa-Europe Diaspora Development Platform（非洲—欧洲侨民
　　发展平台）………………………………………………（14）

African British Returnees lnternational Ltd（非洲英国海归国际
　　有限公司）………………………………………………（14）

African Foundation for Development（非洲发展基金会）…（15）

Agency for Technical Cooperation and Development（合作技术与
　　发展援助机构，Agence d'aide à la Coopération Technique et
　　au développement）………………………………………（15）

AIDS Foundation East-West（东西方艾滋病基金会）……（16）

Aland Islands Peace Institute（奥兰群岛和平研究所）……（16）

Al-ODD，Alliance Internationale Pour les Objectifs de Développement
　　Durable（国际持久发展对象联盟）……………………（17）

Alsalam Foundation（阿尔萨拉姆基金会）…………………（17）

AMERA International Limited（阿美拉国际有限公司）……（18）

AMITERD Friends of the Earth（阿姆斯特丹地球之友，AMITERD

"Les Amies de la Terre") ……………………………………… (18)

Amnesty International（国际特赦组织）………………………… (19)

Ananda Marga Universal Relief Team（SWITZERLAND）
　（AMURT，国际救援队）（瑞士）………………………… (19)

Anglican Consultative Council（普世圣公宗咨议会）…………… (20)

ANO "Organization" "Vector of Friendship"（友谊矢量组织）… (20)

Anti-Slavery Internatioanl（国际反奴役组织）………………… (21)

Antioch Christian Centre（安提阿基督教中心）………………… (21)

Anti-Violence Center（反暴力中心）……………………………… (22)

APERIO-Healthy Parenting Association（APERIO—健康育儿协会，
　APERIO-Spolecnost pro zdrave rodicovstvi）………………… (22)

AQUADEV（AQUADEV 组织）…………………………………… (23)

Aqua Fed-International Federation of Private Water Operators（国际
　私人水务运营商联盟）……………………………………… (23)

Arab Commission for Human Rights（阿拉伯人权委员会）……… (24)

Arab Penal Reform Organization（阿拉伯刑罚改革组织）……… (24)

Arab European Forum for Dialogue and Human Rights（阿拉伯—欧洲
　对话与人权论坛）…………………………………………… (25)

Ariel Foundation International（艾瑞尔国际基金会）…………… (25)

Art for the World（为世界而艺术组织）………………………… (26)

Art Dialogue（艺术对话组织）…………………………………… (26)

Article 36 Limited（第三十六条有限公司）……………………… (27)

Asia Darshana（亚洲吉相组织）………………………………… (27)

Association for the Prevention, Reintegration and Assistance to Prostituted
　Women（预防、重新融入社会和援助卖淫妇女协会，Asociación para
　la Prevención, Reinserción y Atención a la Mujer Prostituida）……… (28)

Association for Promoting Bioculture and Developing Healthy Lives
　（促进生物文化和发展健康生活协会，Asociación Vida Sana para el
　Fomento de la Cultura y el Desarrollo Biológicos）……………… (28)

Assist Italian Athletes Association（协助意大利运动员协会，Assist
　Associazione Nazionale Atlete）…………………………… (29)

Association of Women Against Violence（妇女反对暴力协会，
　　Associacao de Mulheres Contra a Violencia） …………… (30)
Associació CATESCO/Catalonia for Education, Science and Culture
　　Organization（加泰罗尼亚教育、科学和文化组织，
　　Associació CATESCO/Catalonia for Education, Science and
　　Culture Organization） …………………………………… (30)
Associated Country Women of the World（世界乡村妇女协会） ……… (31)
Association 4D（Sustainable Development Archive and Debate）
　　（可持续发展、档案和辩论协会，Association 4D-Dossiers et
　　Débats pour le Développement Durable） ………………… (31)
Association A. M. OR（A. M. OR 协会） …………………………… (32)
Association African Foundation for Migration and Development in
　　Switzerland（瑞士非洲移民与发展基金会） ………………… (32)
Association for the Defence and Promotion of Human Rights
　　（捍卫和促进人权协会，Association de Défense et de Promotion
　　des Droits de l'Homme） ……………………………………… (33)
Association Supporting Orphans in Vietnam（援助越南孤儿协会，
　　Association de Soutien aux Orphelins du Vietnam） …………… (33)
Association of European Manufactures of Sporting Ammunition
　　（欧洲运动弹药制造商协会，Association des Fabricants européens
　　de Munitions de Sport） ……………………………………… (34)
Association Diogenis, Drug Policy Dialogue in South East Europe
　　（第欧根尼协会，东南欧毒品政策对话） …………………… (35)
Association for Democratic Initiatives（民主倡议协会） …………… (36)
Association for Emissions Control by Catalyst（催化剂排放控制
　　协会） …………………………………………………………… (36)
Association for Solidarity with Asylum Seekers and Migrants
　　（团结寻求庇护者和移民协会） ……………………………… (37)
Association for Solidarity with Freedom-deprived Juveniles
　　（声援被剥夺自由少年协会） ………………………………… (38)
Association for the Prevention of Torture（防止酷刑协会） ………… (38)

Association for Women's Career Development in Hungary
（匈牙利妇女职业发展协会）……………………………（39）
Association of French Volunteers for Progress（法国进步志愿者协会，
Association Française des Volontaires du Progrès）…………（39）
Association of France for the United Nations（法国支持联合国协会，
Association Française Pour Les Nations Unies）……………（40）
Association François-Xavier Bagnoud-FXB International（弗朗索瓦—
格扎维埃—巴纽协会）…………………………………（41）
Association of Humanitarian Quality Assurance Initiative（人道主义
质量保证倡议协会，Association Initiative Assurance Qualité
Humanitaire）……………………………………………（41）
Association Inmisuisse（Inter Migrants Suisse）（瑞士移民协会）……（42）
Association of Knowledge of Building-Malian（马里建筑知识协会，
Association Malienne de Savoir Construire）………………（43）
Association Montessori Internationale（国际蒙特梭利协会）………（43）
Association of Centraland Eastern European Election Officials（中欧和
东欧官员选举协会）……………………………………（44）
Association of Commonwealth Universities（英联邦大学协会）………（45）
Association of Families and Women in Rural Areas（农村地区家庭和
妇女协会）………………………………………………（45）
Association of Indigenous Peoples of the North, Siberia and Far East
of the Russian Federation（俄罗斯联邦北方、西伯利亚和远东土著
人民协会）………………………………………………（46）
Association for Human Rights of Azerbaijanis in Iran（捍卫伊朗阿塞拜疆
人民人权、民主和文化要求协会，Association pour la défense
des droits de l'homme et des revendications démocratiques/culturelles
du peuple Azerbaidjanais-Iran）……………………………（47）
Association for International Solidarity（国际团结协会，Association
Pour la Solidarité Internationale）…………………………（47）
Association for Social Economic Development Environment of the North
（法国北部经济、社会和环境发展协会，Association Pour le

Développement Economique Social Environnemental du Nord） …… （48）

Association for Human Rights and Sustainable Development ［人权与可持续发展协会（白鸽城），Association Pour le droit de l'homme et le développement durable（Colombes）］ …………… （49）

Association for the Economic, Social and Environmental Development of the North（法国北部经济、社会和环境发展协会，Association Pour le développement Economique, Social, Environnemental du Nord） ………………………… （50）

Amici dei Bambini（Children's Friends Association）（儿童之友协会，Associazione Amici dei Bambini） ………………… （50）

Atheist Ireland（爱尔兰无神论者组织，Atheist Ireland） …………… （51）

Austro-Egyptian Chamber of Commerce（奥地利—埃及商会） …… （51）

Academic Mobility Center（促进实施教育、科学和文化计划"学术流动中心"的非营利性自治组织） ……………………………… （52）

Autonomous Women's Center（妇女自治中心） …………………… （52）

Avalon Foundation（阿瓦隆基金会） ………………………………… （53）

Andrey Rylkov Foundation for Health and Social Justice（安德烈—里尔科夫健康与社会正义基金会） ……………………………… （53）

Association "Marta Centre"（"玛尔塔中心"协会） …………………… （54）

Association for Support of Women Candidates（支持妇女候选人协会，Kadin Adaylari Destekleme ve Egitme Dernegi） ……………… （55）

Austrian League for the United Nations（奥地利联合国联盟，Oesterreichische Liga Fuer die Vereinten Nationen） ……………… （55）

A Bridge To（一座桥，Un Ponte Per） ……………………………… （56）

Association of German Development and Humanitarian Aid NGOs（德国发展和人道主义援助非政府组织协会，Verband Entwicklungspolitik Deutscher Nichtregierungs-Organisationen） ……… （56）

B

Brooke（布鲁克） …………………………………………………… （59）

Bahrain Center for Human Rights（巴林人权中心） ………………… （59）

Baltic and International Maritime Council（波罗的海和国际海事理事会） ·········· (59)

Baltic Sea Forum e. V.（波罗的海论坛） ·········· (60)

Belgia Association Human Rights and Develepment（比利时人权与发展协会，Belgische Associatie Voor Mensenrechten en Ontwikkeling） ·········· (60)

Belgrade Centre for Human Rights（贝尔格莱德人权中心） ·········· (61)

Bird Life International（国际鸟类生命协会） ·········· (62)

Blagovest Centre of People's Help International Public Charitable Organization（布拉戈维申斯克人民援助中心国际公共慈善组织） ·········· (62)

Body Shop Foundation（美体小铺基金会） ·········· (63)

Bonaire Human Rights Organization（博内尔岛人权组织基金会） ·········· (63)

Bonsucro（邦舒克） ·········· (64)

Books to Africa International（赠书非洲国际组织） ·········· (64)

Bosphorus University Businesspeople Alumni Association（博阿济吉大学校友商业人士协会，Boğaziçi Üniversitesi Mezunu İş İnsanları Derneği） ·········· (65)

Bring Hope Humanitarian Foundation（带来希望人道主义基金会） ·········· (65)

British Humanist Association（英国人文主义协会） ·········· (66)

British Nuclear Tests Veterans Association（英国核试验老兵协会） ·········· (66)

British Overseas NGOs for Development（英国海外非政府组织促进发展协会） ·········· (67)

Brotherhood of Dragons（NGO）（龙兄弟会国际援助组织，Bruderschaft der Drachen Internationale Hilfsorganisation） ·········· (67)

Brussels for Human Rights and Development（布鲁塞尔人权与发展组织） ·········· (68)

Brussels International Center for Research and Human Rights

（布鲁塞尔国际研究与人权中心）……………………………（68）

Bulgarian Gender Research Foundation（保加利亚性别研究基金会）………………………………………………………………（69）

Bureau for the Implementation of Equal Treatment（平等待遇执行办公室，Bürozur Umsetzungvon Gleichbehandlung e. V.）…………（70）

C

C. A. S. E. S. International（C. A. S. E. S. 国际）………………（72）

Cairo Institute for Human Rights Studies（开罗人权研究所）……（72）

Campaign for Nuclear Disarmament（核裁军运动）………………（73）

Caritas Internationalis（International Confederation of Catholic Charities）（国际天主教慈善联合会）……………………………………（73）

Catholic Agency for Overseas Development（天主教海外发展基金会）……………………………………………………………（74）

Catholic International Union for Social Service（天主教国际社会服务联合会）……………………………………………………………（74）

Catholic Organization for Relief and Development Aid（天主教救济和发展援助组织）…………………………………………………（75）

CDP Worldwide（CDP 全球）…………………………………………（75）

Cecodhas Housing Europe（Cecodhas 欧洲住房）…………………（76）

Cell of Alternative Youth Activities（替代青年活动小组）…………（76）

Celtic League（凯尔特人联盟）………………………………………（77）

Center for Independent Social Research（独立社会研究中心）………（77）

Center for Regional Policy Research and Cooperation "Studiorum"（区域政策研究与合作中心"Studiorum"，Центарзарегионални истражувањаисоработка "Студиорум"）………………………（78）

Center for the Study of Crime（犯罪研究中心）……………………（79）

Centralized Religious Organization Spiritual Assembly of Muslims of Russia（俄罗斯穆斯林中央宗教组织精神大会）………………（79）

Center for Diplomatic and Strategic Studies（外交和战略研究中心，Centre d'études Diplomatiques et Stratégiques）………………（80）

Center for African Legal Studies（非洲法律研究中心，Centre d'études Juridiques Africaines）……（80）

Centre de Recherche et d'Information pour le Développement（发展研究和信息中心）……（81）

Centre for Applied Studies in International Negotiations（国际谈判应用研究中心）……（82）

Centre for International Peace Building（国际和平建设中心）……（82）

Centre for International Promotion Fund（国际促进基金中心）……（83）

Centre for Learning on Sustainable Agriculture（可持续农业学习中心）……（83）

Centre for Low Carbon Futures（低碳未来中心）……（84）

Centre for the Study of the Kingdoms and Chiefdoms of Africa Ltd（非洲、大洋洲和美洲王国和酋长国研究中心）……（84）

Children of One World（同一个世界儿童协会，Bir Dünya Çocuk Derneği）……（85）

CNCD-11.11.11（国家发展合作中心）……（85）

Centre for Civil and Political Rights（公民权利和政治权利中心，Centre Pour les Droits Civils et Politiques）……（86）

Centro Nazionale di Prevenzione e Difesa Sociale（国家预防和社会防御中心）……（86）

Centro Studi ed Iniziative Culturali Pio La Torre（Pio La Torre 研究中心）……（87）

Cesvi Fondazione（Cesvi 基金会）……（88）

Charitable Organization "Charitable Fund" League of Tolerance（慈善组织"慈善基金"宽容联盟）……（88）

Chernobyl Children's Project International（切尔诺贝利儿童项目国际）……（89）

Child Rights Connect（儿童权利连接）……（89）

Childhood Cancer International（儿童癌症国际）……（90）

Children in Crossfire（战火中的儿童）……（90）

Children of a Better Time（美好时光的孩子）……（91）

Child Rights Centre Albania（阿尔巴尼亚儿童人权中心）……………(91)

Christian Blind Mission（基督教盲人使命）………………………(92)

Christian Campaign for Nuclear Disarmament（基督教核裁军
运动）…………………………………………………………(92)

Christian Solidarity Worldwide（全球基督教团结）………………(93)

CIBJO-The World Jewellery Confederation（CIBJO—世界珠宝
联合会）………………………………………………………(93)

Citizen Outreach Coalition（公民外联联盟）………………………(94)

Climate Action Network Association e. V.（气候行动网络协会）……(95)

Climate Action Network Europe Asbl（欧洲气候行动网络）………(95)

Climate and Health Limited（气候与健康有限公司）………………(96)

Centre of Liaison and Information of Masonic Powers Signatories of
Strasbourg Appeal（共济会国家联络和信息中心《斯特拉斯堡呼吁书》
签署方）………………………………………………………(96)

Close the Gap（缩小差距组织）………………………………(97)

Club of Dakar（达喀尔协会）……………………………………(98)

Commission of the Churcheson International Affairs of the World
Council of Churches（世界基督教协进会教会国际事务
委员会）………………………………………………………(98)

Commonwealth Association of Surveying and Land Economy
（英联邦测量和土地经济协会）………………………………(99)

Commonwealth Human Ecology Council（英联邦人类生态
理事会）………………………………………………………(99)

Commonwealth Medical Trust（英联邦医疗信托基金）……………(100)

Company of the Daughters of Charity of St. Vincent de Paul
（圣樊尚—德保罗慈善之女协会）……………………………(100)

Compassion in World Farming（世界农场慈悲组织）……………(101)

Confederation of European Forest Owners（欧洲森林所有者
联合会）………………………………………………………(101)

Confederation of European Paper Industries（欧洲造纸工业
联合会）………………………………………………………(102)

Confederation of Family Organisations in the European Union
（欧洲联盟家庭组织联合会，Confédération des Organisations Familiales de l'Union Européenne）……………………（103）

Congregation of Our Lady of Charity of the Good Shepherd
（好牧人慈悲圣母会）………………………………（103）

Conscience and Peace Tax International（良知与和平义务国际）……（104）

Cojep International（多元文化青年理事会，Conseil de Jeunesse Pluriculturelle）………………………………………（104）

Conseil International du Sport Militaire-CISM/International Military Sports Council（国际军事体育理事会/国际军事体育理事会）………………………………………………（105）

Consortium for Street Children（流浪儿童联合会）……………（105）

Consultative Council of Jewish Organizations（犹太人组织协商理事会）………………………………………………（106）

Consumers International（国际消费者协会）……………………（107）

Contra Nocendi International（反对种族主义国际运动）…………（107）

Cooperation for Peace，Sweden（瑞典合作促进和平）……………（108）

COOPERATION INTERNATIONALE POUR LE DEVELOPMENT ET LA SOLIDARITE（国际合作发展与团结协会）……………（108）

Cooperation for the Development of Emerging Countries（新兴国家发展合作，Cooperazione per lo Sviluppo dei Paesi Emergenti）……（109）

Coordinating Committee for International Voluntary Service（国际志愿服务协调委员会）……………………………………（109）

COPERNICUS Alliance-European Network on Higher Education for Sustainable Development（COPERNICUS 联盟—欧洲高等教育促进可持续发展网络）………………………………（110）

Coral Cay Conservation（珊瑚礁保护协会）……………………（110）

Coralive. org（珊瑚礁保护协会）………………………………（111）

Crop Life International（国际作物生活）………………………（111）

Cruelty Free International（国际残酷自由）……………………（112）

CSR-Dialogforum-Verein Zur Förderung Nachhaltigen Wirtschaftens

（企业社会责任对话论坛，CSR-Dialogforum-Verein Zur Förderung Nachhaltigen Wirtschaftens） ……………………………………… （113）

Cooperation and Development （合作与发展组织，Cooperaçao e Desenvolvimento） …………………………………………………… （113）

Celebrate Recovery （庆祝康复，Proslavi Oporavak） ……………… （114）

Center for Legal Civic Initiatives （法律公民倡议中心） ……………… （114）

Children First （弗兰基的孩子们，Les Enfants de Frankie） ………… （115）

D

Damanhur Education （达曼胡尔教育） …………………………… （117）

Danish 92 Group （丹麦92集团） …………………………………… （117）

Danish Association for International Cooperation （丹麦国际合作协会） ………………………………………………………………… （118）

Danish Refugee Council （丹麦难民委员会，Dansk Flygtningehjælp） …… （118）

Dansk Folkeoplysnings Samrad Danish Council for Adult Education （丹麦成人教育理事会） ………………………………………… （119）

Development Assistance Research Associates （发展援助研究协会） ………………………………………………………………… （119）

Defence for Children International （国际儿童保护） ………………… （120）

Deutsche Stiftung Weltbevoelkerung-German Foundation for World Population （德国世界人口基金会） ………………………………… （121）

Deutsche Welle Youth Club International Ghana （德国之声加纳国际青年俱乐部） ……………………………………………………… （121）

Deutsche Welthungerhilfe e. V. （德国农业行动） …………………… （122）

Development Initiative Organisation （发展倡议组织） ……………… （122）

Development Innovations and Networks （发展创新与网络） ………… （123）

Diakonia （迪亚科尼亚） …………………………………………… （123）

Dianova International （迪亚诺瓦国际） …………………………… （124）

Differenza Donna-Association of Women Against Violence （妇女反对暴力侵害协会，Differenza Donna-Associazione di donne Contro la Violenza alle Donne） …………………………………… （125）

Dignity Impact（尊严影响，Dignité Impact） ………………………（125）
Diplo Foundation（迪普洛基金会） ………………………………（126）
Diplomatic Council e. V.（外交理事会） …………………………（126）
Dominicans for Justice and Peace-Order of Preachers（多米尼加争取
　　正义与和平—传教士团） ………………………………………（127）
D. i. Re-Women's Network Against Violence（妇女反暴力网络，
　　Donne in Rete Contro la Violenza-ONLUS） …………………（127）
Dr. Denis Mukwege Foundation（丹尼斯·穆克韦格博士
　　基金会） ……………………………………………………………（128）
Drepavie（科普镰状细胞病组织机构） ……………………………（129）
Drug Policy Network South East Europe（东南欧毒品政策网络）……（129）
Dutch Council for Refugees/Vluchtelingen Werk Nederland
　　（荷兰难民理事会） ………………………………………………（130）
Dzeno Association（Dzeno 协会） …………………………………（131）
Doctors of the World（世界医生，Dünya Doktorları Derneği） ………（131）
Donostia-San Sebastián UNESCO Centre（教科文组织圣塞
　　巴斯蒂安中心） ……………………………………………………（132）

E

Eagle Eyes Association for Afghan Displaced Youth/Eagle Eyes
　　NGO International（阿富汗流离失所青年鹰眼协会） …………（134）
Eastern Alliance for Safeand Sustainable Transport（东部安全与可持续
　　交通联盟） …………………………………………………………（134）
EAT Foundation（饮食基金会） ……………………………………（135）
ECA Watch Austria（奥地利非洲经委会观察） ……………………（135）
Eco-Accord-Center for Environment and Sustainable Development
　　（生态协议–环境与可持续发展中心） …………………………（136）
Environmentalists in Action（生态学家在行动，Ecologistas en
　　Accion） ……………………………………………………………（136）
Ecospirituality Foundation（生态灵性基金会） ……………………（136）
ECPAT Sweden（瑞典根除儿童卖淫现象国际运动，ECPAT

Sverige） ··· （137）

Ecumenical Advocacy Alliance（普世倡导联盟） ················· （137）

Edmund Rice International Limited（埃德蒙·赖斯国际有限
公司） ··· （138）

Education Relief Foundation（教育救济基金会） ··················· （138）

Educators for Peace, Norway（挪威和平教育者组织） ············ （139）

European Association Trade-Crafts-Industry（欧洲工商业协会,
EIVHGI-Europäischer Interessenverband-Handel-Gewerbe-
Industrie） ··· （139）

Elternkreis Wien Association for the Promotion of Self-help for
Relatives of Addicts（维也纳家庭圈促进吸毒者亲属自助
协会, Elternkreis Wien Verein Zur Förderung der Selbsthilfe
für Angehörige Von Suchtkranken） ·························· （140）

Emergency-Life Support for Civilian War Victims（紧急情况——
为战争平民受害者提供生命支持） ································ （140）

Emmaus International Association（艾玛斯国际协会） ············ （141）

Energies 2050（能源2050） ·· （141）

Energy, Technology and the Environment（ETE21）（能源、技术与
环境, ETE21） ·· （142）

Engender（引起改变） ·· （142）

Engineers Without Borders UK（英国无国界工程师组织） ······· （143）

English International Association of Lund（隆德国际英语协会） ······· （143）

English Speaking Union International Council（英语联盟国际
理事会） ·· （144）

ENO Programme Association（ENO计划协会） ···················· （144）

Environment-People-Law（环境—人文—法律） ···················· （144）

Environmental Ambassadors for Sustainable Development（可持续
发展环境大使） ··· （145）

Environmental Health（Scotland）Unit［环境卫生（苏格兰）
组织］ ··· （145）

Environmental Investigation Agency（环境调查局） ··············· （146）

Environmental Justice Foundation Charitable Trust（环境正义基金会慈善信托基金）……………………………………（146）

Environmental Management and Law Association（环境管理与法律协会）………………………………………………………（147）

Environmental Women's Assembly（环境妇女大会）……………（147）

ESIB-The National Union of Students in Europe（ESIB—欧洲全国学生联合会）…………………………………………………（148）

Espace Afrique International（非洲国际空间）……………………（148）

Eurasian Harm Reduction Association（欧亚减少伤害协会，Eurazijos žalos mažinimo asociacija）…………………………（149）

Euro Atlantic Diplomacy Society Association（欧洲大西洋外交协会）……………………………………………………………（149）

Euro-Mediterranean Human Rights Network（欧洲—地中海人权网）……………………………………………………………（150）

Eurochild（欧洲儿童）………………………………………………（150）

EUROGEO（欧洲地理学家协会）…………………………………（151）

EUROMIL EV（欧洲军事协会论坛）……………………………（151）

Euromontana（European Association for Mountain Areas）（欧洲山区协会）…………………………………………………………（152）

Europe and Central Asia Comparative Education Society（欧洲中亚比较教育学会）…………………………………………………（152）

Europe External Programme for Africa（欧洲对非方案）………（153）

European Academy of Bolzano（博尔扎诺欧洲学院）……………（153）

European Advisory Council for Technology Trade（欧洲技术贸易咨询委员会）……………………………………………………（154）

European Alliance of Press Agencies（欧洲新闻机构联盟）………（154）

European Association for the Advancement of Social Sciences（欧洲社会科学促进协会）………………………………………（154）

European Youth Information and Counselling Agency（欧洲信息和青年理事会）……………………………………………………（155）

European Association of Automotive Suppliers（欧洲汽车供应商

协会）……………………………………………………………（155）

European Association of Refrigeration Enterprises（欧洲制冷企业协会）……………………………………………………（156）

European Bahai Business Forum（欧洲巴哈伊商业论坛）…………（156）

European Boating Association（欧洲划船协会）……………………（157）

European Broadcasting Union（欧洲广播联盟）……………………（157）

European Bureau for Conservation and Development（欧洲保护和发展局）……………………………………………………………（157）

European Business Council for a Sustainable Energy Future（欧洲可持续能源未来商业理事会）……………………………（158）

European Center for Constitutional and Human Rights（欧洲宪法和人权中心）…………………………………………………（158）

European Centre for Conflict Prevention（欧洲预防冲突中心）………（159）

European Chemical Industry Council（欧洲化学工业理事会）………（159）

European Coalition for Just and Effective drug Policies（欧洲公正有效毒品政策联盟）……………………………………（160）

European Confederation of Wood Working Industries（欧洲木工工业联合会）……………………………………………（160）

European Container Manufacturers' Committee（欧洲集装箱制造商委员会）…………………………………………………（161）

European Council of Young Farmers（欧洲青年农民委员会）………（161）

European Cyclists' Federation（欧洲自行车联合会）………………（162）

European Disability Forum（欧洲残疾人论坛）………………………（162）

European Economic Chamber（European Econormic Chamber of Global Commerce and Industry）（EEIGCham，欧洲经济商会）……（162）

European Electronic Messaging Association（欧洲电子信息协会）……………………………………………………………（163）

European Environmental Bureau（欧洲环保署）……………………（164）

European Federation for Intercultural Learning（欧洲跨文化交流联合会）……………………………………………………（164）

European Federation for the Welfare of the Elderly（欧洲老年人

福利联合会）…………………………………………………（164）

European Federation for UNESCO Clubs, Centers and Associations
（欧洲联合国教科文组织俱乐部、中心和协会联合会）…………（165）

European Federation of Older Students at Universities（欧洲大学
老年学生联合会）……………………………………………（166）

European Federation of Road Traffic Crash Victims（欧洲道路
交通事故受害者联合会）……………………………………（166）

European Fertilizer Manufacturers Association（欧洲肥料
制造商协会）…………………………………………………（167）

European Forum for Restorative Justice（欧洲重建正义论坛）………（167）

European Health Psychology Society（欧洲健康心理学会）…………（168）

European Industrial Gases Association（欧洲工业气体协会）………（168）

European Landowners' Organization-asbl（欧洲土地所有者
组织）…………………………………………………………（169）

European Law Students' Association（欧洲法学生协会）……………（169）

European Liquefied Petroleum Gas Association（欧洲液化石油气
协会）…………………………………………………………（170）

European Mediterranean Commissionon Water Planning
（欧洲地中海水利规划委员会）……………………………（171）

European Mountain Forum（欧洲山地论坛）…………………（171）

European Natural Gas Vehicle Association（欧洲天然气汽车
协会）…………………………………………………………（171）

European Network of Policewomen（欧洲女警察网络）………（172）

European Network on Debtand Development（欧洲债务和发展
网络）…………………………………………………………（172）

European Organization for Quality（欧洲质量组织）…………（173）

European Partners for the Environment（欧洲环境合作伙伴）………（174）

European Region of the International Lesbian and Gay Federation
（欧洲地区国际男女同性恋联合会）………………………（174）

European Road Safety Equipment Federation（欧洲道路安全
设备联合会）…………………………………………………（175）

European Society for Medical Oncology（欧洲肿瘤医学会）………（175）

European Transport Safety Council（欧洲交通安全委员会）………（176）

European Union of Developers and House Builders（欧洲开发商和房屋建筑商联盟）………（176）

European Union of Jewish Students（欧洲犹太学生联合会）………（177）

European Union of Public Relations（欧洲公共关系联合会）………（177）

European Union of the Deaf（欧洲聋人联盟）………（178）

European Union of Women（欧洲妇女联盟）………（178）

European Wind Energy Association-Policy Dept（欧洲风能委员会—政策部）………（179）

European Women's Lobby（欧洲妇女游说团）………（179）

European Youth Forum（欧洲青年论坛）………（180）

European Youth Press-Network of Young Media Makers（欧洲青年出版社—青年媒体制作人网络）………（180）

Euro Platforms European Economic Interest Grouping（欧元平台欧洲经济利益集团）………（181）

European-Arab Initiative for Reconstruction and Development（欧洲—阿拉伯重建与发展倡议，Europäisch-Arabische Initiative für Wiederaufbau und Entwicklung）………（181）

Eurordis European Organization for Rare Diseases（欧洲罕见病组织）………（182）

Evangelical Lutheran Mission Leipzig（莱比锡福音路德教会）………（183）

Every Casualty Worldwide（全球伤亡事故记录）………（183）

Ex-Volunteers International（前国际志愿者）………（184）

Exchange and Cooperation Centre for Latin America（拉丁美洲交流与合作中心，Centre d'Exchanges et Coopération pour l'Amérique Latine）………（184）

Euro-Mediterranean Center for Climate Change（欧洲—地中海气候变化中心）………（185）

Eastern Works（东方作品，Œuvre d'Orient）………（185）

European Radio Amateurs' Organization（欧洲业余无线电
　　爱好者组织，Organisation Européenne des
　　Radioamateurs）………………………………………（186）
European Non-Governmental Sports Organisation（欧洲非政府
　　体育组织，Organisation Européenne Non Gouvernementale
　　des Sports）……………………………………………（186）
European Network for Central Africa（中非欧洲网络，Réseau
　　Européen Pour l'Afrique Centrale）…………………（187）
European Language Equality Network（欧洲语言平等网络，
　　Réseau Européen pour l'Égalité des Langues）………（187）
Emergency Self-defense Measures for Children（儿童之爱，
　　Kindernothilfe）………………………………………（188）
Estonian Institute of Human Rights（爱沙尼亚人权研究所，
　　Inimõiguste Instituut）…………………………………（188）

F

Family Action Foundation（家庭行动基金会，ACCIÓN
　　FAMILIAR）……………………………………………（191）
Family for Every Child（每个孩子的家）………………（191）
Fauna and Flora International（国际野生动植物保护组织）…（192）
Foundation for the Economics of Sustainability（可持续发展
　　经济学基金会）………………………………………（192）
Federation for Education in Europe（欧洲教育联合会）……（193）
Federal Union of European Nationalities（欧洲民族联盟）……（193）
Federation of Associations of Former International Civil Servants
　　（前国际公务员协会联合会）………………………（194）
Federation of European Manufacturers of Friction Materials
　　（欧洲摩擦材料制造商联合会）……………………（194）
Federation of European Motorcyclists' Associations
　　（欧洲摩托车手协会联合会）………………………（195）
Federation of Independent Trade Unions of Russia

（俄罗斯独立工会联合会） ……………………………（195）

Federation of Western Thrace Turks in Europe
（欧洲西色雷斯土耳其人联合会） ……………………（196）

Feminenza International Ltd（女子国际有限公司） ………（196）

FIA Foundation for the Automobile and Society
（国际汽联汽车与社会基金会） ………………………（197）

FIAN International e. V.（粮食第一信息和行动网） ………（197）

Findhorn Foundation（发展角基金会） ……………………（198）

Finland National Committee for UN-Women（芬兰妇女署全国
委员会） ………………………………………………（198）

Finnish Centre for Health Promotion（芬兰健康促进中心） …（199）

Finnish United Nations Association（芬兰联合国协会） ……（199）

Fire Rescue Development Program（消防救援发展计划） ……（200）

Focus, Association for Sustainable Development（聚焦、
可持续发展学会，Focus, društvo za sonaraven razvoj） ……（200）

Foundation for the Economy and Sustainable Development of the
Regions of Europe（欧洲区域经济与可持续发展基金会，
Fondation Européenne pour le développement durable
des régions） …………………………………………（201）

Foundation Giovannie e Francesca Falcone（乔瓦尼和弗朗西斯
卡法尔科内基金会，Fondazione Giovannie e Francesca
Falcone） ………………………………………………（201）

Food for the Hungry International（国际饥饿食品组织） ……（202）

Forests Monitor Ltd.（森林监测有限公司） …………………（202）

Finnish Association for Nature Conservation（芬兰自然保护协会，
Suomen luonnonsuojeluliitto ry） ……………………（203）

Flemish Platform on Sustainable Development（弗拉芒可持续
发展平台，Vlaams Overleg Duurzame Ontwikkeling） ……（203）

Forum for Development and Environment（挪威环境与发展
论坛） …………………………………………………（204）

Friends of Science, Culture and Art Association（科学文化艺术

之友协会，Kadikoyu Bilim Kultur ve Sanat Dostlari Dernegi） ……（204）

Foundation Centre for Legal Resources（法律资源基金会中心，
　　Centrul de Resurse Juridice） ……………………………………（205）

G

Geneva International Peace Research Institute（日内瓦国际
　　和平研究所，Institut International de Recherches Pour la
　　Paix à Genève） ………………………………………………………（207）

Green Liberty（绿色自由，Zala Briviba） ……………………………（207）

Green Cross-Green Crescent（绿色浸礼，Zeleni krst） ……………（208）

Global Self-Care Federation（世界自我治疗协会）…………………（208）

Greening the University Tübingen（学生绿化大学倡议，
　　Studierende Initiative Greening the University e. V. Tübingen）……（209）

Girls' Brigade International（女童军国际理事会）……………………（209）

German Speleological Federation（德国岩洞学联合会，Verband
　　der Deutschen Höhlen-und Karstforscher e. V.） ………………（210）

German League for Nature and Environment（德国自然与环境联盟/
　　德国自然保护协会，Deutscher Naturschutzring-DNR）…………（210）

H

Health Education and Research Association（健康教育和研究
　　协会）……………………………………………………………………（213）

Human Rights Organization Rights and Freedoms of Citizens of Turkmenistan
　　（保护土库曼斯坦公民的权利和自由的人权组织，Lidskoprávní
　　Organizace Práva a svobody obcanuču Turkmenistánu z. s.） ………（213）

I

International Institute for Rights and Development Geneva（日内瓦
　　国际权利和发展研究所，Institut International pour les Droits
　　et le Développement）………………………………………………（216）

Institute for African Alternatives（非洲选项研究所）………………（216）

Institute for Human Rights & Business Limited（人权与商业
　　研究所） ··· (217)
Institute for Planetary Synthesis（行星综合研究所） ·············· (217)
Institute for Policy Studies（政策研究学院） ························· (218)
Institute for Reporters' Freedom and Safety（记者自由与
　　安全研究所） ·· (218)
Institute of Marine Engineering, Science and Technology
　　（海洋工程科学与技术研究所） ····································· (219)
Institute of the Blessed Virgin Mary-Loreto Generalate
　　（圣母玛利亚研究所—洛雷托总会） ······························· (219)
Institute for Development, Research and Alternatives（发展、研究和
　　替代机构，Instituti për Kërkime dhe Alternativa Zhvillimi） ········· (220)
Institution of Occupational Safety and Health（职业安全卫生
　　研究所） ·· (220)
International Institute for Law and the Environment（国际法与
　　环境研究所，Instituto Internacional de Derechoy Medio
　　Ambiente） ·· (221)
Inter African Committee in Norway（挪威非洲委员会） ············ (221)
Inter University European Institute on Social Welfare（国际大学
　　欧洲社会福利研究所） ··· (222)
Inter-European Parliamentary Forumon Population and
　　Development（欧洲议会人口与发展论坛） ······················· (222)
Inter-Academy Panelon International Issues（国际问题国际
　　学院小组） ··· (223)
Inter-Press Service International Association（国际新闻服务
　　协会） ··· (223)
Inter-Union Commissionon Frequency Allocations for Radio
　　Astronomy and Space Science（射电天文学和空间科学频率
　　分配联盟委员会） ·· (224)
International Police Organization（国际警察组织，Internacionalna
　　Policijska Organizacija） ·· (225)

International Academy of Architecture（国际建筑学院） …………(225)

International Academy of Ecology and Life Protection Sciences
（国际生态与生命保护科学研究院） …………………………(226)

International Action for Peace & Sustainable Development
（和平与可持续发展国际行动） ………………………………(226)

International Agency for the Prevention of Blindness
（国际防盲机构） ………………………………………………(227)

International AIDS Society（IAS）（国际艾滋病协会） …………(227)

International Air Transport Association（国际航空运输协会） ………(228)

International Alert（国际警报） …………………………………(228)

International Alliance of Women（国际妇女联盟） ……………(229)

International Association "Znanie"（国际"Znanie"协会） …………(229)

International Association Against Drug Abuse and Drug Trafficking
（国际禁止药物滥用和贩毒协会） ……………………………(230)

International Association Against Noise（国际抗噪协会） ……………(230)

International Association Against Painful Experiments on Animals
（国际反对动物痛苦实验协会） ………………………………(231)

International Association for Bridge and Structural Engineering
（国际桥梁与结构工程协会） …………………………………(231)

International Association for Community Development
（国际社区发展协会） …………………………………………(232)

International Association for Driving Instruction and Traffic Education
（国际驾驶教学和交通教育协会） ……………………………(232)

International Association for Human Values（国际人类价值观
协会） ……………………………………………………………(233)

International Association for Humanitarian Medicine Brock Chisholm
（国际人道主义医学协会布洛克·奇泽姆） …………………(234)

International Association for Hydraulic Research（国际水利研究
协会） ……………………………………………………………(234)

International Association for Hydrogen Energy（国际氢能
协会） ……………………………………………………………(235)

International Association for Landscape Ecology（国际景观生态学协会） ………………………………………（235）

International Association for Sports and Leisure Facilities（国际体育休闲设施协会） ………………………………（236）

International Association for the Advancement of Innovative Approaches to Global Challenges（国际促进应对全球挑战的创新方法协会） ………………………………………………（236）

International Association for the Child's Right to Play（国际儿童游戏权协会） ……………………………………（237）

International Association for the Defence of Religious Liberty（国际捍卫宗教自由协会，Association Internationale Pour La Défense de la Liberté） ……………………………………（237）

International Association for the Exchange of Students for Technical Experience（国际技术经验学生交流协会） ………（238）

International Association for Water Law（国际水法协会） ………（238）

International Association of Charities（国际慈善协会） …………（239）

International Association of Conference Interpreters（国际会议口译员协会） …………………………………………（239）

International Association of Crafts and Small and Medium-sized Enterprises（国际手工艺品和中小企业协会） ………………（240）

International Association of Hydrogeologists（国际水文地质学家协会） ……………………………………………………（241）

International Association of Oiland Gas Producers（国际石油和天然气生产商协会） ……………………………………………（241）

International Association of Peace Foundations（国际和平基金会协会） ………………………………………………………（242）

International Association of Peace Messenger Cities（国际和平使者城市协会） ……………………………………………………（242）

International Association of Penal Law（国际刑法协会） …………（243）

International Association of Schools of Social Work（国际社会工作学校协会） ……………………………………………………（243）

International Association of Seed Crushers（国际种子破碎机协会）………………………………………………（244）

International Association of Soldiers for Peace（国际和平战士协会）………………………………………………（244）

International Association of Students in Agricultural and Related Sciences（国际农业及相关科学学生协会）………（244）

International Association of Students in Economics and Management（国际经济与管理学生协会）………………（245）

International Association of the Soap Detergent and Maintenance Products Industry（国际肥皂洗涤剂和保养产品行业协会）………（246）

International Association of Trading Organizations for a Developing World（国际发展中世界贸易组织协会）………（246）

International Association of Universities（国际大学协会）………（247）

International Association of Universities of the Third Age（第三时代国际大学协会）………………………………（247）

International Association of Young Lawyers（国际青年律师协会，Association Internationale des Jeunes Avocats）………（248）

International Authors Forum（国际作家论坛）……………………（248）

International Automobile Federation（国际汽车联合会，Fédération Internationale De l'Automobile）………………………（249）

International Baccalaureat Organization（国际文凭组织）………（250）

International Bar Association（国际律师协会）……………………（250）

International Board on Books for Young People（国际青少年图书委员会）………………………………………………（251）

International Bridges to Justice（国际司法桥梁）…………………（252）

International Buddhist Foundation（国际佛教基金会）……………（252）

International Buddhist Relief Organisation（国际佛教救济组织）………………………………………………………（253）

International Bureau for Epilepsy（国际癫痫局）…………………（253）

International Bureau of Social Tourism（国际社会旅游事业局）………（254）

International Business Leaders Forum（全球商业领袖论坛）………（255）

International Cable Protection Committee（国际电缆保护委员会） …………………………………………………（255）

International Campaign to Ban Landmines-Cluster Munition Coalition（国际禁止地雷—集束弹药联盟） …………………（256）

International Cartographic Association（国际制图协会） …………（257）

International Catholic Child Bureau（国际天主教儿童局） ………（257）

International Catholic Committee of Nurses & Medico-Social Assistants（国际天主教护士和医疗社会工作者委员会） …………（258）

International Catholic Migration Commission（国际天主教移民委员会） ………………………………………………（258）

International Center of the Roerichs（罗里奇国际中心） …………（259）

International Centre for Development Initiatives（国际发展倡议中心） …………………………………………………………（260）

International Centre for Scientific Culture World Laboratory（国际科学文化中心世界实验室） ………………………………（261）

International Centre for Trade and Sustainable Development（国际贸易与可持续发展中心） …………………………………（261）

International Centre for Trade Union Rights（国际工会权利中心） ………………………………………………………………（262）

International Chamber of Commerce（国际商会） …………………（263）

International Civil Aviation English Association（国际民航英语协会） ……………………………………………………（263）

International Commission of Catholic Prison Pastoral Care（天主教监狱教牧关怀国际委员会） ………………………………（264）

International Commission of Jurists（国际法学家委员会） ………（264）

International Commission on Illumination（国际照明委员会） ……（265）

International Commission on Occupational Health（国际职业健康委员会） …………………………………………（265）

International Committee for the Indigenous Peoples of the Americas（美洲土著人民国际委员会） ……………………………（266）

International Confederation of Associations of Experts and Consultants

（国际专家和顾问协会联合会，Confédération Internationale des Associations D'experts et de Conseils） ………………………… （267）

International Confederation of Midwives（国际助产士联合会） …………………………………………………………… （267）

International Confederation of the Society of St. Vincent de Paul（圣文森特德保罗协会国际联合会） ……………………… （268）

International Container Bureau（国际集装箱局，Bureau International des Containers et du Transport Intermodal） …………… （268）

International Coordination Council of Educational Institutions Alumni（国际教育机构校友协调委员会） ……………………… （269）

International Council for Adult Education（国际成人教育理事会） …………………………………………………………… （270）

International Council for Commercial Arbitration（国际商事仲裁理事会） …………………………………………………… （270）

International Council for Game and Wildlife Conservation（国际野生动物保护委员会） ……………………………………… （271）

International Council of AIDS Service Organizations（国际艾滋病服务组织理事会） …………………………………………… （271）

International Council of Catholic Men（国际天主教男子理事会） …………………………………………………………… （272）

International Council of Chemical Associations（国际化学协会理事会） ……………………………………………………… （273）

International Council of Environmental Law（国际环境法理事会） …………………………………………………………… （273）

International Council of Management Consulting Institutes（国际管理咨询协会理事会） ……………………………………… （274）

International Council of Museums（国际博物馆理事会） ……… （275）

International Council of Nurses（国际护士理事会） …………… （275）

International Council of Russian Compatriots（国际俄罗斯同胞理事会，Международный совет российских соотечественников） ……………………………………… （276）

International Council of Women（国际妇女理事会）……………（277）

International Council on Alcohol and Addictions（国际酒精与成瘾理事会）…………………………………………………（278）

International Council on Mining and Metals（国际采矿和金属理事会）……………………………………………………（278）

International Council on Monuments and Sites（国际古迹遗址理事会）………………………………………………………（279）

International Council on Public Relations in Rehabilitation（国际康复公共关系委员会）……………………………（279）

International Council Supporting Fair Trial and Human Rights（支持公平审判和人权国际理事会）……………………（280）

International Court of the Environment（国际环境法院）………（281）

International Court of the Environment Foundation（国际环境法院基金会）………………………………………………………（281）

International Cremation Federation（国际火葬联合会）…………（282）

International Cultural Youth Exchange（国际青年文化交流中心）…………………………………………………………（283）

International Cystic Fibrosis（Mucoviscidosis）Association［国际囊性纤维化（黏液黏稠病）协会］……………………（283）

International Dairy Federation（国际乳业联合会）………………（284）

International Dalit Solidarity Network（国际达利特团结网络）………（284）

International Dental Federation（国际牙科联合会）……………（285）

International Disability Alliance（国际残疾人联盟）……………（286）

International Doctors for Healthier Drug Policies（国际医生促进更健康的药物政策）…………………………………………（286）

International Economic Association（国际经济协会）……………（287）

International Electrotechnical Commission（国际电工委员会）………（287）

International Emergency Action（国际紧急行动）………………（288）

International Emissions Trading Association（国际排放交易协会）…………………………………………………………（288）

International Environment Forum（国际环境论坛）……………（289）

International Falcon Movement-Socialist Educational International
（国际猎鹰运动—社会主义教育国际）……………………（290）

International Federation for Family Development（国际家庭
发展联合会）………………………………………………（290）

International Federation for Home Economics（国际家政学
联合会）……………………………………………………（291）

International Federation for Housing and Planning（国际住房和
规划联合会）………………………………………………（291）

International Federation for Human Rights Leagues（国际人权
联合会）……………………………………………………（292）

International Federation for Hydrocephalus and Spina Bifida
（国际脑积水和脊柱裂联合会）…………………………（293）

International Federation for Information and Documentation
（国际信息和文献联合会）………………………………（293）

International Federation of ACAT（Action by Christians for the Abolition
of Torture）（基督徒废除酷刑行动国际联合会）………（294）

International Federation of Agricultural Producers（世界农民
组织）………………………………………………………（295）

International Federation of Associations of the Elderly（国际
老年人协会联合会）………………………………………（295）

International Federation of Beekeepers' Associations（国际
养蜂人协会联合会）………………………………………（296）

International Federation of Building and Wood Workers（国际
建筑和木工联合会）………………………………………（296）

International Federation of Business and Professional Women
（国际商业和专业妇女联合会）…………………………（297）

International Federation of Catholic Medical Associations
（国际天主教医学协会联合会，Fédération Internationale
des Associations Médicales Catholiques）………………（297）

International Federation of Catholic Universities（国际天主教大学
联合会）……………………………………………………（298）

International Federation of Chemical, Energy & General Workers'
　　Unions（国际化学、能源和总工会联合会）·················· (299)
International Federation of Consular Corps and Associations
　　（国际领事团和协会联合会）························ (300)
International Federation of Freight Forwarders Associations
　　（国际货运代理协会联合会）························ (300)
International Federation of Gynecology and Obstetrics（国际
　　妇产科联合会）······························ (301)
International Federation of International Furniture Removers
　　（国际家具搬运工联合会）························· (302)
International Federation of Journalists（国际新闻工作者联合会）······ (302)
International Federation of Liberal Youth（国际自由青年联合会）····· (303)
International Federation of Library Associations and Institutions
　　（国际图书馆协会和机构联合会）······················ (303)
International Federation of Medical Students' Associations
　　（国际医学生协会联合会）························· (304)
International Federation of Organic Agriculture Movements
　　（国际有机农业运动联合会）························ (305)
International Federation of Pedestrians（国际行人联合会）········· (305)
International Federation of Persons with Physical Disability
　　（国际肢体残疾人联合会）························· (306)
International Federation of Pharmaceutical Manufacturers Associations
　　（国际药品制造商协会联合会）······················· (306)
International Federation of Psoriasis Associations（国际银屑病
　　协会联合会）······························· (307)
International Federation of Robotics（国际机器人联合会）········· (308)
International Federation of Rural Adult Catholic Movements
　　（国际农村成人天主教运动联合会）····················· (308)
International Federation of Senior Police Officers（国际高级
　　警官联合会）······························· (309)
International Federation of Settlements and Neighbourhood

Centres（国际住区和居民区中心联合会）……………………（309）

International Federation of Social Workers（国际社会工作者联合会）……………………………………………………（310）

International Federation of Surgical Colleges（国际外科学院联合会）……………………………………………………（310）

International Federation of Surveyors（国际测量师联合会）…………（311）

International Federation of Translators（国际翻译联合会，Fédération Internationale des Traducteurs）……………（312）

International Fellowship of Reconciliation（国际和睦协会）………（312）

International Fertilizer Industry Association（国际肥料工业协会）………………………………………………………（313）

International Fiscal Association（国际财政协会）………………（313）

International Food and Beverage Alliance（国际食品和饮料联盟）………………………………………………………（314）

International Forestry Students' Association（国际林业学生协会）………………………………………………………（314）

International Forum（国际论坛）……………………………（315）

International Gas Union（国际天然气联合会）……………………（316）

International Geothermal Association（国际地热协会）……………（316）

International Harm Reduction Association（国际减少伤害协会）………………………………………………………（317）

International Higher Education Academy of Sciences（国际高等教育科学院）………………………………………（317）

（下　册）

International Hospital Federation（国际医院联合会）………………（319）

International Information Centre for Terminology（国际术语信息中心）……………………………………………………（319）

International Informatization Academy（国际信息化学院）…………（320）

International Inner Wheel（国际内轮）……………………………（320）

International Institute-Association of Regional Ecological Problems
（国际研究所—区域生态问题协会） …………………………………（321）

International Institute for Environment and Development（国际环境与发展研究所）………………………………………………（321）

International Institute for Peace（国际和平研究所） ………………（322）

International Institute for Research and Advice on Mental Deficiency
（国际精神缺陷研究与咨询研究所）…………………………………（323）

International Institute for Sugar-Beet Research（国际甜菜研究所）……………………………………………………………………（323）

International Institute of Administrative Sciences（国际行政科学研究所）……………………………………………………………（324）

International Institute of Applied Technologies（国际应用技术研究所）……………………………………………………………（324）

International Institute of Humanitarian Law（国际人道主义法研究所）……………………………………………………………（325）

International Institute of Public Finance（国际公共财政研究所）……………………………………………………………………（325）

International Institute of Space Law（国际空间法研究所） …………（326）

International Investment Center（国际投资中心） …………………（327）

International Juridical Organization for Environment and
Development（国际环境与发展法律组织）…………………………（327）

International Commission of Jurists（国际法官委员会）……………（328）

International Juvenile Justice Observatory（国际少年司法观察站）…………………………………………………………………（328）

International Kolping Society（国际科尔平协会）……………………（329）

International Law Association（国际法协会）………………………（330）

International League for the Rights and Liberation of Peoples
（国际争取人民权利与解放联盟）……………………………………（330）

International League of Surveillance Societies（国际监视协会联盟）……………………………………………………………………（331）

International Lesbian and Gay Association（国际男女同性恋

协会）……………………………………………………（331）

International Ministerial Alliance of Churches（国际教会部长级联盟）……………………………………………（332）

International Motor Vehicle Inspection Committee（国际机动车检验委员会）……………………………………（332）

International Motorcycle Manufacturers Association（国际摩托车制造商协会）……………………………………（333）

International Movement ATD Fourth World（第四世界扶贫国际运动）………………………………………………（334）

International Movement of Apostolate of Children（国际儿童使徒运动）…………………………………………（334）

International Multimodal Transport Association（国际多式联运协会）…………………………………………（335）

International Music Council（国际音乐理事会）………………（335）

International National Trusts Organisation（国际国民信托组织）……（336）

International Network for Environmental Management（国际环境管理网络）……………………………………………（337）

International Network for Sustainable Energy（国际可持续能源网络）…………………………………………………（337）

International Network of Basin Organizations（国际流域组织网络，Réseau International des Organismes de Bassin）…………（338）

International Network of Engineers and Scientists Against Proliferation（国际工程师和科学家防止扩散网络）………………（339）

International Network of Engineers and Scientists for Global Responsibility（全球责任工程师和科学家国际网络）…………………（339）

International Network of Green Planners（国际绿色规划师网络）……（340）

International Network of Liberal Women（国际自由妇女网络）……（340）

International Network of Street Papers（国际街头报纸网络）……（341）

International Ocean Institute（国际海洋研究所）………………（342）

International Ontopsychology Association（国际本体心理学协会）……（342）

International Organization for Standardization（国际标准化组织）……（343）

International Organization for the Elimination of All Forms of Racial Discrimination（消除一切形式种族歧视国际组织） ………… (343)

International Organization for the Right to Education and Freedom of Education（国际教育权利和教育自由组织） …………… (344)

International Organization of Automobile Manufacturers（国际汽车制造商组织，Organisation Internationale des Constructeurs d'Automobiles） ……………………………………………… (344)

International Organization of Employers（国际雇主组织） ………… (345)

International Organization of Experts（国际专家组织） …………… (345)

International Organization of Supreme Audit Institutions（最高审计机构国际组织） ……………………………………… (346)

International Osteoporosis Foundation（国际骨质疏松症基金会） …… (346)

International Partnership for Human Rights（国际人权伙伴关系） …… (347)

International Peace Bureau（国际和平局） ………………………… (347)

International Pharmaceutical Federation（国际药学联合会） ………… (348)

International Pharmaceutical Students' Federation（国际药学学生联合会） ……………………………………………………… (348)

International Planned Parenthood Federation（国际计划生育联合会） ………………………………………………………… (349)

International Police Association（国际警察协会） ………………… (349)

International Press Institute（国际新闻学会） ……………………… (350)

International Prison Chaplains' Association（国际监狱牧师协会） ………………………………………………………………… (350)

International Programme on the State of the Ocean（国际海洋状况方案） ………………………………………………………… (351)

International Progress Organization（国际进步组织） ……………… (351)

International Psychoanalytical Association（国际心理分析协会） …… (352)

International Public Relations Association（国际公共关系协会） …… (352)

International Publishers Association（国际出版商协会） …………… (353)

International Network of Green Planners（国际绿色规划师网络） …… (353)

International Network of Subcontractin, Industrial Cooperation and Partnership Organization（国际分包、工业合作和伙伴组织网络）………………………………………………………（354）

International Organization for Promoting Public Diplomacy, Science, Education and Youth Cooperation "Eurasian Commonwealth"（促进公共外交、科学、教育和青年合作国际组织"欧亚联邦"）………………………………………（354）

International PEN（国际笔会）………………………………（355）

International Planned Parenthood Federation, Europe Region（国际计划生育联合会，欧洲地区）………………………（355）

International Right to Life Federation（国际生命权联合会）………（356）

International Social Science Council（国际社会科学理事会）………（356）

International Social Security Association（国际社会保障协会）………（357）

International Support for Human Rights（国际支持人权）………（357）

International Sustainable Development Network（国际可持续发展网络）………………………………………………………（358）

International Telecommunication Academy（国际电信学院）………（358）

International Union of Police Federations（国际警察联合会）………（359）

International Union of Technical Associations and Organisations（国际技术协会和组织联合会，Union Internationale des Associations et Organismes Scientifiques et Techniques）………（359）

International Raiffeisen Union（国际赖菲森联盟）………………（360）

International Rainwater Harvesting Alliance（国际雨水收集联盟）………………………………………………………………（360）

International Real Estate Federation（国际房地产联合会）………（361）

International Rehabilitation Council for Torture Victims（国际酷刑受害者康复理事会）…………………………………（361）

International Risk Governance Council（国际风险治理委员会）………（362）

International Road Assessment Programme（国际道路评估方案）………………………………………………………………（362）

International Road Federation（国际路联）………………………（363）

International Road Transport Union（国际公路运输协会）………（363）

International Road Victims' Partnership Company Limited by
　Guarantee（国际道路受害者合伙担保有限公司）……………（364）

International Romani Union（国际罗姆人联合会）………………（364）

International Schools Association（国际学校协会）………………（365）

International Service for Human Rights（国际人权服务社）……（365）

International Shipping Federation（国际海运联合会）……………（366）

International Social Service（国际社会服务）………………………（366）

International Society for Human Rights（国际人权协会）…………（367）

International Society for Photogrammetry and Remote Sensing
　（国际摄影测量与遥感学会）………………………………（367）

International Society for Prosthetics and Orthotics（国际假肢和矫形师
　协会）………………………………………………………（368）

International Society for Soil Mechanics and Geotechnical Engineering
　（国际土力学与岩土工程学会）……………………………（368）

International Society of City and Regional Planners（国际城市和区域
　规划师协会）………………………………………………（369）

International Society of Doctors for the Environment（国际环境医生
　协会）………………………………………………………（369）

International Sociological Association（国际社会学协会）………（370）

International Soil Reference and Information Centre（国际土壤参考和
　信息中心）…………………………………………………（370）

International Solar Energy Society（国际太阳能学会）……………（371）

International Solid Waste Association（国际固体废弃物协会）……（371）

International Special Dietary Foods Industries（国际特殊膳食食品
　工业）………………………………………………………（372）

International Statistical Institute（国际统计学会）…………………（372）

International Student Surgical Network（国际学生外科网络）……（373）

International Textile Manufacturers Federation（国际纺织品制造商
　联合会）……………………………………………………（373）

International Touring Alliance（国际旅游联盟，Alliance Internationale
　de Tourisme）………………………………………………（374）

International Trade Union Confederation（国际工会联盟）……………（374）

International Tunnelling Association（国际隧道协会）……………（375）

International Union Against Sexually Transmitted Infection（国际禁止性传播感染联盟）……………………………………………………（375）

International Union Against Tuberculosis and Lung Disease（国际防治结核病和肺病联盟）………………………………………………（376）

International Union of Architects（国际建筑师联合会）……………（376）

International Union of Economists（国际经济学家联合会，МЕЖДУНАРОДНЫЙ СОЮЗ ЭКОНОМИСТОВ）………………………………（377）

International Union of Forest Research Organizations（国际森林研究组织联合会）……………………………………………………………（377）

International Union of Geodesy and Geophysics（国际大地测量与地球物理联合会）…………………………………………………………（378）

International Union of Interventional Radiologists（国际介入放射学家联合会）…………………………………………………………………（378）

International Union of Latin Notaries（国际拉丁公证人联合会，Unión International del Notariado）……………………………………（379）

International Union of Marine Insurance（国际海上保险联盟）………（379）

International Union of Railways（国际铁路联盟）……………………（380）

International Union of Socialist Youth（社会党青年国际联盟）………（380）

International Union of Tenants（国际租户联合会）……………………（381）

Innovations and Networks for Development/Exchange and Management Support Services（创新和发展网络/交流和管理支持服务组织，Innovations et Réseaux pour le Développment / Service d'Echange et d'Appui à la Gestion）……………………………………………（381）

International Network of People Who Use Drugs（国际毒品使用者联络会）……………………………………………………………………（382）

International Investment Center（国际投资中心）……………………（383）

International Centre of Comparative Environmental Law（国际比较环境法中心）……………………………………………………………（383）

International Center for Peace and Humand Rights（国际和平与人权

International Union of Lawyers（国际律师联合会，Union Internationale des Avocats）……………………………(384)

International Union of Judicial Officers（国际司法官员联盟，Union Internationale des Huissiers de Justice et Officiers Judiciaires）……………………………………………(385)

International Federation of Francophone Journalists（国际法语新闻工作者联盟，Union Internationale des Journalistes et de la Presse de Langue Française）………………………(385)

International Union of Public Transport（国际公共交通运输联盟，Union Internationale des Transports Publics）……………(386)

International Institute of Industrial Ecology and Green Economy（国际工业生态与绿色经济研究所，Institut International de l'Écologie Industrielle et de l'Économie Verte）…………(387)

International Institute of Research Against Counterfeit Medicines（国际反假药研究所，Institut International de Recherche, de Documentation et de Formation Pour la prévention et la Lutte contre la Falsification des Produits de Santé）………(387)

INTERNATIONAL UNIVERSITY IN MOSCOW（莫斯科国际大学）………………………………………………………(388)

International Veterinary Students Association（国际兽医学生协会）………………………………………………………(388)

International Volunteerism Organization for Women, Education and Development（国际妇女、教育和发展志愿组织）……(389)

Institute for Applied Ecology（应用生态学研究中心，Oeko-Institut）……………………………………………(389)

Institute for Environment and Education（环境与教育研究所，Scholé Futuro）……………………………………………(390)

International Volunteers for Development（国际发展志愿者组织，Volontariato Internazionale per lo Sviluppo）……………(390)

International Humanitarian Aid Organisation（国际人道主义援助

组织）………………………………………………………………（391）

Integrated Center for Studies and Sustainable Development Programs（国际发展合作中心联合会）………………（392）

International Prison Observatory-French Section［国际监狱观察站（法语地区），Observatoire International des Prisons-Section Française］…………………………………………（392）

International Funds of Development Project，Humanitarians Actions and the Peace in Africa（国际发展基金项目—人道主义行动与非洲和平，ONG Fipdahp-Afrique）………………………（393）

International Scientific Objectives（国际科学组织，Objectif Sciences International）…………………………………………（393）

International Society of Geriatric Oncology（国际肿瘤老年学会，Societé Internationale d'Oncologie Gériatrique）………（394）

IUFV. Asgardia. International Non-Governmental Research Organisation on Space-Asgardia Terra Ark ATA（非营利性非政府空间威胁防御专家学会，Nonprofit Non-Government Expert Society on Space Threat Defense）………………（394）

International Water Association（国际水协会）………………（395）

International Youth Aid Council（国际青年援助理事会）………（396）

Investment Migration Council（投资移民局）…………………（396）

Institute for Research and Development "Utrip"（乌特里普研究所）………………………………………………（397）

IOGT-NTO（瑞典禁酒协会）……………………………（397）

Iseal Alliance（艾西尔联盟）……………………………（398）

Islamic Centre England（英格兰伊斯兰中心）…………………（398）

Islamic Cooperation Youth Forum（伊斯兰合作青年论坛）………（399）

Islamic Human Rights Commission（伊斯兰人权委员会）………（399）

Islamic Relief（伊斯兰救济）……………………………（400）

Islands and Small States Institute（岛屿和小国研究所）…………（400）

Istituto Culturale Italiano in Somalia（索马里意大利文化学院）……（401）

International Diplomatic Institute（国际外交学院）……………（401）

International Institute of Mary Our Help of the Salesians of Don Bosco
（国际玛丽亚佑助院堂·博斯科慈幼会，Istituto Internazionale Maria
Ausiliatrice delle Salesiane di Don Bosco） ………………………（402）

Italian Association for Women in Development（意大利妇女
参与发展协会） ……………………………………………………（402）

Italian Centre of Solidarity（意大利团结中心） ……………………（403）

Italian Climate Network（意大利气候网络） ………………………（403）

Italian Diplomatic Academy（意大利外交学院） …………………（404）

Iuventum e. V.（尤文图姆） …………………………………………（404）

International Organization for Animal Protection（国际动物
保护组织） …………………………………………………………（405）

International Ngo（促进经济和社会发展，Promotion du
Développement Economique et Social） …………………………（406）

Institute for the Study of Dependencies, Drug Policy Issues and
Monitoring the Drug Situation（药物依赖性、药物政策问题
研究所和药物状况监测所，Институт изучения зависимостей,
проблем наркополитики и мониторинга наркоситуации） ………（406）

International Cooperation for Development and Solidarity（国际发展
和团结合作组织，Coopération Internationale pour le
Développement et la Solidarité） …………………………………（407）

Independent Centre for Research and Initiative for the Dialogue
（独立研究和对话倡议中心） ……………………………………（407）

International Mediterranean Women's Forum（地中海妇女论坛，
Forum delle Donne del Mediterraneo） …………………………（408）

Indigenous Peoples Links（土著人民联系） ………………………（408）

Inga Foundation（英加基金会） ……………………………………（409）

Ingenieurs du Monde（世界工程师协会） …………………………（409）

International Network for Standardization of Higher Education
Degrees（国际高等教育学位标准化网络组织） ………………（410）

J

Jamaica Environment Trust（牙买加环境信托基金）………… （412）

Jammu and Kashmir Council for Human Rights（查谟和克什米尔人权理事会）………… （412）

Just Planet（公正星球）………… （413）

Justice for Iran, Ltd（正义伊朗有限公司）………… （413）

K

Kabbalah Centre（卡巴拉中心）………… （416）

Karelian Republican Public Organization "Center for Support of Indigenous Peoples and Civic Diplomacy 'Young Karelia' (Molodaya Karelia)"（卡累利阿共和国公共组织"支持土著人民和公民外交中心"）（卡累利阿青年）………… （416）

Karita Research（卡里塔研究）………… （417）

Knowledge for Development Without Borders（知识促进无国界发展）………… （417）

Konrad Adenauer Foundation（阿登纳基金会，Konrad-Adenauer-Stiftung e. V.）………… （418）

Kulturverein-IDEA Society（文化协会—IDEA 协会）………… （419）

KULU-Women and Development（库鲁—妇女与发展）………… （419）

L

Lesbian and Gay Federation in Germany（德国男女同性恋联盟）………… （422）

Leonard Cheshire Disability（伦纳德柴郡残疾协会）………… （422）

Legal Aid & Human Development Foundation-LAHDF（法律援助与人类发展基金会）………… （423）

League of Environment（环境机构，Legambiente）………… （423）

League for the Environment（环境联盟，Lega Per l'Ambiente）…… （424）

Legal Action Worldwide（全球法律行动）………… （424）

Lawyers for Lawyers（律师之家） ………………………………（425）

LEAD International Inc.（Leadership for Environment & Development）
　［LEAD 国际公司（领导环境与发展）］ …………………（425）

Leadership Development Association Albania（阿尔巴尼亚
　领导力发展协会）…………………………………………（426）

Lama Gangchen World Peace Foundation（刚坚喇嘛世界和平
　基金会）……………………………………………………（426）

Landscape Institute（景观研究所）…………………………（427）

Landvernd, National Association for the Protection of the Icelandic
　Environment（保护冰岛环境国家组织）…………………（427）

La Verità-International Diplomatic No Profit Association
　（国际外交非营利协会，La Verità Onlus-International
　Diplomacy）………………………………………………（428）

Life Project 4 Youth（青年生命项目）………………………（428）

Lifebox Foundation（生命盒基金会）………………………（429）

Lifelong Learning Platform（终身学习平台）………………（429）

Lightup Foundation（点亮基金会）…………………………（430）

Lutheran World Federation（世界信义宗联盟）……………（431）

Luxembourg Income Study（卢森堡收入研究中心）………（431）

Life Ascending International（生命升华国际，Vie Montante
　Internationale）……………………………………………（432）

Lumos Foundation（路莫斯基金会）………………………（432）

M

Maasai Aid Association（马赛救援协会）…………………（435）

Maison de Sagesse（智慧之家）……………………………（435）

Make Mothers Matter（重视母亲）…………………………（435）

Make Sense（有意义社会组织）……………………………（436）

Maloca International（瑞士马洛卡国际组织，Maloca
　Internationale）……………………………………………（437）

Malteser International e. V.（马耳他国际股份有限公司）……（438）

Marangopoulos Foundation for Human Rights（马兰戈普洛斯人权基金会） ……………………………………（438）

Marianists International（玛利诺会国际组织） ……………（439）

Marianna V. Vardinoyannis Foundation（玛利安娜·瓦迪诺安尼斯基金会） ………………………………………（440）

Marine Stewardship Council（海事管理委员会） …………（440）

Marmara Group Strategic and Social Research Foundation（马尔马拉战略与社会研究基金会） ……………………（441）

Doctors of the World（世界医师协会，Médecins du Monde） ………（441）

Medical Aid for Palestinians（巴勒斯坦医疗援助） ………（442）

MEDICAL KNOWLEDGE INSTITUTE（医学知识研究所） ………（443）

Medico International（国际医疗组织） ……………………（443）

Medicus Mundi International（国际世界医学会） …………（444）

Media Education Centre（媒体教育中心，Medijski Edukativni Centar） ……………………………………………………（444）

Mediterranean Information Office for Environment, Culture and Sustainable Development（地中海环境、文化与可持续发展信息办公室） ……………………………………………………（445）

Mediterranean Protected Areas Network（地中海保护区网络） ………（446）

Mediterranean Women's Studies Centre（地中海妇女研究中心） ……（446）

Medsin-UK（英国麦迪森医药公司） ……………………………（447）

Meeting for Friendship Amongst Peoples（各国人民友谊会议，Meeting Per L'Amicizia Fra I Popoli） ……………………（447）

Mersey Basin Campaign（默西河流域运动） ………………（448）

Microfinance and Developpement（小额信贷发展信托基金） ………（448）

Mines Advisory Group（地雷咨询小组） ……………………（449）

Minhaj-ul-Quran International（国际古兰经协会） ………（449）

MIRA Resource Center for Black Immigrant and Refugee Women（米拉黑人移民和难民妇女资源中心） ………………………（450）

Ecologieal Movement of Moldova（摩尔多瓦生态运动，Miscarea Ecologista din Moldova） ……………………（451）

MISSIONARY OBLATES OF MARY IMMACULATE
（传教士供奉圣母无玷无瑕）···(451)

Mother Child Education Foundation（母婴教育基金会） ········(452)

Mother Help（帮助母亲，Mother Helpage）·····························(453)

Mother's Union（母亲联盟）···(453)

Movement Against Racism and for Friendship Among Peoples
（反对种族主义和支持各民族友好运动，Mouvement Contre
le Racisme et Pour l'Amitié entre les Peuples）·················(454)

Movement for a Better World（争取更美好世界的运动）········(454)

Movement for the Survival of the Ogoni People（奥戈尼人生存
运动）···(455)

Movendi International（莫文迪国际）·······································(456)

Muslim Aid（穆斯林援助）··(456)

N

National Alliance of Women's Organizations（全国妇女组织
联盟）···(459)

National Association of Italian Municipalities（意大利全国市政
协会）···(459)

National Association of Victims Support Schemes（全国受害者
协会援助计划）··(460)

National Board of Catholic Women of England and Wales（英格兰和
威尔士天主教妇女全国委员会）·······································(460)

National Council of German Women's Organizations（德国妇女
组织全国理事会）··(461)

National Council of Women in Great Britain（英国全国妇女
理事会）···(462)

National Council of Women of Malta（马耳他全国妇女理事会）······(462)

National Secular Society（国家世俗协会）·······························(463)

National Women's Council of Catalonia（加泰罗尼亚全国妇女
理事会，Consell Nacional de Dones de Catalunya）········(464)

National Youth Council of Russia（俄罗斯全国青年理事会）………（464）

Nature's Rights（自然的权利）………………………………………（465）

Nature and Biodiversity Conservation Union（自然与生物多样性
　　保护联盟，Naturschutzbund Deutschland）………………………（465）

Nederlandse Vereniging Voor de Verenigde Naties（NVVN）-United
　　Nations Association of the Netherlands（荷兰联合国协会，
　　NVVN）……………………………………………………………（466）

Netherlands Council of Women（荷兰妇女理事会，Nederlandse
　　Vrouwen Raad）…………………………………………………（467）

No to Nuclear Weapons（对核武器说不，Nei til Atomvaapen）……（467）

Netherlands Centre for Indigenous Peoples（荷兰土著人民中心）……（468）

Netherlands Commission for Environmental Impact Assessment
　　（荷兰环境影响评估委员会）………………………………………（468）

Netherlands National Committee for IUCN（荷兰自然保护联盟国家
　　委员会）……………………………………………………………（469）

Network Institute for Global Democratization（全球民主化网络
　　研究所）……………………………………………………………（470）

Network of European Agricultural（Tropically and Subtropically
　　Oriented）Universities and Scientific Complexes Related with
　　Agricultural Development［欧洲农业网络（热带和亚热带导向）
　　与农业发展的有关大学和科学综合体］……………………………（470）

New Economics Foundation（新经济基金会）………………………（471）

New Humanity（新人类组织）…………………………………………（472）

New Vision International（新视野国际）……………………………（472）

Nexus-International Broadcasting Association（Nexus—国际
　　广播协会）…………………………………………………………（473）

NGO Coordination Post Beijing Switzerland（北京—瑞士
　　非政府组织协调站）………………………………………………（474）

No Peace Without Justice（无正义不和平，Non c'è Pace Senza
　　Giustizia）…………………………………………………………（474）

Non-Commercial Partnership on Assistance in Promoting Social

Programs in the Healthcare Area "Equal Right to Life"
（协助促进保健领域"平等生命权"社会方案的非商业伙伴
关系）…………………………………………………………（475）

Non-Profit Corporate Organization "Volga-Vyatka Consumer Mutual
Insurance Company"（"伏尔加—维亚特加消费者互助保险公司"
非营利性企业组织）………………………………………（476）

Nonviolent Peaceforce（非暴力和平部队）……………………（476）

Nonviolent Radical Party, Transnational and Transparty
（非暴力激进党，跨国和跨党派组织）……………………（477）

North-South XXI（二十一世纪南北合作会）…………………（477）

Northern Ireland Women's European Platform（北爱尔兰女子
欧洲平台）…………………………………………………（478）

Norwegian Church Aid（挪威教会援助组织）………………（478）

Norwegian Peace Society（挪威和平协会）…………………（479）

Norwegian People's Aid（挪威人民援助中心）………………（479）

Norwegian Refugee Council（挪威难民委员会）……………（480）

Northern Organisation for Women（北方妇女组织）…………（480）

New Point of View（新观点，Nouveau Point De Vue）………（481）

National Association of Sporting and Civilian Firearms and Ammunition
Manufacturers（全国运动和民用火器和弹药制造商协会，
ANPAM-Associazione Nazionale Produttori Armi e Munizioni
Sportive e Civili）…………………………………………（481）

National Women's Studies and Information Center "Partnership for
Development"（全国妇女研究和信息中心"发展伙伴关系"，
Institutia Privata Centrul National de Studii si Informare Pentru
Problemele Femeii "Parteneriat Pentru Dezvoltare"）………（482）

NGO Law Institute（非政府组织法律研究所，NVO Teisės
Institutas）…………………………………………………（483）

Nouvelle Vie Sans Frontières（无国界新生组织，Nouvelle Vie Sans
Frontières）…………………………………………………（483）

O

Observatory of Human and Cultural Social Integration（人类和文化融合观察站，Observatoire-OISHC） ………………………（486）

Ocean Care（保护海洋组织） ……………………………………（486）

Organisation de Développement Economique Pour les Pays Africains（非洲经济发展组织） …………………………………（487）

International Office for Human Rights-Action on Colombia（国际人权办公室—哥伦比亚分处，Bureau International des Droits Humains-Action Colombie） ………………………（487）

Oikos International（Oikos 经济与生态基金会，Oikos-Stiftung für Oekonomie und Oekologie） ……………………………（488）

Olof Palme International Center of Sweden（瑞典奥洛夫·帕尔梅国际中心） ………………………………………（489）

Omega Research Foundation Limited（Omega 研究基金会） …………（489）

One World Trust（一个世界信托基金会） ………………………（490）

Candide International NGO（坎迪德国际非政府组织） ……………（490）

Open Door International（For the Economic Emancipation of the Woman Worker）［国际门户开放组织（促进女工经济解放）］………（491）

Open Society Institute（开放社会研究所） ………………………（491）

Open Society Institute - Sofia（索非亚开放社会研究所） ……………（492）

Operation Friendship International（友谊国际行动） ………………（492）

Orchid Project Limited（兰花项目有限公司） ……………………（493）

Order of St. John（圣约翰骑士团） ………………………………（493）

Organization Earth（地球组织） …………………………………（494）

Organization for International Economic Relations（国际经济关系组织） ……………………………………………（494）

Observatory on Security and CBRNe Defence（奥斯迪夫 CBRN 安全与防御观测站） …………………………………（495）

Observatory on Digital Communication（地中海和世界文化传播和视听观察站） ……………………………………（496）

Overseas Development Institute（海外发展研究院）……………(496)

Oxfam（International）[乐施会（国际）]………………………(497)

Oxfam GB（英国乐施会）…………………………………………(497)

Ocean and Climate Platform（海洋与气候平台，Plateforme Océan et Climat）………………………………………………(498)

Organisation Pour la Communication en Afrique et de Promotion de la Coopération Economique Internationale（非洲通讯和国际经济合作促进组织）………………………………………(498)

P

Providers of Social Responses to the Development（发展社会响应提供者协会）………………………………………………(501)

PEFC International（泛欧森林认证委员会）……………………(501)

Parliament Network on the World Bank（世界银行议会网络）………(502)

Partnership for Change（变革伙伴关系）………………………(502)

Peace and Friendship International Organization（和平与友谊）……(503)

Peace Brigades International（国际和平旅）……………………(503)

Peace Brigades International Switzerland（瑞士国际和平旅）………(504)

Peace Child International（和平儿童国际）……………………(504)

Peace Direct（直达和平）…………………………………………(505)

Pax Christi International, International Catholic Peace Movement（国际基督和平会，国际天主教和平运动）……………………(505)

Pax Romana Federation（International Catholic Movement for Intellectual and Cultural Affairs and International Movement of Catholic Students）（国际天主教知识文化事务运动和国际天主教学生运动）……………………………………………………(506)

Peace and Cooperation（和平与合作，Pazy Cooperación）………(507)

Penal Reform International（国际刑法改革）…………………(507)

Perfect Union（完美联盟）………………………………………(508)

Perm Department of the Socio-Ecological Union（彼尔姆社会生态联盟部）………………………………………………(508)

Pioneer People Trust（先锋人民信托） ……………………………（509）

Pirate Parties International Headquarters（海盗党国际总部） ………（509）

Pitirim Sorokin-Nikolai Kondratieff International Institute
　（皮蒂里姆·索罗金-尼古拉·康德拉季耶夫国际学院） ………（510）

Plan International Norway（挪威国际计划） …………………………（511）

Plan International, Inc.（国际计划公司） ……………………………（511）

Plant-for-the-Planet（植树造林基金会，Plant-for-the-Planet
　Foundation） ……………………………………………………（512）

Platform for International Cooperation on Undocumented Migrants
　（无证移民国际合作平台） ………………………………………（512）

Plymouth Marine Laboratory（普利茅斯海洋实验室） ………………（513）

Population and Sustainability Network（人口与可持续发展网络） ……（513）

Population Matters（人口问题） ………………………………………（514）

Portuguese Platform for Women's Rights（葡萄牙妇女权利平台，
　Plataforma Portuguesa Para os Direitos das Mulheres-Associação） …（514）

Practical Action（实际行动） …………………………………………（515）

Precious Gems（珍贵的宝石） …………………………………………（515）

Press Emblem Campaign（新闻徽章活动，Presse Embleme
　Campagne） ………………………………………………………（515）

Privacy International（隐私国际） ……………………………………（516）

PROGETTO DOMANI: CULTURA E SOLIDARIETA（明日计划：
　文化与团结） ……………………………………………………（516）

Pro-Life Campaign（反堕胎运动） ……………………………………（517）

Protestant Agency for Diakonie and Development（新教移民与
　发展机构） ………………………………………………………（517）

ProVeg International（德国ProVeg公司，ProVeg Deutschland
　e. V.） ……………………………………………………………（518）

Public Eye（公众之眼） ………………………………………………（518）

Pugwash Conference on Science and World Affairs（帕格沃什
　科学与世界事务会议） …………………………………………（519）

Purposeful Productions（有目的的制作） ……………………………（519）

People for Solidarity, Ecology and Lifestyle（以人为本、生态与生活方式，SOL-Menschen für Solidarität、Ökologie und Lebensstil） …………………………………………………………（520）

Portuguese Association for Nature Conservation（葡萄牙自然保护协会） ……………………………………………………（521）

R

Rashid International e. V.（拉希德国际） …………………………（523）

Rare Breeds International（国际稀有品种） ………………………（523）

Ratiu Foundation for Democracy / Ratiu Center for Democracy
（拉蒂乌民主基金会/拉蒂乌民主中心） ……………………（524）

Redress Trust（补救信托） …………………………………………（524）

Reflection Association（反思协会，Refleksione Association） ………（525）

Reforesting Scotland（苏格兰重新造林） …………………………（525）

Regional Public Charitable Organization "Drug Abuse Prevention Centre"（区域公共慈善组织"预防药物滥用中心"） ………（526）

Regional Studies Association（区域研究协会） ……………………（526）

Regions of Climate Action（气候行动区域） ………………………（527）

Release Legal Emergency and Drugs Service Limited
（紧急法律和药物服务有限公司） …………………………（527）

Renewable Energy and Energy Efficiency Partnership
（可再生能源和能源效率合作伙伴关系） …………………（528）

Renewable Energy Policy Network for the 21st Century
（21世纪可再生能源政策网络） ……………………………（528）

Reporters Without Borders（记者无国界组织，Reporters Sans Frontiers International-Reporters Without Borders International） ……（529）

Reprieve（缓刑） ……………………………………………………（529）

Rescue the Poor Child（救助贫困儿童组织） ………………………（530）

Reseaux I. P Europeens Network Coordination Centre（欧洲 I. P研究网络协调中心） ……………………………………（530）

RESO-Femmes（RESO-女性） ……………………………………（530）

Responding to Climate Change Limited（应对气候变化有限）………(531)

Restless Development（永不停歇的发展）………………………(531)

RET Germany e. V.（RET 德国 e. V.）……………………………(532)

RET International（雷特国际）……………………………………(532)

Rights Tech Women（女性科技权利）……………………………(533)

The Interest Organization for Substance Misusers（物质滥用者利益组织，RIO Rusmisbrukernes Interesseorganisasjon）………(533)

Rotarian Action Group Addiction Prevention（扶轮社员预防毒瘾行动小组）……………………………………………………(534)

Royal College of Obstetricians and Gynaecologists（英国皇家妇产科学院）……………………………………………………(534)

Royal National Lifeboat Institution（皇家救生艇学会）…………(535)

Royal Society for the Protection of Birds（英国皇家鸟类保护协会）………………………………………………………………(535)

Rule of Law and Anti-Corruption Center（法治与反腐败中心）………(536)

Russian Peace Foundation（俄罗斯和平基金会）………………(536)

Rutgers（拉特格斯）………………………………………………(537)

Retour Foundation（Retour 基金会，Stichting Retour）…………(538)

RESEARCH SOCIETY IN RIGHT AND DUTIES OF MANKIND（人类权利与义务研究会）………………………………………(538)

Research Institute for Energy, Environment and Construction（能源、环境和建筑研究所，Institut de Recherche Pour l'Energie, l'Environnement et la Construction）……………(539)

S

Saami Council（萨米理事会）……………………………………(541)

Sadakatasi Association（Sadakatasi 协会，Sadakatasi Dernegi）………(541)

Sahel Défis（发展环境社会发展组织，Développement et Environnement, Formation et Insertion Sociale）………………(542)

The Salvation Army（救世军）……………………………………(542)

Society of the Sacred Heart（耶稣圣心协会，Casa Generaliziadella

Societa'del Sacro Cuore) ……………………………………（543）

Scandinavian Human Rights Lawyers（斯堪的纳维亚人权律师）……（543）

School Sisters of Notre Dame（圣母学校修女会）………………（544）

Swiss National Youth Council（瑞士国家青年理事会，Schweizerische Arbeitsgemeinschaft der Jugendverbände）………………（544）

Sci Tech Diplohub Association-Science and Technology Diplomatic Hub Assoc.（科技外交枢纽协会）………………………（545）

Secours Islamique France（伊斯兰救援法国）……………………（545）

Secours Populaire Français（法国人民援助会）……………………（546）

Security Women（女性安全）…………………………………………（546）

Spiritual Emergence Slovakia and Czechia（精神的兴起斯洛伐克和捷克，SEN Slovensko a Cesko）………………………（547）

Servare et Manere（保存和维持）……………………………………（547）

Servas International（塞尔瓦斯国际）………………………………（548）

Share the World's Resources（共享世界资源）………………………（548）

Sign of Hope（希望的迹象，Hoffnungszeichen）…………………（549）

Sikh Human Rights Group（锡克教人权组织）………………………（549）

Sir William Beveridge Foundation（威廉·贝弗里奇爵士基金会）…………………………………………………（550）

Slow Food（慢食）………………………………………………………（550）

Social Aid of Hellas（希腊社会援助）………………………………（551）

Socialist International（社会主义国际）……………………………（551）

Socialist International Women（社会主义妇女国际）………………（552）

Society of Comparative Legislation（立法比较协会，SOCIETE DE LEGISLATION COMPAREE）………………………（552）

Society for International Development（国际发展协会）…………（553）

Society for Threatened Peoples（受威胁人民协会）………………（553）

Society of Catholic Medical Missionaries（天主教医疗传教士协会）………………………………………………………（554）

Society of the Sacred Heart（圣心协会）……………………………（554）

SODALITAS FOUNDATION（索达利塔斯基金会，SODALITAS,

Association for the Development of Entrepreneurship in the Civil Society） ……………………………………………………（555）
Solagral（索拉格拉尔） ………………………………………（555）
Solidar（团结一致） ……………………………………………（556）
Solidarity Sweden-Latin America（瑞典—拉丁美洲团结会，Solidaridad Suecia-América Latina） ………………………（556）
SOLIDARITE LAIQUE（世俗团结会） …………………………（557）
Solidarity Switzerland-Guinea（瑞士—几内亚团结会，Solidarité Suisse-Guinée） ………………………………（557）
Soroptimist International（国际职业妇女福利互助会） ………（558）
Soroptimist International of Europe（欧洲职业妇女福利互助会国际协会） …………………………………………（558）
SOS Children's Villages International（幼儿园国际求救） ……（559）
Social Mind Association（社会思想协会，Sosyal Akıl Derneği） ……（559）
Space Generation Advisory Council（太空生成咨询委员会） ……（560）
Specialisterne Foundation（专业人才基金会） …………………（560）
SPHER International Ltd（斯菲尔国际有限公司） ……………（561）
Spire（萌芽发展基金的青年组织，Utviklingsfondets Ungdomsorganisasjon） ………………………………………（561）
Sri Swami Madhavananda World Peace Council（斯瓦米·马达瓦南达世界和平理事会） ………………………………（562）
Stakeholder Forum for a Sustainable Future（可持续未来利益相关者论坛） ………………………………………………（562）
Stamp Out Poverty（消除贫困） ………………………………（563）
Stand Up For Your Rights（维护你的权利） …………………（563）
Standing Voice（站立的声音） …………………………………（564）
Samenwerking Sverband IKV Pax Christi（IKV 合作伙伴-Pax Christi，Stichting Samenwerking Sverband IKV Pax Christi） ………（565）
Simavi（西马维，Stichting Simavi） …………………………（565）
Spanda Foundation（斯潘达基金会） …………………………（566）
Stockholm International Water Institute（斯德哥尔摩国际水

研究所，Stiftelsen Stockholm International Water Institute） ………(566)

Solidarity Foundation for Unemployment and Poverty（劳动与援助团结基金会，Stiftung Solidarität bei Arbeitslosigkeit und Armut） ………………………………………(567)

Stockholm Environment Institute（斯德哥尔摩环境研究所） ………(567)

Stopaids（斯托佩兹） ………………………………………………(568)

Street Football World（街头足球世界） ……………………………(568)

Sudanese Human Rights Activists（苏丹人权活动家） ……………(569)

Support Home of God Project（支持上帝之家项目） ………………(569)

Sustainability Challenge Foundation（可持续发展挑战基金会） ……………………………………………………………(570)

Sustainability Literacy Test（可持续发展素养测试） ………………(570)

Swedish Women's Lobby（瑞典女子游说团，Sveriges Kvinnolobby） ……………………………………………………(571)

Swedish Association for Sexuality Education（瑞典性教育协会） ……(571)

Swedish Federation of Lesbian, Gay, Bisexual and Transgender Rights（瑞典男女同性恋、双性恋和变性权利联合会） ………………(572)

Swedish NGO Foundation for Human Rights（瑞典非政府组织人权基金会） …………………………………………………(572)

Swedish Organization for Global Health（瑞典全球卫生组织） …………………………………………………………………(573)

Swedish Society for Nature Conservation（瑞典自然保护学会） …………………………………………………………………(573)

Swiss Catholic Lenten Fund（瑞士天主教四旬期基金） ……………(574)

Swiss Peace Foundation（瑞士和平基金会） ………………………(574)

Swisscontact：Swiss Foundation for Technical Cooperation（瑞士联系人：瑞士技术发展合作基金会，Swisscontact，Schweizerische Stiftung für Technische Entwicklungszusammenarbeit） ………………………………………………(575)

T

Tax Justice Network（税务正义网） …………………………（577）

Tearfund（泪水基金） ………………………………………（577）

The Afro-Asian Union for Diplomatic and Media Cooperation
（亚非外交和媒体合作联盟）……………………………（578）

The Against Malaria Foundation（防治疟疾基金会） ………（578）

The American Pakistan Foundation（美国巴基斯坦基金会）……（579）

The Assembly of the Representatives of the Peoples Living on the
Territory of the Republic of Tatarstan（鞑靼斯坦共和国境内
居民代表大会）……………………………………………（579）

The Bar Human Rights Committee（律师协会人权委员会）…………（580）

The Born Free Foundation Limited（天生自由基金会有限
公司）………………………………………………………（580）

The Centre Against Racism in Iran（伊朗反对种族主义中心）………（581）

The Club of Rome（罗马俱乐部） …………………………（581）

The Conflict and Environment Observatory（冲突与环境
观察站）……………………………………………………（582）

The Corner House（转角屋） ………………………………（582）

The Death Penalty Project Limited（死刑项目有限公司）……（583）

The Donkey Sanctuary（驴子保护协会）……………………（583）

The Equal Rights Trust（平等权利信托基金）………………（584）

The Global Initiative Against Transnational Organized Crime
（打击跨国有组织犯罪全球倡议）…………………………（585）

The Hague International Model United Nations（海牙国际模拟
联合国大会）………………………………………………（585）

The HALO Trust（HALO 信托）……………………………（586）

"Road Safety Promotion Centre" Movement for Safe Traffic
（"道路安全促进中心"交通安全运动）……………………（586）

The International Automotive Lighting and Light Signalling Expert
Group（国际汽车照明和光信号专家组）…………………（587）

The International Coalition to Ban Uranium Weapons
（国际禁止铀武器联盟）……………………………………（587）

The International Federation of Anti-Leprosy Associations
（国际抗麻风病协会联合会）……………………………（588）

The International Society of Physical and Rehabilitation Medicine
（ISPRM，国际物理与康复医学学会）…………………（588）

The LACRIMA Foundation SCIO（LACRIMA 基金会）………（589）

The Lady Fatemah（A. S.）Charitable Trust（法蒂玛夫人〔A. S.〕
慈善信托基金）……………………………………………（589）

The Leprosy Mission International（Africa Regional Office）
〔国际麻风宣教团（非洲区域办事处）〕………………（590）

The Natural Step International（国际自然之步组织）………（590）

The Next Century Foundation（新世纪基金会）……………（591）

The Palestinian Return Centre Ltd（巴勒斯坦回返中心
有限公司）…………………………………………………（591）

The Partnering Initiative（伙伴关系倡议）…………………（592）

The Royal Institution of Chartered Surveyors（英国皇家
特许测量师学会）…………………………………………（592）

The Royal Society of Chemistry（英国皇家化学学会）………（593）

The Royal Society of London for Improving Natural Knowledge
（伦敦皇家自然知识改善学会）…………………………（593）

The Kvinna till Kvinna Foundation（女性互助筹款基金会，
Insamlingsstiftelsen Kvinna till Kvinna）………………（594）

The International Corrections and Prisons Association for the
Advancement of Professional Corrections（国际惩教和监狱职业
惩教促进协会）……………………………………………（594）

The National Alliance for Rare Diseases Support-Malta
（全国罕见病支持联盟—马耳他）………………………（595）

The Human Rights Institute of Catalonia（加泰罗尼亚人权研究所，
Institut de Drets Humans de Catalunya）………………（596）

The Danish Family Planning Association（丹麦计划生育协会，

Sex & Samfund） ·· （596）

The Destree Institute（德斯特里研究所，Institut Jules-Destrée） ······ （597）

U

Union of the Rationalist Atheists and Agnostics（理性主义无神论者和不可知论者的联盟） ·· （599）

UBUNTU-World Forum of Civil Society Networks（UBUNTU—世界民间社会网络论坛） ·· （599）

Ukrainian Nataional Environmental NGO "MAMA-86"（乌克兰国家环境非政府组织"MAMA-86"） ······························· （600）

Ukrainian Think Tanks Liaison Office in Brussels（乌克兰智库布鲁塞尔联络处） ··· （600）

UN Women National Committee Sweden（联合国妇女署—瑞典国家委员会，UN Women-Nationell Kommitté Sverige） ············· （601）

Union of Southern European Forest Owners（南欧森林工人联盟，Union de Selvicultores del Sur de Europa） ···················· （601）

UDP（西班牙养老金领取者和退休人员民主联盟，UNION DEMOCRATICADE PENSIONISTAS Y JUBILADOS DE ESPANA） ··· （602）

Union for International Cancer Control（国际癌症控制联盟） ········· （602）

Union of Arab Jurists（阿拉伯法学家联盟） ···························· （603）

Union of Ibero American Capitals-Intermunicipal Financial and Economic Centre for Advice and Co Operation（伊比利亚美洲各国首都联盟—市际金融和经济咨询与合作中心） ············ （604）

Union of International Associations（国际协会联合会） ··············· （604）

United Church of Christ-Wider Church Ministries
（基督教联合教会—更广泛的教会事工） ······················· （605）

United Cities and Local Governments（城市和地方政府联合会） ······ （605）

United for Human Rights（人权联盟） ··································· （606）

United for Intercultural Action（文化间行动联合会） ·················· （607）

United Kingdom Association for the United Nations Development

Fund for Women（英国联合国妇女发展基金协会） …………… (607)

United Nations Association of Great Britain and Northern Ireland
（UNA-UK）（大不列颠及北爱尔兰联合国协会） ……… (608)

United Nations Association of Russia（俄罗斯联合国协会） ………… (609)

United Nations Association of Serbia（塞尔维亚联合国协会） ……… (609)

United Nations Association of Sweden（瑞典联合国协会） ………… (610)

United Nations of Yoga（UNY）（瑜伽联合国） …………………… (610)

United Nations Watch（联合国观察组织） ……………………………… (611)

United Network of Young Peacebuilders（UNOY Peacebuilders）
（青年和平建设者联合网络） ……………………………………… (611)

United Towns Agency for North South Cooperation（南北合作
联合城市机构，United Towns Agency for North-South
Cooperation） …………………………………………………… (612)

Universal Esperanto Association（世界语协会） ……………………… (612)

Universalis Matter（世界问题） ………………………………………… (613)

UPR Info（普遍定期审议资讯组织） …………………………………… (613)

Union of Luso-African-America-Asiatic Capital Cities
（葡萄牙语非洲—美洲—亚洲国家首都联盟，Uniao das
Cidades Capitais Luso Afro Americo Asiaticas） ……………… (614)

United Villages（联合村，Villages Unis） …………………………… (615)

United Nations Association Flanders Belgium（弗兰德斯比利时
联合国协会，Vereniging Voor de Verenigde Naties-United
Nations Association Flanders Belgium） ……………………… (615)

UN Association of Finland（芬兰联合国协会，Suomen
YK-liitto Ry） …………………………………………………… (616)

UNESCO Center of Florence ONLUS（联合国教科文组织
佛罗伦萨ONLUS中心） ………………………………………… (616)

V

VDE Testing and Certification Institute（电气工程电子信息技术
VDE协会，VDE Prüf- und Zertifizierungsinstitut GmbH） ……… (619)

Verification Research, Training and Information Centre

（核查研究、培训与信息中心）…………………………（619）

Victim Support Europe（欧洲受害者支助组织）……………………（620）

Vienna Economic Forum（维也纳经济论坛）………………………（621）

Viva Network（Viva 网络）……………………………………………（621）

Voluntary Service Overseas（海外志愿服务）………………………（622）

Vienna NGO Committee on Drugs（维也纳非政府组织毒品

委员会，Wiener Drogen Komittee）…………………………（622）

Vernadsky Nongovernmental Ecological Foundation

（韦尔纳茨基非政府生态基金会）………………………………（623）

W

World Federation for Mental Health（世界心理卫生联合会）…………（625）

World Federation of Engineering Organizations（世界工程

组织联合会）…………………………………………………（625）

World Federation of Khoja Shi'a Ithna-Asheri Muslim Communities

（世界 Khoja Shi'a Ithna-Asheri 穆斯林社团联合会）……………（626）

World Federation of Methodist and Uniting Church Women

（世界卫理公会和团结教会女教友联合会）……………………（626）

World Federation of Neurology（世界神经病学联合会）………………（627）

World Federation of Occupational Therapists（世界职业治疗

师联合会）……………………………………………………（627）

World Federation of Public Health Associations（世界公共卫生

协会联合会）…………………………………………………（628）

World Federation of Scientific Workers（世界科学工作者

联合会）………………………………………………………（629）

World Federation of the Deaf（世界聋人联合会）……………………（629）

World Federation of the Sporting Goods Industry（世界体育

用品业联合会）………………………………………………（630）

World Federation of Trade Unions（世界工会联合会）………………（630）

World Federation of UNESCO Clubs, Centres and Associations

（联合国教科文组织俱乐部、中心和协会世界联合会）………（631）

World for World Organization（世界互助组织）………（631）

World Forum on Shooting Activities（世界射击活动论坛）………（632）

World Futures Studies Federation（世界未来研究联合会）………（633）

World Habitat（世界人居署）………（633）

World Heart Federation（世界心脏联盟）………（634）

World Hepatitis Alliance（世界肝炎联盟）………（634）

World Human Dimension（世界人文因素）………（635）

World Humanitarian Drive（世界人道主义运动）………（635）

World Information Clearing Centre（世界信息交流中心）………（636）

World Information Service on Energy（世界能源信息服务处）………（636）

Wales Assembly of Women（威尔士妇女议会）………（637）

Waron Want-Campaign Against World Poverty（向贫困宣战——反对世界贫困运动）………（637）

War Resisters International（国际反战者联盟）………（638）

War Veterans Committee（战争退伍军人委员会）………（638）

Wash United（联合清洁有限责任公司）………（639）

Water Aid（水源卫生组织）………（639）

Water Lex（国际水法与政策中心）………（640）

We for Them（我们为他们）………（641）

We the Children（儿童之家）………（641）

Wedad International Foundation（威达国际基金会）………（642）

Wellcome Trust（威康信托基金会）………（642）

Wemos Foundation（韦莫斯基金会）………（643）

World Esperanto Youth Organisation（国际世界语青年组织）………（644）

Widows for Peace through Democracy（用民主为寡妇换和平）………（644）

Widows Rights International（国际寡妇权益组织）………（645）

Womankind Worldwide（世界女性组织）………（645）

Womenand Children First UK（英国妇幼优先组织）………（646）

Women for Peace, Sweden（瑞典妇女和平组织）………（646）

Women for Water Partnership（妇女水资源伙伴关系组织）………（647）

Women for Women's Human Rights-New Ways
（妇女人权互助组织）……………………………………（647）

Women in Dialogue（妇女对话组织）……………………（648）

Women Engage for a Common Future（女性行动共创未来
组织）……………………………………………………（648）

Women in Informal Employment: Globalizing and Organizing
Limited（全球非正规就业中的妇女：全球化与组织有限
公司）……………………………………………………（649）

Women's Education and Culture Foundation（妇女教育和文化
基金会）…………………………………………………（650）

Women's Human Rights International Association（国际妇女
人权协会）………………………………………………（650）

Women's International League for Peace and Freedom（国际
妇女争取和平与自由联盟）……………………………（651）

Women's Union of Russia（俄罗斯妇女联盟）……………（651）

Women's World Summit Foundation（世界妇女峰会基金会）………（652）

WOMENVAI-Women and Men in Environment and Artificial
Intelligence（环境与人工智能中的女性和男性）……（652）

Woodcraft Folk（木工民族）………………………………（653）

World Alliance of Young Men's Christian Associations
（世界基督教青年联合会）……………………………（653）

World Animal Protection（世界动物保护组织）……………（654）

World Association for Element/Building and Prefabrication
（世界元素/建筑与预制协会）…………………………（654）

World Association for Sexual Health（世界性健康协会）……（655）

World Association for the School as an Instrument of Peace
（世界学校和平工具协会）……………………………（655）

World Association of Early Childhood Educators（世界幼儿
教育师协会）……………………………………………（656）

World Association of Girl Guides and Girl Scouts（世界女童军
和女童子军协会）………………………………………（656）

World Association of Industrial and Technological Research Organizations（世界工业和技术研究组织协会） ……(657)

World Barua Organization（世界巴鲁阿组织） ……(658)

World Business Council for Sustainable Development（可持续发展世界商业委员会） ……(658)

World Catholic Association for Communication（天主教世界传播协会） ……(659)

World Organization for Development（世界发展组织） ……(659)

World Christian Life Community（世界基督教生活社区） ……(660)

World Circle of the Consensus: Self-sustaining People, Organizations and Communities（世界共识圈） ……(660)

World Confederation for Physical Therapy（世界物理治疗联合会） ……(661)

World Council for Psychotherapy（世界心理治疗协会） ……(661)

World Council of Arameans（Syriacs）[世界阿拉米人（叙利亚人）理事会] ……(662)

World Council of Churches（世界教会协会） ……(662)

World Development Movement（世界发展运动组织） ……(663)

World Economy, Ecology and Development（世界经济、生态学和发展组织） ……(663)

World Education Fellowship（世界教育联谊会） ……(664)

World Energy Council（世界能源理事会） ……(664)

World Environment and Resources Council（世界环境与资源理事会） ……(665)

World Family of Radio Maria NGO（非政府组织世界无线电玛丽亚大家庭） ……(665)

World Family Organization（世界家庭组织） ……(666)

World Federation Against Drugs（世界禁毒联合会） ……(666)

World Federation for Mental Health（世界精神卫生联合会） ……(667)

World Leisure Organization, Inc（世界休闲组织有限公司） ……(667)

World Medical Association（世界医学协会） ……(668)

World Mining Congress（世界矿业大会） ………………………… (668)

World Movement of Christian Workers（世界基督教工人运动） …… (669)

World Network of Users and Survivors of Psychiatry WNUSP
（世界精神病治疗法使用者及幸存者网络） ………………… (669)

World Nuclear Association（世界核协会） ……………………… (670)

World Obesity Federation（世界肥胖联合会） …………………… (670)

World Organization Alumni of Catholic Education（世界天主教
教育校友组织） …………………………………………………… (671)

World ORT Union（世界康复和训练组织联盟） ………………… (671)

World Peace Council（世界和平理事会） ………………………… (672)

World Protection for Dogs and Cats in the Meat Trade
（世界保护肉类贸易中的猫狗组织） ……………………… (672)

World Russian People's Council（世界俄罗斯人民委员会） ………… (673)

World Society of Ekistics（世界人类聚居环境学会） ……………… (673)

World Steel Association（世界钢铁协会） ………………………… (674)

World Stroke Organization（世界中风组织） …………………… (674)

World Student Christian Federation（世界基督教学生联合会） ……… (675)

World Trade Point Federation（世界贸易点联合会） …………… (675)

World Union of Catholic Women's Organizations（世界天主
教妇女组织联合会） ……………………………………………… (676)

World Union of Small and Medium Enterprises（世界中小企业
联盟） ……………………………………………………………… (676)

World Veterans Federation（世界退伍军人联合会） ……………… (677)

World Voices（世界之声） ………………………………………… (677)

World Water Council（世界水资源理事会） ……………………… (678)

World Wide Fund for Nature International（世界自然基金会） ……… (678)

World Wind Energy Association（世界风能协会） ……………… (679)

World Woman's Christian Temperance Union Inc.
（世界基督教妇女戒酒联合会有限公司） ……………………… (679)

World Young Women's Christian Association（世界基督教
女青年会） ………………………………………………………… (680)

WORLD YOUTH SERVICE AND ENTERPRISE（世界青年服务和企业组织） ……………………………………………………（680）

Worldwide Veterinary Service（全球兽医服务组织）……………（681）

World Association for Hospitality and Tourism Educationand Training（世界酒店和旅游教育与培训协会）………………（681）

War Child Holland［战争儿童（荷兰），Stichting War Child］……（682）

Women's Initiatives for Gender Justice（推动妇女争取性别正义的倡议，Stichting Women's Initiatives for Gender Justice）…………（683）

World Benchmarking Alliance Foundation（世界基准联盟基金会）………………………………………………………（683）

World Jewish Relief（世界犹太人救济会）………………………（683）

World Association for Solidarity Amity and Tolerance（世界团结友好与宽容协会）…………………………………（684）

Y

Y30（Y30）………………………………………………………（686）

Yelen（耶伦）……………………………………………………（686）

Young Lawyers' International Association（AIJA）（国际青年律师协会）…………………………………………（687）

Youth and Environment Europe（欧洲青年与环境组织）………（687）

Youth For Public Transport（青少年公共交通组织）……………（688）

Youth of European Nationalities（欧洲国家青少年组织）………（688）

Youth Parliament for SDG（青少年促进可持续发展目标会议）……（689）

Youth RISE（Resource，Information，Support，Education）Limited［青年崛起（资源、信息、支持、教育）有限公司］…………（689）

Youth with a Mission（青年传教社）……………………………（690）

Youth for Road Safety（道路安全青年组织）……………………（690）

Youth Organisation for the European and African Union（欧洲和非洲联盟青年组织）…………………………………（691）

Z

Zinthiya Ganeshpanchan Trust（辛提亚－加内什潘昌信托）………（693）
Zoological Society of London（伦敦动物学会）………………（693）
Zoï Environment Network（佐伊环境网）……………………（694）
Stichtin ZOA（ZOA 基金会）……………………………………（694）

A

A11-Initiative for Economic and Social Rights（A11—经济和社会权利倡议）

机构名称：A11-经济和社会权利倡议

机构名称（英文）：A11-Initiative for Economic and Social Rights

机构名称缩写：A11-Initiative

机构名称缩写（英文）：A11-Initiative

机构网站：http：//www.a11initiative.org

简介：A11-Initiative 倡议是一个非营利、无党派和非政府组织，旨在促进和保护个人的权利，使其免受弱势、边缘化和受歧视的群体的影响，特别关注经济和社会权利。该倡议的目标通过以下活动实现：监测公共政策、国家和国际法规以及条约机构和其他国际机构建议的执行情况；公共宣传推进和全面实施保护基本人权的法规；记录和报告侵犯人权案件；在侵犯人权案件中提供法律援助和战略诉讼；实施旨在提高人权意识的运动和教育计划；落实基层行动主义。该组织以平等、尊严、团结、社会正义、包容性和性别平等等原则为指导。

工作语言：塞尔维亚-克罗地亚语

咨商地位：2020 年提交咨商地位申请，获得联合国经社理事会特别咨商地位

活动领域：教育、人权、国际法、司法、劳动、税收政策等

总部地址：塞尔维亚

ABD Welfare and Development Association（ABD 福利与发展协会，ABD Asociación Bienestar y Desarrollo）

机构名称：ABD 福利与发展协会（ABD Asociación Bienestar y Desarrollo）

机构名称（英文）：ABD Welfare and Development Association

机构名称缩写：ABD

机构名称缩写（英文）：ABD

机构网站：http：//www.abd.ong

简介：ABD 是一个被西班牙政府提名为"公共服务"的非营利组织，于 1980 年建立。ABD 专注于保证人民的权利同时提高他们的自主权。

ABD 分为四个主要干预领域：药物领域、贫困领域、儿童和家庭领域以及社会健康领域。目前，ABD 的计划包括吸毒与相关疾病、移民、家庭暴力、早孕、老龄化、残疾、心理健康护理、住房、就业等各方面。

工作语言：西班牙语

咨商地位：2019 年提交咨商地位申请，获得联合国经社理事会特别咨商地位

活动领域：药物管制、人权、青少年、妇女、社会政策等

总部地址：西班牙

Academic Forum for Foreign Affairs-Austria（United Nations Youth and Student Association）（外交事务学术论坛—奥地利联合国青年和学生协会）

机构名称：外交事务学术论坛—奥地利联合国青年和学生协会

机构名称（英文）：Academic Forum for Foreign Affairs-Austria（United Nations Youth and Student Association）

机构名称缩写：AFA

机构名称缩写（英文）：UNYSA-Austria

机构网站：http：//www.afa.at

简介：AFA 的宗旨是唤醒学生对国际关系的兴趣，本着联合国及其特殊机构的精神开展活动，让奥地利青年、学生和毕业生熟悉联合国组织，实现奥地利联邦青年支持法的原则和宗旨。该协会支持国家平等、贯彻《联合国宪章》的精神、加强各国人民之间的信任。

工作语言：德语

咨商地位：无

活动领域：青少年、和平与安全、国际关系、裁军等

总部地址：奥地利

Academy of Labour and Social Relations（劳动与社会关系学院）

机构名称：劳动与社会关系学院

机构名称（英文）：Academy of Labour and Social Relations

机构名称缩写：ALSR

机构名称缩写（英文）：ALSR

机构网站：http：//www.atiso.ru

简介：一百多年来，ALSR一直在社会和劳动关系、经济和法律领域开展研究，培训研究专家和大学教师。ALSR还为学生提供紧急援助和心理支持。该学院积极关注社会政策和法规的变化，与政府部门合作，为社会政策的制定和改革提供专业意见和研究成果。其出版的《劳动和社会关系》涵盖了俄罗斯联邦国内外劳动和社会关系的所有多样性，包括其历史、理论和实践、法律和立法问题、金融和信贷、各种形式所有权组织的经济、社会和工业问题。

工作语言：俄语

咨商地位：2010年提交咨商地位申请，获得联合国经社理事会特别咨商地位

活动领域：劳动、社会关系、教育等

总部地址：俄罗斯

Academy of Mining Sciences（矿业科学院）

机构名称：矿业科学院

机构名称（英文）：Academy of Mining Sciences

机构名称缩写：AMS

机构名称缩写（英文）：AMS

机构网站：http：//www.worldacademyms.com/

简介：AMS是一个独立、自治、专业、科学、富有创造性的公共组织，汇集了创始国在采矿，地质，开发固体、液体和气体矿物开采和加工设备和技术，采矿企业的设计、建设和运营，采矿生态、采矿法、经济学和管理领域的领先科学家和专家。重要目标之一是促进AMS成员国采矿综合体的改善和发展。

工作语言：俄语

咨商地位：2004年提交咨商地位申请，获得联合国经社理事会特别咨商地位

活动领域：可持续发展、矿业、科学等

总部地址：俄罗斯

Access to Information Programme Foundation（获取信息计划基金会）

机构名称：获取信息计划基金会

机构名称（英文）：Access to Information Programme Foundation

机构名称缩写：AIP

机构名称缩写（英文）：AIP

机构网站：https：//www.aip-bg.org/en/about/

简介：AIP是一个非政府组织，成立于1996年，其使命是支持行使保加利亚共和国宪法第41条规定的知情权。AIP一直在开展改善保加利亚信息获取状况的永久性运动，并积极参与与信息权相关的国际网络和倡议。AIP目标是协助行使获取信息的权利；通过信息自由领域的公民教育，鼓励公民对政府持有的信息的需求；倡导提高中央和地方各级公共机构工作的透明度。

工作语言：英语

咨商地位：无

活动领域：法律

总部地址：保加利亚

ACEH-the Solidarity Companions African Land Action Association De Cooperation et d'Entraide Humanitaire（ACEH-团结伙伴非洲土地行动与人道主义合作援助协会，ACEH Les Compagnons Solidaires Action Terre d'Afrique Association de Coopération et d'Entraide Humanitaire）

机构名称：ACEH-团结伙伴非洲土地行动与人道主义合作援助协会（ACEH Les Compagnons Solidaires Action Terre d'Afrique Association de Coopération et d'Entraide Humanitaire）

机构名称（英文）：ACEH-the Solidarity Companions African Land Action Association De Cooperation et d'Entraide Humanitaire

机构名称缩写：ACEH-Lescompagnons S

机构名称缩写（英文）：ACEH-Humanitarian as

机构网站：http：//www.aceh-lescompagnonssolidaires.e-monsite.com

简介：ACEH支持举办当地协会，促进民生福祉以及社会、教育和经济发展。ACEH派遣国际志愿人员执行发展任务，涵盖教育、青年培训、维护和平、改善贫困家庭的生活条件等各方面，通过远程医疗、可视电话和远程援助系统增加人人获得优质保健的机会。

工作语言：法语

咨商地位：2021年提交咨商地位申请，获得联合国经社理事会特别咨商地位

活动领域：经济、教育、人道主义事务、贫困、科技等

总部地址：法国

Acronym Institute for Disarmament Diplomacy（裁军外交研究所）

机构名称：裁军外交研究所

机构名称（英文）：Acronym Institute for Disarmament Diplomacy

机构名称缩写：AIDD

机构名称缩写（英文）：AIDD

机构网站：http：//www.acronym.org.uk

简介：AIDD举行各种会议，传播关于和平、裁军和人类安全各个方面的想法和信息，目的是促进民间社会和国家更充分、更知情地参与制定和实施有效措施，以实现国家间非军事化关系，促进人类安全和保护环境。

工作语言：英语

咨商地位：2013年提交咨商地位申请，获得联合国经社理事会特别咨商地位

活动领域：裁军、和平与安全、人道主义事务

总部地址：英国

Across Atlantic Development LTD（跨大西洋发展有限公司）

机构名称：跨大西洋发展有限公司

机构名称（英文）：Across Atlantic Development LTD

机构名称缩写：AAD

机构名称缩写（英文）：AAD

机构网站：http：//www.acrossatlantic.org

简介：AAD致力于跨境发展，特别关注人权、妇女、冲突解决、和平

谈判、性别平等、气候变化和其他国际社会有关全球发展的热点问题。其核心是与公司和非政府组织合作，促进和平社会发展、环境保护等，确保这些公司承担社会责任并回馈社会，同时将透明度问责制作为一项发展工具。

工作语言：荷兰语、匈牙利语、中文、日语等

咨商地位：2023年提交咨商地位申请，获得联合国经社理事会特别咨商地位

活动领域：全球治理、气候变化、区域一体化、人权、社会发展等

总部地址：英国

ACT Alliance-Action by Churches Together（ACT联盟—教会共同行动）

机构名称：ACT联盟—教会共同行动

机构名称（英文）：ACT Alliance-Action by Churches Together

机构名称缩写：ACT Alliance

机构名称缩写（英文）：ACT Alliance

机构网站：http：//www.actalliance.org

简介：ACT联盟及其成员通过发展和宣传人道主义工作，共同努力、积极和可持续地改变受贫困和不公正影响的人民的生活。ACT联盟致力于建立一个世界性社会，在这个社会中，所有上帝的创造物都以尊严、正义、和平与充分尊重人权和保护环境为生。ACT承诺声明强调，联盟成员基于基督教信仰的核心价值观联系在一起，这些价值观指导着联盟的人道主义发展和宣传活动。

工作语言：法语

咨商地位：2012年提交咨商地位申请，获得联合国经社理事会特别咨商地位

活动领域：人道主义事务、可持续发展等

总部地址：瑞士

ACT Asia（ACT亚洲）

机构名称：ACT亚洲

机构名称（英文）：ACT Asia

机构名称缩写：ACT Asia

机构名称缩写（英文）：ACT Asia

机构网站：http：//www.actasia.org/

简介：ACT Asia 是一家成立于亚洲的多方面慈善机构，相信教育可以推动长期的可持续变革，专注于教育亚洲儿童、消费者和专业人士使其对动物更友善、理解尊重他人和保护环境的必要性，希望通过教育促进中国和整个亚洲对动物的同情、对人的仁慈和对环境的尊重。

工作语言：英语

咨商地位：2021年提交咨商地位申请，获得联合国经社理事会特别咨商地位

活动领域：教育、动物、环境、可持续发展、气候变化等

总部地址：英国

Action 237-Suisse（行动237—瑞士）

机构名称：行动237—瑞士

机构名称（英文）：Action 237-Suisse

机构名称缩写：Action 237-Suisse

机构名称缩写（英文）：Action 237-Suisse

机构网站：http：//www.action237-suisse.ch

简介：Action 237-Suisse 打击伊斯兰恐怖主义行为和分离主义恐怖主义，支持农村妇女并帮助农村地区获得饮用水，修复农村地区的教室和保健中心，打击非法移民，并且在住房生活方面给予移民法律支持。

工作语言：法语

咨商地位：无

活动领域：农村、恐怖主义、移民、刑事司法等

总部地址：瑞士

Action of Citizens for Nuclear Disarmament（核裁军公民行动，Action des Citoyens Pour le Désarmement Nucléaire）

机构名称：核裁军公民行动（Action des Citoyens Pour le Désarmement

Nucléaire）

机构名称（英文）：Action of Citizens for Nuclear Disarmament

机构名称缩写：ACDN

机构名称缩写（英文）：ACND

机构网站：http：//www.acdn.net

简介：ACDN 的目标是在国际安全体系背景下，采取行动并呼吁全民公决，以整体、普遍、可控的方式促进核裁军、生物裁军、化学裁军，支持地方、区域、国家和国际倡议，可以是公共或私人、政治、经济、文化或司法倡议等有利于裁军、普遍安全、人类团结与和平的倡议。

工作语言：法语

咨商地位：无

活动领域：生化武器、裁军、安全、和平等

总部地址：法国

Action for Development（Suisse）［发展行动（瑞士）］

机构名称：发展行动（瑞士）

机构名称（英文）：Action for Development（Suisse）

机构名称缩写：AfD

机构名称缩写（英文）：AfD

机构网站：http：//www.actfordev.org

简介：AfD 是一个土著发展组织，由一群敬业的阿富汗人组成，确保阿富汗基层的发展以连贯和高效的方式进行。AfD 旨在帮助社区实现发展目标。自 2011 年以来，AfD 一直在阿富汗的六个省实施基本卫生服务一揽子计划（BPHS）和基本医院服务一揽子计划（EPHS）。此外，AfD 为生活在阿富汗偏远地区的人们以及孕妇、儿童、游牧民、精神病患者和残疾人等弱势群体提供获得医疗保健服务的机会。

工作语言：英语、法语

咨商地位：2014 年提交咨商地位申请，获得联合国经社理事会特别咨商地位

活动领域：社区发展、卫生、医疗保健、弱势群体等

总部地址：瑞士

Action on Armed Violence（武装暴力行动）

机构名称：武装暴力行动

机构名称（英文）：Action on Armed Violence

机构名称缩写：AOAV

机构名称缩写（英文）：AOAV

机构网站：http://www.aoav.org.uk//www.landmineaction.org

简介：AOAV 开展研究、宣传和实地工作，以实现一个目标——减少武装暴力的发生率和影响。通过对受暴力影响的社区的研究，AOAV 制订了方案规划和政策建议。AOAV 的使命是：加强国际承诺减少武装暴力，增加对受武装暴力影响的社区的有效支持，制定法律禁止使用对平民造成伤害的武器。AOAV 正在与各国和民间社会组织合作，并将武装暴力作为贯穿各领域的问题进行讨论解决。

工作语言：英语

咨商地位：无

活动领域：社会政策、武装暴力、国际合作、人道主义事务、和平与安全等

总部地址：英国

Action Security Etic Republicain（行动安全共和党，Action Sécurité Ethique Républicaines）

机构名称：行动安全共和党（Action Sécurité Ethique Républicaines）

机构名称（英文）：Action Security Etic Republicain

机构名称缩写：ASER

机构名称缩写（英文）：ASER

机构网站：http://www.aser-asso.org

简介：ASER 的任务是在执法部门使用武力和枪支时保护人的生命和人权，在国家权力和人道主义国际法层面上实施对武器转让的监管。ASER 正在与相关行为者保持联系，以便在警察和安全部门的行动中实现对人权的保护，深化了对新技术及其侵犯人权的风险的反思，特别是与安全和警察设备有关的技术。ASER 在联合国、欧盟和法国政府内部开展工作，以确保《关贸总协定》的适用与大多数民间社会要求的人权保护相等。

工作语言：法语、英语、意大利语

咨商地位：2017年提交咨商地位申请，获得联合国经社理事会特别咨商地位

活动领域：冲突解决、社会政策、国际法、人权、刑事司法等

总部地址：法国

Actis-Norwegian Policy Network on Alcohol and Drugs（Actis—挪威酒精和毒品政策网络，Actis-Rusfeltets Samarbeidsorgan）

机构名称：Actis—挪威酒精和毒品政策网络（Actis-Rusfeltets Samarbeidsorgan）

机构名称（英文）：Actis-Norwegian Policy Network on Alcohol and Drugs

机构名称缩写：Actis

机构名称缩写（英文）：Actis

机构网站：http：//www.actis.no

简介：Actis针对药物领域展开研究，致力于预防、治疗和康复酒精与毒品造成的疾病，减少酒精和毒品对公民造成的伤害，促进公民有意义地生活。同时，Actis致力于减轻不同程度的赌博问题，保护赌博成瘾者。

工作语言：英语、挪威语

咨商地位：2021年提交咨商地位申请，获得联合国经社理事会特别咨商地位

活动领域：药物管制、健康、毒品等

总部地址：挪威

Adelphi Consult GmbH（阿德尔菲咨询有限公司）

机构名称：阿德尔菲咨询有限公司

机构名称（英文）：Adelphi Consult GmbH

机构名称缩写：无

机构名称缩写（英文）：无

机构网站：http：//www.adelphi.de

简介：Adelphi Consult GmbH成立于2002年，已成为环境与发展领域的先驱，为可持续资源利用和维持自然生命系统做出了贡献。其以出色的

管理和咨询专业知识脱颖而出，并在全球范围内采取行动，其服务范围包括研究、咨询和沟通对话，涵盖资源效率、企业责任、能源和环境管理、金融和投资、可持续管理、可持续性创业、废物管理和回收、化学品政策、创新政策、消费和生产、贸易和业务以及综合产品政策和标签等问题，追求在国际环境和跨文化背景下结合技术、财务、法律的一种综合咨询方法。

工作语言：英语、法语

咨商地位：2017年提交咨商地位申请，获得联合国经社理事会特别咨商地位

活动领域：发展筹资、可持续发展、环境、金融贸易、国际合作等

总部地址：德国

Adelphi Research GmbH（阿德尔菲研究有限公司）

机构名称：阿德尔菲研究有限公司

机构名称（英文）：Adelphi Research GmbH

机构名称缩写：无

机构名称缩写（英文）：无

机构网站：http：//www.adelphi.de

简介：Adelphi Research GmbH在气候、资源、商业、金融业、外交等领域开展工作，是欧洲最大的气候、环境和发展独立智库，是领先的可持续发展和气候议题咨询公司。该机构的使命是通过研究、建议和对话加强全球治理，致力于创造一个安全、公平和宜居的未来。

工作语言：英语、德语

咨商地位：2022年提交咨商地位申请，获得联合国经社理事会特别咨商地位

活动领域：可持续发展、气候变化、森林、教育等

总部地址：德国

Africa Europe Faith and Justice Network（非洲、欧洲信仰和正义网络）

机构名称：非洲、欧洲信仰和正义网络

机构名称（英文）：Africa Europe Faith and Justice Network

机构名称缩写：AEFJN

机构名称缩写（英文）：AEFJN

机构网站：http://www.aefjn.org

简介：AEFJN 受到基督教信仰的激励，目标是保持非洲和欧洲良好的经济关系，谨慎作出正确的政治决定。作为国家和欧盟的公民，AEFJN 通过"天线"小组和布鲁塞尔的国际秘书处在欧洲层面游说决策者。通过建立社区和教会的联系，AEFJN 努力推进一项相互尊重、富有同情心、公正公平的共同事业。

工作语言：英语、法语

咨商地位：无

活动领域：经济、国际合作、贸易与发展、可持续发展等

总部地址：比利时

Africa Solidarity Centre Ireland（爱尔兰非洲团结中心）

机构名称：爱尔兰非洲团结中心

机构名称（英文）：Africa Solidarity Centre Ireland

机构名称缩写：Africa Centre

机构名称缩写（英文）：Africa Centre

机构网站：http://www.africacentre.ie

简介：Africa Centre 旨在促进爱尔兰非洲社区的正义和社会包容，并鼓励更积极的非洲—爱尔兰交流；致力于倡导、教育和建立网络，解决种族主义和其他影响欧洲、非洲人后裔的结构性歧视，在国家和欧洲层面与其他反种族主义组织合作，并促进欧盟的全球反种族主义倡议。Africa Centre 通过政策制定解决不平等的发展问题，提供诉诸司法的机会；与其他基层合作，促进所有非洲人民有意义地融入爱尔兰生活。

工作语言：英语、法语、南非语

咨商地位：无

活动领域：刑事司法、冲突解决、可持续发展、社会正义等

总部地址：爱尔兰

Africa-Europe Diaspora Development Platform（非洲—欧洲侨民发展平台）

机构名称：非洲—欧洲侨民发展平台

机构名称（英文）：Africa-Europe Diaspora Development Platform

机构名称缩写：ADEPT

机构名称缩写（英文）：ADEPT

机构网站：http：//www.adept-platform.org/

简介：ADEPT 旨在提高参与非洲发展活动的非洲侨民组织的能力并扩大其影响力，通过向欧洲和非洲的侨民组织和个人提供服务来实现这一目标，为侨民组织提供技术支持、财政支持和专业培训，同时管理媒体活动、ADEPT 电子杂志活动等项目，放大非洲侨民的声音。从性别平等到领导力、创业、青年公民参与，ADEPT 的媒体活动涵盖了广泛的主题。

工作语言：法语、英语

咨商地位：2021 年提交咨商地位申请，获得联合国经社理事会特别咨商地位

活动领域：可持续发展、移民、社会治理、能力建设等

总部地址：比利时

African British Returnees International Ltd（非洲英国海归国际有限公司）

机构名称：非洲英国海归国际有限公司

机构名称（英文）：African British Returnees International Ltd

机构名称缩写：AFRI-BRITISH NETWORK

机构名称缩写（英文）：AFRI-BRITISH NETWORK

机构网站：http：//www.afribritishreturnees.org

简介：AFRI-BRITISH NETWORK 通过支持性航班建议、旅行信息到接机和国际货运服务，对返回的非洲人进行有效的康复与重新安置。AFRI-BRITISH NETWORK 重复英国国民保健署（NHS）的收集和分娩处方，并联系当地有信誉的药剂师/医务人员，使海归人员家庭团聚，为其提供医疗保健援助（HCA）。

工作语言：英语

咨商地位：2015 年提交咨商地位申请，获得联合国经社理事会特别咨商地位

活动领域：国际移民、医疗保健、人道主义事务、技术合作等

总部地址：英国

African Foundation for Development（非洲发展基金会）

机构名称：非洲发展基金会

机构名称（英文）：African Foundation for Development

机构名称缩写：AFFORD

机构名称缩写（英文）：AFFORD

机构网站：http：//www. afford-uk. org

简介：AFFORD 旨在扩大和加强散居国外的非洲人对非洲发展的贡献，其创新方法调动了非洲侨民的金融知识和政治资产，并引导他们推动非洲的经济增长和社会发展。AFFORD 还提高实际和潜在投资者的能力，使其积极影响国际政策，确保它们能够解决非洲大陆不发达和贫困的真正需求和根源。

工作语言：英语

咨商地位：2021 年提交咨商地位申请，获得联合国经社理事会特别咨商地位

活动领域：经济和社会、可持续发展、发展筹资

总部地址：英国

Agency for Technical Cooperation and Development（合作技术与发展援助机构，Agence d'aide à la Coopération Technique et au développement）

机构名称：合作技术与发展援助机构（Agence d'aide à la Coopération Technique et au développement）

机构名称（英文）：Agency for Technical Cooperation and Development

机构名称缩写：ACTED

机构名称缩写（英文）：ACTED

机构网站：http：//www. acted. org

简介：ACTED 的使命是在难以到达的地区拯救生命并支持人们满足他

们的需求。ACTED 制订并实施针对遭受冲突、自然灾害或社会经济困难的人口中最脆弱人群的计划。ACTED 的方法超越了眼前的紧急情况，着眼于长期生计重建和可持续发展的机会。

工作语言：英语、法语

咨商地位：获得联合国经社理事会特别咨商地位

活动领域：经社发展、发展筹资、性别问题、妇女、公共行政等

总部地址：法国

AIDS Foundation East-West（东西方艾滋病基金会）

机构名称：东西方艾滋病基金会

机构名称（英文）：AIDS Foundation East-West

机构名称缩写：AFEW

机构名称缩写（英文）：AFEW

机构网站：http://www.afew.org

简介：AFEW 是一个荷兰的非政府组织，在东欧和中亚（EECA）工作，通过创新和积极主动的方法，积极寻求国际和区域交流来减少艾滋病毒和艾滋病的影响。AFEW 与艾滋病毒感染者和受影响社区以及非政府组织和政府伙伴一起，开展并支持旨在预防艾滋病毒的方案。

工作语言：英语、俄语、荷兰语

咨商地位：获得联合国经社理事会特别咨商地位

活动领域：经社发展、性别问题、妇女、可持续发展

总部地址：荷兰

Aland Islands Peace Institute（奥兰群岛和平研究所）

机构名称：奥兰群岛和平研究所

机构名称（英文）：Aland Islands Peace Institute

机构名称缩写：AIPI

机构名称缩写（英文）：AIPI

机构网站：http://www.peace.ax

简介：AIPI 所以奥兰群岛和奥兰群岛在国际法下享有的特殊地位为出发点，实际开展工作，研究广义上的和平与冲突问题。该研究所侧重于自

治形式、少数民族问题、非军事化和冲突管理。奥兰群岛和平研究所参加了几个国家和国际组织网络，这些组织致力于密切相关的问题。

工作语言：英语

咨商地位：获得联合国经社理事会特别咨商地位

活动领域：非洲冲突解决、非洲和平、非洲发展、可持续发展等

总部地址：芬兰

Al-ODD，Alliance Internationale Pour les Objectifs de Développement Durable（国际持久发展对象联盟）

机构名称：国际持久发展对象联盟

机构名称（英文）：Al-ODD，Alliance Internationale Pour les Objectifs de Développement Durable

机构名称缩写：Al-ODD，Alliance Int

机构名称缩写（英文）：Al-ODD，Alliance Int

机构网站：http：//www.aiodd.org/

简介：Al-ODD，Alliance Int 作为促进者，通过实施可持续发展目标，为改善人民福祉、保护地球和努力实现可持续和平作出适度但具体的贡献。

工作语言：英语、法语

咨商地位：获得联合国经社理事会特别咨商地位

活动领域：经济和社会发展、性别问题、妇女、可持续发展

总部地址：法国

Alsalam Foundation（阿尔萨拉姆基金会）

机构名称：阿尔萨拉姆基金会

机构名称（英文）：Alsalam Foundation

机构名称缩写：无

机构名称缩写（英文）：无

机构网站：http：//www.alridha.org

简介：Alsalam Foundation 是一个慈善组织，其工作集中在与青年、教育、学术研究、社区凝聚力和国际援助工作有关的项目和活动上。我们与

许多种族、性别、年龄、语言和背景的多元化社区合作。Alsalam Foundation 主要位于英国伦敦,但在美国和伊拉克设有分支机构并开展业务。

工作语言:英语、阿拉伯语

咨商地位:获得联合国经社理事会特别咨商地位

活动领域:经济和社会发展、性别问题、妇女、社会发展

总部地址:英国

AMERA International Limited(阿美拉国际有限公司)

机构名称:阿美拉国际有限公司

机构名称(英文):AMERA International Limited

机构名称缩写:AMERA International

机构名称缩写(英文):AMERA International

机构网站:http://www.amerainternational.org

简介:AMERA International Limited 通过增加在国际和地方机构中诉诸行政司法的机会,促进对寻求庇护者和难民的法律保护;就庇护确定、重新安置、家庭团聚和其他与享有基本权利有关的事项提供法律咨询;就影响非洲和中东难民的法律问题对法律界人士进行教育。

工作语言:英语

咨商地位:获得联合国经社理事会特别咨商地位

活动领域:经济和社会发展

总部地址:英国

AMITERD Friends of the Earth(阿姆斯特丹地球之友,AMITERD "Les Amies de la Terre")

机构名称:阿姆斯特丹地球之友(AMITERD "Les Amies de la Terre")

机构名称(英文):AMITERD Friends of the Earth

机构名称缩写:AMITERD AMT

机构名称缩写(英文):AMITERD FOE

机构网站:http://www.foe.org/

简介:AMITERD AMT 致力于建立一个更加健康和公正的世界,其理念为"我们这个星球面临的挑战需要采取更多的措施,因此我们推动必要

的改革，而不仅仅是政治正确的改革"。

工作语言：英语

咨商地位：无

活动领域：气候、环保

总部地址：荷兰

Amnesty International（国际特赦组织）

机构名称：国际特赦组织

机构名称（英文）：Amnesty International

机构名称缩写：AI

机构名称缩写（英文）：AI

机构网站：https：//www.amnesty.org/en/

简介：AI 是一个关注人权的国际非政府组织，总部设在英国。根据其数据，该组织在世界各地拥有超过 1000 万的成员和支持者。其使命是争取"一个人人享有《世界人权宣言》和其他国际人权文书所载的所有人权的世界"。该组织提请人们注意侵犯人权的行为，并呼吁遵守国际法律和标准。它的工作是动员公众舆论，向发生虐待行为的政府施加压力。

工作语言：英语、西班牙语、法语、阿拉伯语

咨商地位：1964 年提出申请，获得联合国经社理事会特别咨商地位

活动领域：经济和社会发展

总部地址：英国

Ananda Marga Universal Relief Team（SWITZERLAND）（AMURT，国际救援队）（瑞士）

机构名称：AMURT，国际救援队（瑞士）

机构名称（英文）：Ananda Marga Universal Relief Team（SWITZERLAND）

机构名称缩写：AMURT SWITZERLAND

机构名称缩写（英文）：AMURT SWITZERLAND

机构网站：https：//www.amurt.org/en/

简介：AMURT SWITZERLAND 是一个致力于救灾、重建和发展合作的

国际组织。AMURT 的指导原则是，一组积极性很高的志愿者可以对人们的痛苦产生重要影响。这个想法的成功激励了世界上其他国家成千上万的年轻人以同样有效和非官僚主义的方式提供帮助。

工作语言：英语

咨商地位：无

活动领域：救灾、志愿等

总部地址：瑞士

Anglican Consultative Council（普世圣公宗咨议会）

机构名称：普世圣公宗咨议会

机构名称（英文）：Anglican Consultative Council

机构名称缩写：ACC

机构名称缩写（英文）：ACC

机构网站：https://www.anglicancommunion.org/

简介：ACC 是普世圣公宗的支柱之一，1968 年的兰柏会议通过了建立普世圣公宗咨议会的决议。会议每隔 2—3 年召开，参与者包括圣公会主教、神职人员和教徒，地点不同。其影响遍布 165 个国家，致力于宗教传播。

工作语言：英语

咨商地位：1985 年提出申请，并获得联合国经社理事会特别咨商地位

活动领域：经济和社会发展、性别问题、妇女、可持续发展、非洲和平、非洲发展、非洲冲突解决

总部地址：英国

ANO "Organization" "Vector of Friendship"（友谊矢量组织）

机构名称：友谊矢量组织

机构名称（英文）：ANO "Organization" "Vector of Friendship"

机构名称缩写：VFUNION

机构名称缩写（英文）：VFUNION

机构网站：http://www.vfunion.ru

简介：VFUNION 成立于 2006 年，主要在俄罗斯开展活动。通过志愿服务为个人和专业层面的发展和承诺创造机会；通过直接行动和建立网

络，支持合作伙伴实施社会和教育项目。

工作语言：英语、俄语

咨商地位：2014 年提出申请，并获得联合国经社理事会特别咨商地位

活动领域：经济和社会发展、公共管理、可持续发展

总部地址：俄罗斯

Anti-Slavery Internatioanl（国际反奴役组织）

机构名称：国际反奴役组织

机构名称（英文）：Anti-Slavery Internatioanl

机构名称缩写（英文）：ASI

机构网站：https：//www.antislavery.org/

简介：ASI 成立于1950 年，他们与现代奴隶制的幸存者、伙伴组织、负责任的企业、政府和其支持者合作，挑战和改变使现代奴隶制得以存在的制度，包括人口贩运、儿童奴役和强迫劳动。

工作语言：英语

咨商地位：1950 年提出申请，并获得联合国经社理事会特别咨商地位

活动领域：经济和社会发展、可持续发展

总部地址：英国

Antioch Christian Centre（安提阿基督教中心）

机构名称：安提阿基督教中心

机构名称（英文）：Antioch Christian Centre

机构名称缩写：ACC

机构名称缩写（英文）：ACC

机构网站：https：//www.antioch christiancentre.com/

简介：ACC 注册于2002 年，作为新加坡神召会的准会员，也是新加坡五旬节派和灵恩派教会联盟（APCCS）的一部分，ACC 致力于宗教传播。

工作语言：英语

咨商地位：1950 年提出申请，并获得联合国经社理事会特别咨商地位

活动领域：经济和社会发展、可持续发展

总部地址：英国

Anti-Violence Center（反暴力中心）

机构名称：反暴力中心

机构名称（英文）：Anti-Violence Center

机构名称缩写：AC

机构名称缩写（英文）：AC

机构网站：https：//www.antiochchristiancentre.com/

简介：AC于2003年在意大利成立。向性别暴力、家庭暴力和性暴力的受害者开放，提供免费的法律和心理咨询。

工作语言：英语

咨商地位：2003年提出申请，并获得联合国经社理事会特别咨商地位

活动领域：经济和社会发展、性别问题、妇女

总部地址：意大利

APERIO-Healthy Parenting Association（APERIO—健康育儿协会，APERIO-Spolecnost pro zdrave rodicovstvi）

机构名称：APERIO—健康育儿协会（APERIO-Spolecnost pro zdrave rodicovstvi）

机构名称（英文）：APERIO-Healthy Parenting Association

机构名称缩写：APERIO

机构名称缩写（英文）：APERIO

机构网站：https：//www.aperio.cz/en

简介：APERIO成立于1999年，致力于促进性别平等、增强妇女权能、改善产妇保健。APERIO支持生活困难的父母，为他们指明方向，提高他们在社会中的地位。在其咨询中心，支持所有寻求心理和法律帮助的家长。与此同时，为负担过重的父母运行个人重启程序，包括单亲父母。20多年来，一直致力于为准父母和即将分娩将要为人父母者做准备。

工作语言：英语、捷克语

咨商地位：无

活动领域：经济和社会发展、性别问题、妇女

总部地址：捷克共和国

AQUADEV（AQUADEV 组织）

机构名称：AQUADEV 组织

机构名称（英文）：AQUADEV

机构名称缩写：AQUADEV

机构名称缩写（英文）：AQUADEV

机构网站：不详

简介：AQUADEV 是一个比利时非政府组织，成立于 1987 年，致力于国际合作。其活动旨在进行非洲的结构性减贫。其小额信贷领域 20 年的经验使之能够充分利用对实地问题的全面了解，并制定适应实际情况的方法。面对日益复杂的开发挑战，AQUADEV 以专业和理性的态度工作。

工作语言：荷兰语、卢旺达语、法语、英语、沃洛夫语

咨商地位：无

活动领域：经济和社会发展、可持续发展

总部地址：比利时

Aqua Fed-International Federation of Private Water Operators（国际私人水务运营商联盟）

机构名称：国际私人水务运营商联盟

机构名称（英文）：Aqua Fed-International Federation of Private Water Operators

机构名称缩写：Aqua Fed

机构名称缩写（英文）：Aqua Fed

机构网站：https：//www.aquafed.org/

简介：Aqua Fed 代表在公共当局的指导下提供供水或卫生服务的私营公司。其会员是在大约 40 个国家经营的各种规模的公司，既有本地企业，也有国际企业。这些公司通过 PPP 合同或许可运营，为公众和工商业用户提供饮用水和卫生服务。他们在世界各地的城市、城郊和农村工作。

工作语言：西班牙语、荷兰语、英语、弗拉芒语、法语、德语、葡萄牙语

咨商地位：2011年提出申请，并获得联合国经社理事会特别咨商地位

活动领域：经济和社会发展、发展筹资、性别问题、妇女、人口、公共管理、统计、可持续发展

总部地址：法国

Arab Commission for Human Rights（阿拉伯人权委员会）

机构名称：阿拉伯人权委员会

机构名称（英文）：Arab Commission for Human Rights

机构名称缩写：ACHR

机构名称缩写（英文）：ACHR

机构网站：http://www.achr.eu/

简介：ACHR是一个非政府人权组织，由来自阿拉伯世界的人权活动家成立，其工作以1948年的《世界人权宣言》为基础。

工作语言：阿拉伯语、英语、法语

咨商地位：2004年提出申请，并获得联合国经社理事会特别咨商地位

活动领域：经济和社会发展、性别问题、妇女

总部地址：法国

Arab Penal Reform Organization（阿拉伯刑罚改革组织）

机构名称：阿拉伯刑罚改革组织

机构名称（英文）：Arab Penal Reform Organization

机构名称缩写：APRO

机构名称缩写（英文）：APRO

机构网站：http://www.aproarab.org

简介：APRO是一个区域性非政府组织，其特点是努力改革阿拉伯世界的立法结构和惩罚制度，以维护人权和捍卫人权，与当地国际组织之间建立联系桥梁。并通过一些阿拉伯研究人员定期和密集地与地方和区域组织发表研究和联合研究报告。举办高级培训课程，提升从事这一领域工作的干部和对这一领域感兴趣的干部。举行年度会议，力求成为阿拉伯国家在人权领域的筹备、组织、方案和目标方面进行合作的典范。

工作语言：英语、阿拉伯语

咨商地位：2011年提出申请，2012年获得联合国经社理事会特别咨商地位

活动领域：经济和社会发展、刑事司法、人权

总部地址：瑞士

Arab European Forum for Dialogue and Human Rights（阿拉伯—欧洲对话与人权论坛）

机构名称：阿拉伯—欧洲对话与人权论坛

机构名称（英文）：Arab European Forum for Dialogue and Human Rights

机构名称缩写：EAHRD

机构名称缩写（英文）：EAHRD

机构网站：https：//www.eahrd.org/

简介：EAHRD是成立于2010年的区域性非政府组织，致力于促进性别平等，增强妇女权能；降低儿童死亡率；改善产妇保健；消除极端贫困和饥饿。

工作语言：英语、阿拉伯语、法语

咨商地位：2015年提出申请，并获得联合国经社理事会特别咨商地位

活动领域：性别问题、妇女、社会发展、可持续发展

总部地址：瑞士

Ariel Foundation International（艾瑞尔国际基金会）

机构名称：艾瑞尔国际基金会

机构名称（英文）：Ariel Foundation International

机构名称缩写：Ariel Foundation Int

机构名称缩写（英文）：Ariel Foundation Int

机构网站：https：//www.arielfoundation.org/

简介：Ariel Foundation Int是一个成立于2002年的非政府组织。该基金会通过教育、服务、领导力和对全球儿童、年轻人及其社区的支持来促进伙伴关系、和平与繁荣。

工作语言：英语、法语、西班牙语

咨商地位：2016年提出申请，并获得联合国经社理事会特别咨商地位

活动领域：经济和社会发展、性别问题、妇女、可持续发展、非洲和平发展

总部地址：瑞士

Art for the World（为世界而艺术组织）

机构名称：为世界而艺术组织

机构名称（英文）：Art for the World

机构名称缩写：AFW

机构名称缩写（英文）：AFW

机构网站：https://www.artfortheworld.net/

简介：AFW 于 1995 年在日内瓦成立，是联合国成立五十周年背景下"和平对话"展览的直接产物。该组织旨在通过当代艺术服务于人道主义目的，在艺术与社会之间架起一座桥梁，以鼓励在捍卫人权方面保持宽容和团结。

工作语言：英语

咨商地位：无

活动领域：艺术、全球合作

总部地址：瑞士

Art Dialogue（艺术对话组织）

机构名称：艺术对话组织

机构名称（英文）：Art Dialogue

机构名称缩写：Art Mill

机构名称缩写（英文）：Art Mill

机构网站：https://www.artmill.eu/

简介：Art Mill 作为一个另类的文化空间，其中心是活跃的艺术家、活动家、农民、企业家和创意人士的家园，他们管理着当地的生态系统。通过创意、研究、更广泛的公众、体验式学习和教育来建立文化话语。他们将文化作为社会变革的催化剂，并与许多伙伴组织保持一致和合作，以维持现有的和不断增长的中心、合作社、社区、农场和个人网络，努力改变压迫和榨取制度。

工作语言：英语、捷克语

咨商地位：无

活动领域：经济和社会发展、性别问题、妇女、可持续发展

总部地址：捷克

Article 36 Limited（第三十六条有限公司）

机构名称：第三十六条有限公司

机构名称（英文）：Article 36 Limited

机构名称缩写：Article 36

机构名称缩写（英文）：Article 36

机构网站：https：//www.article36org/

简介：Article 36 是一个专门的非营利组织，致力于减少武器造成的伤害。是一个小型而高效的倡导和政策专家团队，总部设在英国，与新的国际法律和政策协议联盟合作，将其专业知识和创造力运用到简报、谈判和战略性召集的讨论中。

工作语言：法语、英语、西班牙语

咨商地位：2015 年提出申请，2016 年获得联合国经社理事会特别咨商地位

活动领域：经济和社会发展

总部地址：英国

Asia Darshana（亚洲吉相组织）

机构名称：亚洲吉相组织

机构名称（英文）：Asia Darshana

机构名称缩写：AD

机构名称缩写（英文）：AD

机构网站：https：//www.asiadarshana.com/

简介：AD 致力于发掘亚洲优秀传统文化，普及瑜伽教育，满足人们更好的生活需求。

工作语言：英语、法语、意大利语

咨商地位：自 2008 年起居于联合国经社理事会特别咨商名单中

活动领域：瑜伽、教育

总部地址：意大利

Association for the Prevention, Reintegration and Assistance to Prostituted Women （预防、重新融入社会和援助卖淫妇女协会，Asociación para la Prevención, Reinserción y Atención a la Mujer Prostituida）

机构名称：预防、重新融入社会和援助卖淫妇女协会（Asociación para la Prevención, Reinserción y Atención a la Mujer Prostituida）

机构名称（英文）：Association for the Prevention, Reintegration and Assistance to Prostituted Women

机构名称缩写：APRAMP

机构名称缩写（英文）：APRAPW

机构网站：http://www.apramp.org

简介：APRAMP成立于1989年，其目标是使遭受性剥削和人口贩运的妇女和女孩恢复自由和尊严，使她们的权利得到伸张，并获得必要的自主权，以学习不受剥削者控制和虐待的新生活。该方案从保护和促进这一人口的权利开始，有助于防止和消除性剥削和贩卖人口。

工作语言：伊多语、罗马尼亚语、西班牙语、英语、瓜拉尼语、葡萄牙语

咨商地位：2019年提出申请，并获得联合国经社理事会特别咨商地位

活动领域：性别问题、妇女、预防妇女和女童拐卖

总部地址：西班牙

Association for Promoting Bioculture and Developing Healthy Lives（促进生物文化和发展健康生活协会，Asociación Vida Sana para el Fomento de la Cultura y el Desarrollo Biológicos）

机构名称：促进生物文化和发展健康生活协会（Asociación Vida Sana para el Fomento de la Cultura y el Desarrollo Biológicos）

机构名称（英文）：Association for Promoting Bioculture and Developing Healthy Lives

机构名称缩写：AVSFCDB

机构名称缩写（英文）：APBDHL

机构网站：不详

简介：AVSFCDB 成立于 1981 年，由农业技术人员、农民和学生组成，致力于促进当地农业发展和生态环境保护。

工作语言：英语

咨商地位：无

活动领域：可持续发展、生态环境保护、农业

总部地址：西班牙

Assist Italian Athletes Association（协助意大利运动员协会，Assist Associazione Nazionale Atlete）

机构名称：协助意大利运动员协会（Assist Associazione Nazionale Atlete）

机构名称（英文）：Assist Italian Athletes Association

机构名称缩写：ASSIST

机构名称缩写（英文）：ASSIST

机构网站：https://www.assistitaly.it/

简介：ASSIST 1999 年成立于意大利，致力于促进和捍卫女性运动员和体育工作者的权利和形象，促进体育运动中的平等和尊重，对比体育运动中的性别陈规定型观念和歧视，促进积极的体育文化。ASSIST 的目的是保护和代表所有专业体育学科的女运动员以及在体育领域雇用的所有工作人员（培训师、体育管理人员、体育传播专业专家）的权利。ASSIST 还旨在提高人们对体育运动中平等权利、平等参与体育实践和体育文化等所有主题的认识。为了达到这些目标，协助组织全国性的活动、活动和会议，并制作宣传材料和媒体宣传活动。

工作语言：意大利语

咨商地位：2022 年提出申请，并获得联合国经社理事会特别咨商地位

活动领域：性别问题、妇女

总部地址：意大利

Association of Women Against Violence（妇女反对暴力协会，Associacao de Mulheres Contra a Violencia）

机构名称：妇女反对暴力协会（Associacao de Mulheres Contra a Violencia）

机构名称（英文）：Association of Women Against Violence

机构名称缩写：AMCV

机构名称缩写（英文）：AWAV

机构网站：http://www.amcv.org.pt

简介：AWAV 成立于 1992 年，在葡萄牙开展活动，目前的使命是促进人权，即妇女、青年和儿童的人权。

工作语言：英语

咨商地位：1998 年提出申请，并获得联合国经社理事会特别咨商地位

活动领域：经济和社会发展、性别问题、妇女

总部地址：葡萄牙

Associació CATESCO/Catalonia for Education, Science and Culture Organization（加泰罗尼亚教育、科学和文化组织，Associació CATESCO/Catalonia for Education, Science and Culture Organization）

机构名称：加泰罗尼亚教育、科学和文化组织（Associació CATESCO/Catalonia for Education, Science and Culture Organization）

机构名称（英文）：Associació CATESCO/Catalonia for Education, Science and Culture Organization

机构名称缩写：CATESCO

机构名称缩写（英文）：CATESCO

机构网站：http://www.catesco.org/

简介：CATESCO 成立于 1984 年，其目标是传播教科文组织在教育、遗产、知识获取和环境可持续性领域的理想、文件和活动。进一步的目标是促进和平文化、人类价值和权利教育、文化和语言多样性以及宗教间对话。

工作语言：英语、法语、西班牙语、加泰罗尼亚语

咨商地位：2007 年提出申请，并获得联合国经社理事会特别咨商地位

活动领域：经济和社会发展、可持续发展

总部地址：西班牙

Associated Country Women of the World（世界乡村妇女协会）

机构名称：世界乡村妇女协会

机构名称（英文）：Associated Country Women of the World

机构名称缩写：ACWW

机构名称缩写（英文）：ACWW

机构网站：http://www.acww.org.uk

简介：ACWW 成立于 1933 年，与世界各地的妇女合作，以教育、赋权和丰富她们及其家庭的生活。

工作语言：英语

咨商地位：1947 年提出申请，并获得联合国经社理事会特别咨商地位

活动领域：经济和社会发展、性别问题、妇女

总部地址：英国

Association 4D（Sustainable Development Archive and Debate）（可持续发展、档案和辩论协会，Association 4D-Dossiers et Débats pour le Développement Durable）

机构名称：可持续发展、档案和辩论协会（Association 4D-Dossiers et Débats pour le Développement Durable）

机构名称（英文）：Association 4D（Sustainable Development Archive and Debate）

机构名称缩写：Association 4D

机构名称缩写（英文）：Association 4D

机构网站：不详

简介：Association 4D 成立于 1994 年，致力于通过档案收集和政策辩论的方式促进区域可持续发展。

工作语言：英语

咨商地位：无

活动领域：公民参与、政策、档案

总部地址：法国

Association A. M. OR（A. M. OR 协会）

机构名称：A. M. OR 协会

机构名称（英文）：Association A. M. OR

机构名称缩写：ONG-AMOR

机构名称缩写（英文）：ONG-AMOR

机构网站：http://www.ong-amor.org

简介：A. M. OR 协会成立于1999年，旨在帮助孤儿、穷人、活动中的妇女和农村地区的学生。这些人生活在非常贫乏的条件下，在城市或农村地区没有任何发展系统。

工作语言：英语

咨商地位：2017年提出申请，并获得联合国经社理事会特别咨商地位

活动领域：经济和社会发展、农业、儿童权益

总部地址：瑞士

Association African Foundation for Migration and Development in Switzerland（瑞士非洲移民与发展基金会）

机构名称：瑞士非洲移民与发展基金会

机构名称（英文）：Association African Foundation for Migration and Development in Switzerland

机构名称缩写：AFMD-SWISS

机构名称缩写（英文）：AFMD-SWISS

机构网站：http://www.africanfoundation.ch

简介：AFMD-SWISS 是一个由散居海外的非洲人、非洲人后裔、瑞士籍和其他专业人士、专家和资源人士组成的联盟，他们愿意在社会中发挥作用。根据可持续、共赢的移民和发展政策，在侨居社区与原籍国、遗产国及东道国政府和机构之间搭建桥梁，保持定期联系、三方对话和交流。

工作语言：提格里尼亚语、约鲁巴语、索马里语、伊博语、英语、沃洛夫语、西班牙语、法语

咨商地位：2021年提出申请，并获得联合国经社理事会特别咨商地位

活动领域：经济和社会发展、发展筹资、性别问题、妇女、公共管理、社会发展、可持续发展、非洲和平发展、非洲冲突解决

总部地址：瑞士

Association for the Defence and Promotion of Human Rights（捍卫和促进人权协会，Association de Défense et de Promotion des Droits de l'Homme）

机构名称：捍卫和促进人权协会（Association de Défense et de Promotion des Droits de l'Homme）

机构名称（英文）：Association for the Defence and Promotion of Human Rights

机构名称缩写：ADEAGE

机构名称缩写（英文）：ADEAGE

机构网站：暂无

简介：ADEAGE 是一个成立于 2000 年的非政府组织，旨在捍卫和促进人权。ADEAGE 通过组织会议和研讨会、出版、教学与培训、参与任何有效保障人权的活动，并且积极与国家机构和国际组织合作来实现其宗旨。ADEAGE 也能够根据《保护人权与基本自由公约》的相关规定，作为第三方参与欧洲人权法院的诉讼。在特殊情况下，ADEAGE 办公室保留组织或参与主题与捍卫和促进人权无关的法律活动的权利。其千年发展目标是普及初等教育、促进性别平等和妇女赋权以及确保环境的可持续发展。

工作语言：英语、法语

咨商地位：2023 年提交咨商地位申请，获得联合国经社理事会特别咨商地位

活动领域：经济与社会发展；金融、技术合作；性别问题；妇女；人口；国际移民；可持续发展；非洲和平与发展；非洲冲突解决

总部地址：法国

Association Supporting Orphans in Vietnam（援助越南孤儿协会，Association de Soutien aux Orphelins du Vietnam）

机构名称：援助越南孤儿协会（Association de Soutien aux Orphelins du

Vietnam）

机构名称（英文）：Association Supporting Orphans in Vietnam

机构名称缩写：ASSORV

机构名称缩写（英文）：ASOV

机构网站：http：//www. assorv. fr/

简介：ASSORV 是一个成立于 2003 年的地区性非政府组织。ASSORV 自 1992 年以来一直致力于帮助孤儿或家庭困难的儿童，在越南建立并经营了三家孤儿院，为儿童提供了一个成长、训练并与生活和未来和解的框架。该协会建立了一个坚实的赞助系统，为孩子们提供新的生活。

工作语言：英语

咨商地位：2003 年提交咨商地位申请，获得联合国经社理事会 A1-名册咨商地位

活动领域：可持续发展

总部地址：法国

Association of European Manufactures of Sporting Ammunition（欧洲运动弹药制造商协会，Association des Fabricants européens de Munitions de Sport）

机构名称：欧洲运动弹药制造商协会（Association des Fabricants européens de Munitions de Sport）

机构名称（英文）：Association of European Manufactures of Sporting Ammunition

机构名称缩写：AFEMS

机构名称缩写（英文）：AFEMS

机构网站：http：//www. afems. org

简介：AFEMS 是一个非营利组织，成立于 1951 年，旨在继续 1898 年《国际弹药公约》开始的工作。AFEMS 是一个地区性的，在欧洲范围内的协会，建立在合作与对话原则的基础上，为其成员提供了一个论坛、一个体育弹药信息中心，以及有效应对技术挑战、科学挑战和立法挑战的手段。AFEMS 的成员一直在持续增长，到今天已包括来自所有欧洲国家的 70 多名成员。它代表了弹药、部件、黏土靶和机械等的制造商和分销商网

络，每个制造商和分销商都拥有丰富的经验和悠久的从业历史。尽管背景不同，AFEMS的成员都有一个共同的目标：保护和发展与运动弹药相关的活动。

工作语言：英语

咨商地位：2016年提交咨商地位申请，获得联合国经社理事会特别咨商地位

活动领域：经济和社会发展；非正规经济部门统计；可持续发展，健康、工业发展、科学、技术、贸易与环境

总部地址：比利时

Association Diogenis, Drug Policy Dialogue in South East Europe（第欧根尼协会，东南欧毒品政策对话）

机构名称：第欧根尼协会，东南欧毒品政策对话

机构名称（英文）：Association Diogenis, Drug Policy Dialogue in South East Europe

机构名称缩写：Diogenis

机构名称缩写（英文）：Diogenis

机构网站：http://www.diogenis.info

简介：Diogenis是一个成立于2010年的地区性欧洲非政府组织，主要活动于希腊。协会的目标是在国家、地区和国际层面促进客观和公开的对话，以实现连贯、一致和有效的毒品政策。协会还研究东南欧的毒品形势，特别是该地区各国具体的地缘政治和文化特点。协会发展国家、地区间的合作伙伴关系和网络，以便在供需、公共卫生保护和促进社会保障方面制定更有效的毒品政策。针对毒品使用的影响，协会支持实施预防、治疗、减少危害和康复措施。Diogenis也积极推广世界其他国家或地区应对毒品的有效政策和做法，提供信息，支持在与毒品有关领域工作的非政府组织之间的区域合作与协调，促进并进一步发展和巩固非政府组织网络，与东南欧国家负责毒品政策的专家、科学家和政策制定者建立良好的关系。

工作语言：现代希腊语、英语

咨商地位：2014年提交咨商地位申请，获得联合国经社理事会特别咨

商地位

活动领域：健康

总部地址：希腊

Association for Democratic Initiatives（民主倡议协会）

机构名称：民主倡议协会

机构名称（英文）：Association for Democratic Initiatives

机构名称缩写：ADI

机构名称缩写（英文）：ADI

机构网站：http：//www.adi.org.mk

简介：ADI 是一个成立于 1994 年的地区性非政府组织，主要活动于欧洲和北美洲，其总体目标是支持地方一级社区的参与性发展。目标群体是公民、民间社会组织和地方自治政府。所开展的活动是为地方自治政府（行政部门、民间社会组织、LSG 单位和地方倡议团体）提供量身定制的培训/咨询，旨在通过加强组织和增加公民的参与来刺激地方社区的发展。

工作语言：英语

咨商地位：无

活动领域：经济与社会发展、可持续发展

总部地址：北马其顿

Association for Emissions Control by Catalyst（催化剂排放控制协会）

机构名称：催化剂排放控制协会

机构名称（英文）：Association for Emissions Control by Catalyst

机构名称缩写：AECC

机构名称缩写（英文）：AECC

机构网站：https：//www.aecc.eu/

简介：AECC 是一个成立于 1978 年由从事发动机尾气排放控制催化剂和过滤器技术的开发、生产和测试的欧洲公司组成的国际协会，活动于比利时王国。欧洲所有新汽车、商用车辆、公共汽车、非道路移动机械和摩托车的尾气排放控制系统都采用了协会会员的技术。协会的主要目标是：促进和推广使用控制移动源有害排放的最新技术；收集和宣传有关法律法规、安全和环境问题、车辆尾气排放相关研究及其控制方法的信息；促进技术标准、测试程序和安全法规的统一；赞助与协会目标相关的科研计划，并在各种会议和科学出版物上传播研究成果。

工作语言：英语

咨商地位：2007年提交咨商地位申请，获得联合国经社理事会特别咨商地位

活动领域：环境、交通

总部地址：比利时

Association for Solidarity with Asylum Seekers and Migrants（团结寻求庇护者和移民协会）

机构名称：团结寻求庇护者和移民协会

机构名称（英文）：Association for Solidarity with Asylum Seekers and Migrants

机构名称缩写：SGDD-ASAM

机构名称缩写（英文）：ASAM

机构网站：http：//www.sgdd.org.tr

简介：ASAM是一个成立于1995年的国家性非政府组织，活动于土耳其共和国。ASAM一直积极参与国际移徙领域，自1995年以来在土耳其30多个省开展各种活动，以支持寻求庇护者和移民获得权利和服务，以及维护他们心理健康和帮助他们适应社会生活。ASAM通过在雅典和布鲁塞尔开设代表处开始在国际舞台上运作，旨在支持居住在土耳其境外的寻求庇护者和移民，已为数千名难民提供支持。

工作语言：土耳其语、阿拉伯语、索马里语、法语、波斯语、英语、乌克兰语

咨商地位：2021年提交咨商地位申请，获得联合国经社理事会特别咨商地位

活动领域：经济和社会发展；性别问题和提高妇女地位、国际移徙、社会政策、可持续发展

总部地址：土耳其

Association for Solidarity with Freedom-deprived Juveniles（声援被剥夺自由少年协会）

机构名称：声援被剥夺自由少年协会

机构名称（英文）：Association for Solidarity with Freedom-deprived Juveniles

机构名称缩写：Öz-GeDer

机构名称缩写（英文）：无

机构网站：http://www.ozgeder.org.tr

简介：Öz-GeDer 是一个成立于1999年的国家性非政府组织。其目标是向所有处于危险中的儿童和青年提供各种援助、支持和指导，优先考虑封闭和开放的少年机构中的儿童和青年，这些少年机构在国际文献中被称为"被剥夺自由的青年"，以及从这些机构撤离的儿童和青年。

工作语言：英语

咨商地位：2003年提交咨商地位申请，获得联合国经社理事会特别咨商地位

活动领域：可持续发展

总部地址：土耳其

Association for the Prevention of Torture（防止酷刑协会）

机构名称：防止酷刑协会

机构名称（英文）：Association for the Prevention of Torture

机构名称缩写：APT

机构名称缩写（英文）：APT

机构网站：http://www.apt.ch

简介：APT 是一个成立于1996年的国际性非政府组织。作为世界上致力于防止酷刑的主要组织，APT 为提高拘留场所的透明度和独立监督做出了贡献。APT 提供专业知识以支持我们的合作伙伴，倡导在全球舞台上采取有力的行动。APT 认为将改革法律、政策和实践的具体措施结合起来，将有助于减少酷刑和虐待的风险，使社会上的每个人都更加安全。

工作语言：英语

咨商地位：1996年提交咨商地位申请，获得联合国经社理事会特别咨

商地位

活动领域：预防犯罪、刑事司法、治理、人权、国际法、司法、可持续发展、税收政策、技术合作、联合国改革

总部地址：瑞士

Association for Women's Career Development in Hungary（匈牙利妇女职业发展协会）

机构名称：匈牙利妇女职业发展协会

机构名称（英文）：Association for Women's Career Development in Hungary

机构名称缩写：AWCDH

机构名称缩写（英文）：AWCDH

机构网站：http：//www. womenscareer. org

简介：AWCDH 是一个成立于 2003 年的国家性非政府组织，活动于匈牙利共和国。AWCDH 通过促进与处理妇女问题的组织合作，在制定共同纲领方面发挥积极作用，帮助活跃在各主要领域的妇女创造平等机会，从而促进妇女平等。AWCDH 旨在推动立法机构、政府、企业和非营利领域、高等教育，以及 AWCDH 所有潜在利益攸关方之间的对话，以应对经济、社会、文化和教育方面的挑战。在实现其目标的过程中，AWCDH 努力在匈牙利框架内采用全部的他国最佳的实践，同时希望通过利用其在欧盟和联合国内的网络，向国外介绍匈牙利的模范实践。

工作语言：英语、匈牙利语

咨商地位：2009 年提交咨商地位申请，获得联合国经社理事会特别咨商地位

活动领域：经济与社会发展、性别问题、妇女、可持续发展

总部地址：匈牙利

Association of French Volunteers for Progress（法国进步志愿者协会，Association Française des Volontaires du Progrès）

机构名称：法国进步志愿者协会（Association Française des Volontaires du Progrès）

机构名称（英文）：Association of French Volunteers for Progress

机构名称缩写：AFVP

机构名称缩写（英文）：AFVP

机构网站：http：//www.arab.org/fr/directory/association-francaise-des-volontaires-du-progres/

简介：1963年，在戴高乐将军的倡议下，AFVP成立。该组织致力于使法国青年能够与其他国家的人民团结一致，与他们共同努力，一起自愿行动，推动发展和社会变革、促进人权和消除贫困。AFVP的使命是使年轻人能够表达他们的团结，作为志愿者与他们一起参与任务，将技术发展和人力提升结合起来。

工作语言：法语

咨商地位：无

活动领域：青年发展、社会发展

总部地址：法国

Association of France for the United Nations（法国支持联合国协会，Association Française Pour Les Nations Unies）

机构名称：法国支持联合国协会（Association Française Pour Les Nations Unies）

机构名称（英文）：Association of France for the United Nations

机构名称缩写：AFNU

机构名称缩写（英文）：AFUN

机构网站：http：//www.afnu.fr/

简介：AFNU旨在促进其在法国的行动，并联合其朋友，特别是来自民间社会、政治、外交、媒体、研究、军队和企业的朋友。AFNU积极促进联合国和多边主义，特别是在年青一代中；汇集在联合国领域工作的协会以及从事这一主题工作的外交官、研究人员和记者；与联合国区域新闻中心合作，向法国人通报联合国的新闻；成为对联合国及其工作进行反思和辩论的场所。

工作语言：法语

咨商地位：无

活动领域：联合国、全球发展

总部地址：法国

Association François-Xavier Bagnoud-FXB International（弗朗索瓦—格扎维埃—巴纽协会）

机构名称：弗朗索瓦—格扎维埃—巴纽协会

机构名称(英文)：Association François-Xavier Bagnoud-FXB International

机构名称缩写：AFXB

机构名称缩写（英文）：AFXB

机构网站：http://www.fxb.org

简介：AFXB 是一个成立于 1996 年的国际性非政府组织。AFXB 30 多年来一直致力于消除赤贫，儿童权利是 AFXB 行动的核心，其每项计划都是为了在儿童的日常生活中具体落实 1989 年 11 月 20 日通过的《儿童权利公约》所规定的儿童权利。其计划有助于实现可持续发展目标（SDGs），该目标旨在到 2030 年在全球范围内消除极端贫困和饥饿。

工作语言：英语、法语

咨商地位：2020 年提交咨商地位申请，获得联合国经社理事会特别咨商地位

活动领域：儿童、赤贫、人权、小额信贷、迁徙、少数群体权利、社会发展、可持续发展、贸易

总部地址：法国

Association of Humanitarian Quality Assurance Initiative（人道主义质量保证倡议协会，Association Initiative Assurance Qualité Humanitaire）

机构名称：人道主义质量保证倡议协会（Association Initiative Assurance Qualité Humanitaire）

机构名称（英文）：Association of Humanitarian Quality Assurance Initiative

机构名称缩写：HQAI

机构名称缩写（英文）：AHQAI

机构网站：http://www.hqai.org

简介：HQAI 是一个成立于 2015 年的国际性非政府组织。HQAI 重视能力、责任、开放和保密，其使命是提供专业的独立质量保证服务，以改进人道主义的和发展组织的工作。在此过程中，HQAI 旨在增进各利益相关方的相互信任，使其相信这些组织的工作是有效的和负责任的。此外，HQAI 还致力于将其活动对环境的影响降至最低，并在其影响范围内促进有利于环保的行为改变。在这方面，HQAI 已经签署了《人道主义组织气候与环境宪章》，并希望通过具体的行动计划进一步完善该宪章。

工作语言：英语、法语

咨商地位：2021 年提交咨商地位申请，获得联合国经社理事会特别咨商地位

活动领域：企业共同责任、发展、人道主义、信息、妇女能力培养、妇女、政策建议、产能建设

总部地址：瑞士

Association Inmisuisse（Inter Migrants Suisse）（瑞士移民协会）

机构名称：瑞士移民协会

机构名称（英文）：Association Inmisuisse（Inter Migrants Suisse）

机构名称缩写：Inmisuisse

机构名称缩写（英文）：Inmisuisse

机构网站：http://www.inmisuisse.org

简介：Inmisuisse 是一个成立于 2005 年的国际性非政府组织。Inmisuisse 致力于实现所有人的人权、两性平等和赋予妇女和女孩权利。Inmisuisse 决心消除一切形式和层面的贫困和饥饿，确保所有人都能在有尊严、平等和健康的环境中发挥潜力。Inmisuisse 致力于通过可持续的消费和生产模式，确保自然资源的可持续管理，并采取紧急行动应对气候变化，以满足后代的需要，从而应对地球退化。Inmisuisse 还致力于确保所有人都过上繁荣和充实的生活，使人类社会在经济、社会和技术进步的同时与自然和谐相处。

工作语言：英语、芳（Fang）语［非洲的少数民族芳（Fang）族使用的语言］、西班牙语、巴米莱克语、巴萨语、艾翁多语、海地克里奥尔语、阿拉伯语、法语

咨商地位：2022 年提交咨商地位申请，获得联合国经社理事会特别咨商地位

活动领域：经济与社会发展、性别问题、妇女

总部地址：瑞士

Association of Knowledge of Building-Malian（马里建筑知识协会，Association Malienne de Savoir Construire）

机构名称：马里建筑知识协会（Association Malienne de Savoir Construire）

机构名称（英文）：Association of Knowledge of Building-Malian

机构名称缩写：A. M. S. C.

机构名称缩写（英文）：AKBM

机构网站：http：//www.ong-amsc.com/

简介：A. M. S. C. 旨在确保马里、布基纳法索、几内亚和法国社区以民主方式管理自己，负责解决其发展问题，以改善其生活条件。A. M. S. C. 通过健康、环境、粮食安全、促进儿童和妇女、残疾人权利、小额信贷和教育等方面的行动，促进社区组织的出现，促进可持续发展，促进马里、布基纳法索和几内亚人民的福祉。

工作语言：法语、英语

咨商地位：2016 年提交咨商地位申请，获得联合国经社理事会特别咨商地位

活动领域：经济与社会发展、性别问题、妇女、可持续发展

总部地址：法国

Association Montessori Internationale（国际蒙特梭利协会）

机构名称：国际蒙特梭利协会

机构名称（英文）：Association Montessori Internationale

机构名称缩写：AMI

机构名称缩写（英文）：AMI

机构网站：http：//www.montessori-ami.org

简介：AMI 是一个成立于 1929 年的国际性非政府组织。蒙特梭利是一

种通过好奇心和创造力从学习到应用的教育和观点。AMI 作为一个网络和社区，将蒙特梭利原则应用于生活和生命的许多方面，在不损害其完整性的前提下发展蒙特梭利方法。因此，对于那些有兴趣在教育、人道主义事业、研究以及更广泛的物质和社会环境等多个层面应用蒙特梭利方法的人来说，AMI 是公认的权威机构。AMI 也因帮助教师以最高的忠诚度实施蒙特梭利教学法，使他们成为变革教学的大师而闻名。

工作语言：英语

咨商地位：无

活动领域：经济与社会发展、性别问题、妇女、社会发展

总部地址：荷兰

Association of Centraland Eastern European Election Officials（中欧和东欧官员选举协会）

机构名称：中欧和东欧官员选举协会

机构名称（英文）：Association of Centraland Eastern European Election Officials

机构名称缩写：ACEEEO

机构名称缩写（英文）：ACEEEO

机构网站：http://www.aceeeo.org/

简介：ACEEEO 作为一个非营利性区域组织，独立于政党和政府，具有基于国际法的法律地位，一直在促进各区域民主程序的制度化和专业化。1991 年，高级选举官员、政府和公民教育领导人以及学者齐聚匈牙利布达佩斯，参加中欧选举制度研讨会。这次历史性的会议促成了中欧和东欧官员选举协会的成立。ACEEEO 自成立以来，几乎每年都举行会议，讨论与该地区选举有关的当前理论和实践问题。年会关注各种主题，包括选举的透明度、媒体和选举、选举技术、竞选财务改革、公民参与选举过程。这些会议对于在充满挑战的情况下面临管理、管理和调解选举活动的选举专业人员来说非常重要。

工作语言：英语

咨商地位：无

活动领域：政治、选举、民主等

总部地址：匈牙利

Association of Commonwealth Universities（英联邦大学协会）

机构名称：英联邦大学协会

机构名称（英文）：Association of Commonwealth Universities

机构名称缩写：ACU

机构名称缩写（英文）：ACU

机构网站：http：//www.acu.ac.uk

简介：ACU 是一个成立于 1913 年的国际性非政府组织。ACU 是一个全球性的大学网络，致力于通过高等教育领域的国际合作建设一个更美好的世界。作为世界上第一个也是历史最悠久的国际大学网络，100 多年来，ACU 将英联邦各国的大学汇聚在一起。

工作语言：英语

咨商地位：获得联合国经社理事会 A1 名册咨商地位

活动领域：经济与社会发展、性别问题、妇女

总部地址：英国

Association of Families and Women in Rural Areas（农村地区家庭和妇女协会）

机构名称：农村地区家庭和妇女协会

机构名称（英文）：Association of Families and Women in Rural Areas

机构名称缩写：AFAMMER

机构名称缩写（英文）：AFAMMER

机构网站：http：//www.afammer.es

简介：AFAMMER 是一个成立于 1982 年的国家性非政府组织，活动于西班牙王国。其首要目标是：农村妇女不再被忽视，她们的声音应在所有国家和国际论坛上被听到，从而实现真正的机会平等。AFAMMER 自从开展工作以来，已成功地结束了妇女不受关注的状况，将她们的声音传递给了整个国家和国际社会，传递给了 AFAMMER 所在国境内外最重要的组织。

工作语言：西班牙语

咨商地位：2004年提交咨商地位申请，获得联合国经社理事会特别咨商地位

活动领域：经济与社会发展、性别问题、妇女、可持续发展

总部地址：西班牙

Association of Indigenous Peoples of the North, Siberia and Far East of the Russian Federation（俄罗斯联邦北方、西伯利亚和远东土著人民协会）

机构名称：俄罗斯联邦北方、西伯利亚和远东土著人民协会

机构名称（英文）：Association of Indigenous Peoples of the North, Siberia and Far East of the Russian Federation

机构名称缩写：RAIPON

机构名称缩写（英文）：RAIPON

机构网站：http://www.raipon.info

简介：RAIPON是一个国家性的非政府组织，活动于俄罗斯联邦。该协会于1990年3月在北方人民第　次代表大会上成立，名为"苏联北方人民协会"，联合了26个民族。1993年11月24日，该协会注册为社会政治运动"俄罗斯联邦北方、西伯利亚和远东土著人民协会"。1999年7月，该协会在俄罗斯联邦司法部重新注册为全俄罗斯公共组织。RAIPON旨在保护人权和维护俄罗斯北方、西伯利亚和远东土著少数民族（以下简称北方土著少数民族）的利益，帮助解决社会和经济问题、环境保护、文化发展和教育问题。RAIPON致力于确保北方少数民族保护祖先居住地和传统生活方式的权利，并根据国家和国际法律标准确保其自治权。

工作语言：俄语、英语

咨商地位：2001年提交咨商地位申请，获得联合国经社理事会特别咨商地位

活动领域：经济与社会发展、性别问题、妇女

总部地址：俄罗斯

Association for Human Rights of Azerbaijanis in Iran(捍卫伊朗阿塞拜疆人民人权、民主和文化要求协会，Association pour la défense des droits de l'homme et des revendications démocratiques/culturelles du peuple Azerbaidjanais-Iran）

机构名称：捍卫伊朗阿塞拜疆人民人权、民主和文化要求协会（Association pour la défense des droits de l'homme et des revendications démocratiques/culturelles du peuple Azerbaidjanais-Iran）

机构名称（英文）：Association for Human Rights of Azerbaijanis in Iran

机构名称缩写：ARCDH

机构名称缩写（英文）：ARCDH

机构网站：http://www.arcdh.eu

简介：ARCDH是一个成立于2010年的国家性非政府组织，活动于伊朗伊斯兰共和国，积极捍卫和促进伊朗各省阿塞拜疆人的人权。ARCDH的宗旨是捍卫伊朗阿塞拜疆各省人民的权利，促进尊重人权，维护正义。ARCDH承诺将其理想转化为一场充满活力的运动，以维护人类尊严，推动所有人的人权事业。ARCDH致力于促进世界上每个人的尊严都得到尊重。

工作语言：英语、法语

咨商地位：2021年提交咨商地位申请，获得联合国经社理事会全面咨商地位

活动领域：性别问题、妇女、国际移民、社会发展、冲突、合作社、残疾人、可持续发展

总部地址：法国

Association for International Solidarity（国际团结协会，Association Pour la Solidarité Internationale）

机构名称：国际团结协会（Association Pour la Solidarité Internationale）

机构名称（英文）：Association for International Solidarity

机构名称缩写：ASI

机构名称缩写（英文）：ASI

机构网站：暂无

简介：ASI 是一个成立于 2011 年的国际性非政府组织，主要活动于法兰西共和国。协会的宗旨是：促进和便利人们在法国和其他国家获取知识；帮助每个人，无论其出身、社会阶层或个人状况如何，都能实现个人和职业目标；使每个人都能在自己的生活中发挥积极作用并表现自己；鼓励社会化和多样性。ASI 也致力于为有困难的学校提供物质援助，努力让人们了解自己的权利、健康等生活所需的一切知识；支持和促进公民行动和文化间交流，启动社会经济项目，拉近南北人民的距离，在移民原籍国消除贫困，发展团结旅游和公平贸易，改善环境和生活质量，提高弱势群体的综合能力。

工作语言：法语、英语

咨商地位：2023 年提交咨商地位申请，获得联合国经社理事会特别咨商地位

活动领域：经济与社会发展、家庭妇女、国际法、贫困、农村发展、非洲可持续发展、可持续发展、贸易环境

总部地址：法国

Association for Social Economic Development Environment of the North（法国北部经济、社会和环境发展协会，Association Pour le Développement Economique Social Environnemental du Nord）

机构名称：法国北部经济、社会和环境发展协会（Association Pour le Développement Economique Social Environnemental du Nord）

机构名称（英文）：Association for Social Economic Development Environment of the North

机构名称缩写：ADESEN

机构名称缩写（英文）：ASEDEN

机构网站：暂无

简介：ADESEN 成立于 1996 年，其宗旨是促进农村和城市地区的可持续发展。其活动重点是防治土地侵蚀、进行环境教育、促进能源的可持续利用、援助基层运动、推动性别平等和减贫政策，以及促进信息传播。ADESEN 是社会观察的成员。

工作语言：英语

咨商地位：无

活动领域：经济与社会发展、环境保护

总部地址：法国

Association for Human Rights and Sustainable Development［人权与可持续发展协会（白鸽城），Association Pour le droit de l'homme et le développement durable（Colombes）］

机构名称：人权与可持续发展协会（白鸽城）［Association pour le droit de l'homme et le développement durable（Colombes）］

机构名称（英文）：Association for Human Rights and Sustainable Development

机构名称缩写：ADHDD

机构名称缩写（英文）：AHRSD

机构网站：http：//www.annuaire-entreprises.data.gouv.fr/entreprise/association-pour-le-droit-de-l-homme-et-le-developpement-durable-839282845

简介：ADHDD 是一个成立于 2015 年的国际性非政府组织。ADHDD 旨在通过培训，捍卫和促进人权及人道主义行动，以帮助全世界实现可持续发展。本协会在人类可持续发展、国际团结和人权，特别是性别平等领域开展工作。其行动旨在提供信息、提高认识、开展培训、跟进项目和参与公民集体行动。协会的宗旨是在法国和全世界组织、资助或支持所有旨在捍卫和促进人权（特别是公民权利和政治权利，经济、社会和文化权利，国际人道主义法，难民法，健康环境权和可持续发展权，以及其他任何与人相关的权利）的行动、倡议、方法、观点和演讲，使侵犯这些权利的行为不再出现，推动在落实这些权利方面取得更大进展。本协会的行动以国际、地区或国家通过或承认的文书所载的国际、地区或国家人权法以及习惯国际法为依据。

工作语言：英语、泰米尔语、法语

咨商地位：2023 年提交咨商地位申请，获得联合国经社理事会特别咨商地位

活动领域：经济与社会发展、国际移民、社会发展、可持续发展、非洲和平发展、非洲冲突解决、人类发展

总部地址：法国

Association for the Economic, Social and Environmental Development of the North（法国北部经济、社会和环境发展协会，**Association Pour le développement Economique, Social, Environnemental du Nord**）

机构名称：法国北部经济、社会和环境发展协会（Association Pour le développement Economique, Social, Environnemental du Nord）

机构名称（英文）：Association for the Economic, Social and Environmental Development of the North

机构名称缩写：ADESEN

机构名称缩写（英文）：AESEDN

机构网站：https://www.cariassociation.org/Organismes/Association-pour-le-developpement-economique-social-environnemental-du-nord-Senegal

简介：ADESEN是一个成立于1998年的国家性非政府组织。ADESEN的目标是促进经济和社会发展，同时保护和维护环境。ADESEN实施旨在促进当地社区积极可行的经济和社会发展的计划和项目，也促进关于环境问题的信息交流和提出教育方案，并就此制定了环境教育、自然资源管理和植树造林等主题的方案。同时，ADESEN还开展游说活动，促进自然资源和环境的可持续和合理管理。

工作语言：沃洛夫语（Wollof）、法语

咨商地位：无

活动领域：经济和社会发展、环境保护等

总部地址：法国

Amici dei Bambini（Children's Friends Association）（儿童之友协会，Associazione Amici dei Bambini）

机构名称：儿童之友协会（Associazione Amici dei Bambini）

机构名称（英文）：Amici dei Bambini（Children's Friends Association）

机构名称缩写：AAB

机构名称缩写（英文）：AB（CFA）

机构网站：http://www.aibi.it

简介：AAB 是一个由收养和寄养家庭组成的非政府组织，始于 1986 年。该协会每天都在与世界各地机构的儿童一起工作，以应对遗弃紧急情况。协会在意大利开展业务，在各个地区设有全国总部和 25 个区域办事处和信息点，在全球 30 多个国家/地区开展业务，在东欧、美洲、非洲和亚洲设有运营办事处。

工作语言：英语

咨商地位：2009 年提交咨商地位申请，获得联合国经社理事会特别咨商地位

活动领域：人口、社会发展

总部地址：意大利

Atheist Ireland（爱尔兰无神论者组织，Atheist Ireland）

机构名称：爱尔兰无神论者组织（Atheist Ireland）

机构名称（英文）：Atheist Ireland

机构名称缩写：AI

机构名称缩写（英文）：AI

机构网站：http：//www.atheist.ie，https：//teachdontpreach.ie

简介：AI 是一个倡导世俗主义、理性、多元化和人权的民主和成功的组织。

工作语言：英语

咨商地位：2022 年提交咨商地位申请，获得联合国经社理事会特别咨商地位

活动领域：经济和社会发展、性别问题、妇女、公共行政、统计、可持续发展

总部地址：爱尔兰

Austro-Egyptian Chamber of Commerce（奥地利—埃及商会）

机构名称：奥地利—埃及商会

机构名称（英文）：Austro-Egyptian Chamber of Commerce

机构名称缩写：AECC

机构名称缩写（英文）：AECC

机构网站：http：//www.aecc1.tripod.com/

简介：AECC 是根据奥地利共和国和阿拉伯埃及共和国经济合作联合委员会的决定，于 1987 年根据奥地利联邦部长令在维也纳成立的。

工作语言：英语

咨商地位：获得联合国经社理事会 A1 名册咨商地位

活动领域：经济、社会

总部地址：奥地利

Academic Mobility Center（促进实施教育、科学和文化计划"学术流动中心"的非营利性自治组织）

机构名称：促进实施教育、科学和文化计划"学术流动中心"的非营利性自治组织

机构名称（英文）：Academic Mobility Center

机构名称缩写：ЦАМ

机构名称缩写（英文）：AMC

机构网站：http://www.academic-mobility.ru

简介：ЦАМ 是一个非营利性非政府组织，成立的目的是为各代人之间的学习和文化交流提供更广泛的学术机会。

工作语言：法语、西班牙语、阿拉伯语、德语、俄语、英语

咨商地位：2021 年提交咨商地位申请，获得联合国经社理事会特别咨商地位

活动领域：经济和社会发展、性别问题、妇女、人口、可持续发展

总部地址：俄罗斯

Autonomous Women's Center（妇女自治中心）

机构名称：妇女自治中心

机构名称（英文）：Autonomous Women's Center

机构名称缩写：AMC

机构名称缩写（英文）：AMC

机构网站：http：//www.womenngo.org.rs/

简介：AMC 是一个妇女非政府组织，成立于 1993 年。妇女自治中心

的工作以女权主义原则和理论为基础。该组织为妇女提供专家支持，鼓励个人和机构应对男性对妇女的暴力行为，为加强民间社会做出贡献。

工作语言：英语、塞尔维亚－克罗地亚语

咨商地位：2011 年提交咨商地位申请，正在进行中

活动领域：性别问题、妇女、社会发展

总部地址：塞尔维亚

Avalon Foundation（阿瓦隆基金会）

机构名称：阿瓦隆基金会

机构名称（英文）：Avalon Foundation

机构名称缩写：Avalon

机构名称缩写（英文）：Avalon

机构网站：http：//www.avalon.nl

简介：Avalon 是一家总部设在荷兰的国际基金会，专门管理和实施国际有机农业项目。自 1991 年成立以来，阿瓦隆已在 33 个国家（23 个欧洲国家、8 个亚洲国家和 2 个非洲国家）实施了 150 多个项目。其主要捐助者包括欧盟委员会（农业总司和环境总司）、世界银行、联合国开发计划署（UNDP）、全球环境基金（GEF）、荷兰各部委（农业部、自然保护部、环境部、经济事务部）、其他欧洲国家的部委（如德国、奥地利、丹麦和克罗地亚）、荷兰邮政彩票和一些私人基金会。三十多年来，阿瓦隆一直在为有机运动服务，促进向绿色农业转型。Avalon 是真正的有机先驱，经历了有机行业发展的各个阶段。Avalon 对国际有机领域的情况了如指掌，对有机行业的"谁是谁"了如指掌。Avalon 代表着质量、诚信和信誉。

工作语言：英语、荷兰语

咨商地位：无

活动领域：经济和社会发展、可持续发展

总部地址：荷兰

Andrey Rylkov Foundation for Health and Social Justice（安德烈—里尔科夫健康与社会正义基金会）

机构名称：安德烈—里尔科夫健康与社会正义基金会

机构名称（英文）：Andrey Rylkov Foundation for Health and Social Justice

机构名称缩写：ARF

机构名称缩写（英文）：ARF

机构网站：http：//www.en.rylkov-fond.org

简介：ARF 成立于 2009 年，旨在促进和制定基于宽容、保护健康、尊严和人权的打击毒品政策；防治艾滋病毒/艾滋病、疟疾和其他疾病，促进性别平等和增强妇女权能。

工作语言：俄语、英语

咨商地位：2016 年提交咨商地位申请，获得联合国经社理事会特别咨商地位

活动领域：经济与社会发展、性别问题、妇女

总部地址：俄罗斯

Association "Marta Centre"（"玛尔塔中心"协会）

机构名称："玛尔塔中心"协会

机构名称（英文）：Association "Marta Centre"

机构名称缩写：Marta

机构名称缩写（英文）：Marta

机构网站：http：//www.marta.lv

简介：Marta 成立于 2000 年，Marta 的使命是倡导妇女权利，改善妇女和儿童的社会经济状况，并通过促进妇女之间的相互支持、理解和团结来提供安全的环境，无论妇女不分年龄、种族或社会经济地位。Marta 通过寻找创新和有效的方法，让个人、决策者和社区参与公共和私人生活的所有领域的性别平等工作，为受贫困、失业、性贩运或家庭暴力问题影响的妇女提供服务。实践和个人案例研究表明，法律不能充分保护妇女。因此，Marta 的战略是促进处理妇女相关问题（如基于性别的暴力）的法律和政策的结构性变革，致力于妇女的经济、教育和政治赋权、自尊和身份。

工作语言：英语、俄语、拉脱维亚语

咨商地位：2022 年提交咨商地位申请，获得联合国经社理事会特别咨

商地位

活动领域：性别问题、妇女

总部地址：拉脱维亚

Association for Support of Women Candidates（支持妇女候选人协会，Kadin Adaylari Destekleme ve Egitme Dernegi）

机构名称：支持妇女候选人协会（Kadin Adaylari Destekleme ve Egitme Dernegi）

机构名称（英文）：Association for Support of Women Candidates

机构名称缩写：KA. DER

机构名称缩写（英文）：KA. DER

机构网站：http：//www. ka-der. org. tr

简介：增加妇女在所有决策机构中的人数。

工作语言：英语、土耳其语

咨商地位：2011年提交咨商地位申请，获得联合国经社理事会特别咨商地位

活动领域：性别问题、妇女

总部地址：土耳其

Austrian League for the United Nations（奥地利联合国联盟，Oesterreichische Liga Fuer die Vereinten Nationen）

机构名称：奥地利联合国联盟（Oesterreichische Liga Fuer die Vereinten Nationen）

机构名称（英文）：Austrian League for the United Nations

机构名称缩写：UNAAUSTRIA

机构名称缩写（英文）：UNAAUSTRIA

机构网站：http：//www. oelvn. org/

简介：UNAAUSTRIA成立于1946年，与联合国的成立直接相关。该组织开展了各种各样的活动，从讲座、演讲比赛、展览、音乐会到各种慈善活动。今天，该组织的活动范围日益扩大，关注外交政策的制定和实施。该组织通过提供专业知识和基础设施促进青年的工作。

工作语言：德语

咨商地位：无

活动领域：外交事务、青年、社会治理、安全、可持续发展

总部地址：奥地利

A Bridge To（一座桥，Un Ponte Per）

机构名称：一座桥（Un Ponte Per）

机构名称（英文）：A Bridge To

机构名称缩写：UPP

机构名称缩写（英文）：UPP

机构网站：http：//www.unponteper.it

简介：UPP 是一个国际团结协会和非政府组织，成立于 1991 年伊拉克战争后。它的重点始终是声援受战争影响的伊拉克人民。该协会最初被称为"Un Ponte Per Baghdad"，在将其工作扩展到塞尔维亚、科索沃和其他中东和地中海国家后，后来被称为"Un Ponte Per"。UPP 的目标是通过一系列宣传运动、文化交流、合作项目、建设和平方案和建立社会正义网络，预防武装冲突和暴力冲突，特别是在中东。Un Ponte Per 一直活跃在意大利和中东，以促进和平、人权和国家之间的团结。

工作语言：法语

咨询地位：无

活动领域：和平、人权

总部地址：意大利

Association of German Development and Humanitarian Aid NGOs（德国发展和人道主义援助非政府组织协会，Verband Entwicklungspolitik Deutscher Nichtregierungs-Organisationen）

机构名称：德国发展和人道主义援助非政府组织协会（Verband Entwicklungspolitik Deutscher Nichtregierungs-Organisationen）

机构名称（英文）：Association of German Development and Humanitarian Aid NGOs

机构名称缩写：VENROe. V.

机构名称缩写（英文）：无

机构网站：http：//www.venro.org

简介：VENROe.V.是德国发展和人道主义非政府组织（NGO）的伞式组织。该协会成立于1995年，约有140个组织加入。这些非政府组织来自私人和教会发展合作、人道主义援助和发展教育、公共关系和游说等领域。

工作语言：英语

咨商地位：2011年提交咨商地位申请，获得联合国经社理事会特别咨商地位

活动领域：社会发展、可持续发展、人权

总部地址：德国

B

Brooke（布鲁克）

机构名称：布鲁克

机构名称（英文）：Brooke

机构名称缩写：无

机构名称缩写（英文）：无

机构网站：https://www.thebrooke.org/

简介：Brooke 成立于 1934 年，旨在促进性别平等和增强妇女权能。

工作语言：西班牙语、法语、英语

咨商地位：2017 年提交咨商地位申请，获得联合国经社理事会特别咨商地位

活动领域：经济与社会发展、性别问题、妇女、可持续发展

总部地址：英国

Bahrain Center for Human Rights（巴林人权中心）

机构名称：巴林人权中心

机构名称（英文）：Bahrain Center for Human Rights

机构名称缩写：BCHR

机构名称缩写（英文）：BCHR

机构网站：http://www.bahrainrights.org/en

简介：BCHR 是巴林的一个非营利性非政府组织，致力于促进巴林的人权。

工作语言：英语、阿拉伯语

咨商地位：2016 年提交咨商地位申请，获得联合国经社理事会特别咨商地位

活动领域：公共行政

总部地址：丹麦

Baltic and International Maritime Council（波罗的海和国际海事理事会）

机构名称：波罗的海和国际海事理事会

机构名称（英文）：Baltic and International Maritime Council

机构名称缩写：BIMCO

机构名称缩写（英文）：BIMCO

机构网站：https：//www.bimco.org/

简介：促进贸易是 BIMCO 的核心业务。自 1905 年以来，BIMCO 一直在帮助会员推动世界贸易的发展。BIMCO 成员覆盖全球 62% 的船队，是一个由 130 个国家的 2000 多名会员组成的全球航运界组织。该组织在休斯顿、伦敦、哥本哈根、雅典、布鲁塞尔、新加坡和上海设有办事处，旨在帮助建立一个可持续发展的未来，同时保护世界贸易。为此，该组织为会员寻找切实可行的解决方案，帮助他们在不断变化的世界中管理风险。

工作语言：英语

咨商地位：获得联合国经社理事会 A1-名册咨商地位

活动领域：经济、社会

总部地址：丹麦

Baltic Sea Forum e. V. （波罗的海论坛）

机构名称：波罗的海论坛

机构名称（英文）：Baltic Sea Forum e. V.

机构名称缩写：BSF

机构名称缩写（英文）：BSF

机构网站：http：//www.baltic-sea-forum.org

简介：BSF 成立于 1992 年，是拥有一个由商界、政界和行政部门成员组成的具有代表性的网络。BSF 是一个私营组织，与许多国家的政府以及国家、地区和地方机构密切合作。

工作语言：德语、英语

咨商地位：2008 年提交咨商地位申请，获得联合经社理事会特别咨商地位

活动领域：经济、社会发展、可持续发展

总部地址：德国

Belgia Association Human Rights and Develepment （比利时人权与发展协会，Belgische Associatie Voor Mensenrechten en Ontwikkeling）

机构名称：比利时人权与发展协会（Belgische Associatie Voor Mensenrechten en Ontwikkeling）

机构名称（英文）：Belgia Association Human Rights and Develepment

机构名称缩写：BAMRO

机构名称缩写（英文）：BAMRO

机构网站：http：//www. bamro. org

简介：BAMRO 是比利时一个独立的非政府和非营利性国际组织。我们致力于通过执行联合国人权宪章，跟踪和监测人权案件；在不使用暴力和一切形式种族歧视的情况下享有受教育权、安全权和生命权。我们的口号是正义、发展和人权。本组织力求在中东，特别是在伊拉克及其邻国传播民主价值观，通过向所有人，特别是妇女和儿童提供人力资源开发课程，提高和改善个人技能。此外，本组织反对排斥和暴力，通过对个人进行人权教育来促进人权标准，并通过监测和公布侵犯人权行为以及通过法律和媒体跟踪侵犯人权行为来监督人权标准。

工作语言：法语、阿拉伯语

咨商地位：2019 年提交咨商地位申请，获得联合国经社理事会特别咨商地位

活动领域：性别问题、妇女、社会发展、可持续发展

总部地址：比利时

Belgrade Centre for Human Rights（贝尔格莱德人权中心）

机构名称：贝尔格莱德人权中心

机构名称（英文）：Belgrade Centre for Human Rights

机构名称缩写：BCHR

机构名称缩写（英文）：BCHR

机构网站：https：//www. bgcentar. org. rs/bgcentar/eng-lat/

简介：BCHR 是一个非党派、非政治性和非营利性的公民协会，关注人权理论和实践的发展。它会集了不同职业和背景的人士——法学家、律师、社会学家、经济学家、作家、教师、学生和企业家。他们以自己的知识、经验和热情为中心的使命做出贡献。

工作语言：法语、英语、塞尔维亚—克罗地亚语

咨商地位：2011 年提交咨商地位申请，获得联合国经社理事会特别咨

商地位

活动领域：经济、性别问题、妇女、社会发展

总部地址：塞尔维亚

Bird Life International（国际鸟类生命协会）

机构名称：国际鸟类生命协会

机构名称（英文）：Bird Life International

机构名称缩写：BI

机构名称缩写（英文）：BI

机构网站：http://www.birdlife.org

简介：BI 是一个由超过 115 个国家合作伙伴组成的全球性大家庭，覆盖各大洲、各种地貌和海景。为了拯救地球、自然和物种，该协会利用开创性的鸟类科学，收集和分析世界各地的数据，实施最有效、最创新的保护措施。

工作语言：英语

咨商地位：2004 年提交咨商地位申请，获得联合国经社理事会 A1-名册咨商地位

活动领域：经济、社会、可持续发展

总部地址：英国

Blagovest Centre of People's Help International Public Charitable Organization（布拉戈维申斯克人民援助中心国际公共慈善组织）

机构名称：布拉戈维申斯克人民援助中心国际公共慈善组织

机构名称（英文）：Blagovest Centre of People's Help International Public Charitable Organization

机构名称缩写：BCPHIPCO

机构名称缩写（英文）：BCPHIPCO

机构网站：http://www.cnpblagovest.ru

简介：BCPHIPCO 成立于 1993 年。它的创始人是公众和宗教人士、创造性知识分子的代表、儿童医生和教师。他们为自己设定了目标，即帮助那些发现自己处于困境中的人，尤其是儿童和老人。

工作语言：英语

咨商地位：1998年提交咨商地位申请，获得联合国经社理事会特别咨商地位

活动领域：经济、社会

总部地址：俄罗斯

Body Shop Foundation（美体小铺基金会）

机构名称：美体小铺基金会

机构名称（英文）：Body Shop Foundation

机构名称缩写：BST

机构名称缩写（英文）：BST

机构网站：http://www.thebodyshopfoundation.org

简介：BST致力于健康、环境和社会变革。

工作语言：英语

咨商地位：无

活动领域：可持续发展

总部地址：英国

Bonaire Human Rights Organization（博内尔岛人权组织基金会）

机构名称：博内尔岛人权组织基金会

机构名称（英文）：Bonaire Human Rights Organization

机构名称缩写：BHRO

机构名称缩写（英文）：BHRO

机构网站：http://www.bonairehumanrights.org

简介：BHRO承诺捍卫博内尔岛人民，以维护博内尔岛人民的所有人权，重点关注那些在多条战线上处于风险和弱势的人；同样关注公民、文化、经济、政治和社会权利的实现，包括发展权，以及自决权、完全自治权和政治平等权的实现。

工作语言：帕皮阿门托语、英语、荷兰语

咨商地位：2014年提交咨商地位申请，获得联合国经社理事会特别咨商地位

活动领域：经济和社会发展

总部地址：荷兰

Bonsucro（邦舒克）

机构名称：邦舒克

机构名称（英文）：Bonsucro

机构名称缩写：Bonsucro

机构名称缩写（英文）：Bonsucro

机构网站：http://www.bonsucro.com

简介：Bonsucro 是全球领先的甘蔗可持续发展平台和标准。甘蔗是世界上最重要的作物之一。我们是一支全球力量，旨在共同加快甘蔗的可持续生产和使用，关注气候行动、人权和供应链价值。

工作语言：西班牙语、英语、法语、葡萄牙语

咨商地位：无

活动领域：可持续发展

总部地址：英国

Books to Africa International（赠书非洲国际组织）

机构名称：赠书非洲国际组织

机构名称（英文）：Books to Africa International

机构名称缩写：Books 2 Africa

机构名称缩写（英文）：Books 2 Africa

机构网站：http://www.books2africa.org

简介：Books 2 Africa 是一家在英国注册的慈善机构，成立于 2012 年，其使命是通过收集、加工、运输和分发优质图书、计算机和教育材料，促进"阅读循环"文化，提高非洲的教育质量，使个人、机构和社区能够在全球化的世界中获取知识，充分发挥潜力。

工作语言：英语

咨商地位：2017 年提交咨商地位申请，获得联合国经社理事会特别咨商地位

活动领域：经济和社会发展、非洲和平发展、非洲冲突解决

总部地址：英国

Bosphorus University Businesspeople Alumni Association（博阿济吉大学校友商业人士协会，Boğaziçi Üniversitesi Mezunu İş İnsanları Derneği）

机构名称：博阿济吉大学校友商业人士协会（Boğaziçi Üniversitesi Mezunu İş İnsanları Derneği）

机构名称（英文）：Bosphorus University Businesspeople Alumni Association

机构名称缩写：BRM

机构名称缩写（英文）：BRM

机构网站：http://www.brm.org.tr

简介：BRM 是博阿济吉大学毕业生中的商界人士在本校共同价值观的保护下开展合作的组织，他们利用自己的专业知识、能力和商业网络创造社会效益。

工作语言：土耳其语、英语

咨商地位：2019 年提交咨商地位申请，获得联合国经社理事会特别咨商地位

活动领域：经济和社会发展、发展筹资

总部地址：土耳其

Bring Hope Humanitarian Foundation（带来希望人道主义基金会）

机构名称：带来希望人道主义基金会

机构名称（英文）：Bring Hope Humanitarian Foundation

机构名称缩写：BHHF

机构名称缩写（英文）：BHHF

机构网站：http://www.bringhopefoundation.org

简介：BHHF 的愿景是恢复那些经历人道主义危机、流离失所和贫困的人的尊严与和谐生活；使命是成为一种创造性的力量，为我们所服务的人，无论其年龄、性别、宗教、种族或国籍，减轻痛苦，促进长期发展，并带来希望。

工作语言：英语

咨商地位：2023年提交咨商地位申请，获得联合国经社理事会特别咨商地位

活动领域：经济和社会发展、性别问题、妇女、可持续发展

总部地址：瑞典

British Humanist Association（英国人文主义协会）

机构名称：英国人文主义协会

机构名称（英文）：British Humanist Association

机构名称缩写：BHA

机构名称缩写（英文）：BHA

机构网站：http://www.humanism.org.uk/

简介：BHA希望有一个宽容的世界，在这个世界里，理性思考和仁慈占据上风。英国人文主义协会致力于支持持久变革，建设一个更加美好的社会，为我们所拥有的唯一的生活倡导理念。该组织致力于将人文主义付诸实践。通过我们的仪式、教牧支持、教育服务和宣传工作，我们推动自由思考和自由选择，让每个人都能生活在一个公平、平等的社会中。

工作语言：英语

咨商地位：2010年提交咨商地位申请，正在进行中

活动领域：经济、社会

总部地址：英国

British Nuclear Tests Veterans Association（英国核试验老兵协会）

机构名称：英国核试验老兵协会

机构名称（英文）：British Nuclear Tests Veterans Association

机构名称缩写：BNTVA

机构名称缩写（英文）：BNTVA

机构网站：http://www.bntva.com

简介：2017年，BNTVA成为一家注册慈善机构（慈善法人组织，编号：1173575），旨在为核试验老兵、他们的妻子、遗孀和英国核试验后代以及"多米尼克行动"提供福利。我们促进研究核辐射对核社区的影响，

并以创造性的方式向公众宣传核试验。核试验是冷战历史中相对被遗忘的一部分，因此保护这一重要的英国遗产非常重要。

工作语言：英语

咨商地位：2016年提交咨商地位申请，获得联合国经社理事会特别咨商地位

活动领域：社会发展

总部地址：英国

British Overseas NGOs for Development（英国海外非政府组织促进发展协会）

机构名称：英国海外非政府组织促进发展协会

机构名称（英文）：British Overseas NGOs for Development

机构名称缩写：Bond

机构名称缩写（英文）：Bond

机构网站：http：//www.bond.org.uk/

简介：Bond是英国从事国际发展工作的组织网络。

工作语言：英语

咨商地位：2011年提交咨商地位申请，正在进行中

活动领域：经济、发展筹资、社会发展、可持续发展

总部地址：英国

Brotherhood of Dragons（NGO）（龙兄弟会国际援助组织，Bruderschaft der Drachen Internationale Hilfsorganisation）

机构名称：龙兄弟会国际援助组织（Bruderschaft der Drachen Internationale Hilfsorganisation）

机构名称（英文）：Brotherhood of Dragons（NGO）

机构名称缩写：BdD

机构名称缩写（英文）：BoD

机构网站：http：//www.bod-international.org

简介：BdD是一个国际救援组织，采用以下信任准则：诚实——"说实话"；对重要的事情要有同情心；总是试图理解对方；永远不要故意伤

害别人；无条件地修正别人的错误；至少遵守诺言。在没有任何外来赞助的情况下，仅靠参与的创始人和一些私人的私人资金，即我们协会的第一批先驱，我们就取得了显著的成果，即：1. 在几内亚比绍为孤儿提供赞助；2. 翻修比绍首都的一所学校；3. 在那里建立一所足球俱乐部；4. 基金会建筑的现场娱乐活动；5. 资助一个有168名居民的村庄；6. 支持和资助塞拉利昂的非政府组织；7. 在科索沃建立非政府组织合作伙伴。

工作语言：英语、阿拉伯语、德语、法语

咨商地位：无

活动领域：经济和社会发展、发展筹资、非洲和平发展

总部地址：奥地利

Brussels for Human Rights and Development（布鲁塞尔人权与发展组织）

机构名称：布鲁塞尔人权与发展组织

机构名称（英文）：Brussels for Human Rights and Development

机构名称缩写：BRHRD

机构名称缩写（英文）：BRHRD

机构网站：http://www.brhrd.be/

简介：BRHRD是一个独立的比利时非营利性捍卫人权组织。在人权活动家的倡议下，于2018年正式成立。本组织旨在建立一个所有人都能在法律和民主原则的保护下享有正义和自由的社会，并为社会发展和各种文化与发展活动的开展做出贡献。

工作语言：英语、荷兰语

咨商地位：2023年提交咨商地位申请，获得联合国经社理事会特别咨商地位

活动领域：社会发展、非洲和平发展、非洲冲突解决

总部地址：比利时

Brussels International Center for Research and Human Rights（布鲁塞尔国际研究与人权中心）

机构名称：布鲁塞尔国际研究与人权中心

机构名称（英文）：Brussels International Center for Research and Human Rights

机构名称缩写：BIC-HRH

机构名称缩写（英文）：BIC-HRH

机构网站：http://www.bic-rhr.com

简介：BIC-HRH 是一个独立的非营利性智库，由前欧盟中东和平进程特别代表马克-奥特大使领导。布鲁塞尔国际中心致力于制订解决方案，以解决广大中东地区和非洲地区不安全、经济脆弱和冲突的周期性驱动因素。此外，我们还通过分析影响当前复杂的全球性问题的历史、经济、社会和政治因素，努力促进联合国可持续发展目标（SDGs）的实现。我们利用我们的研究为政策制定者、政府和公民社会提供具有前瞻性的实用解决方案，将系统性问题置于对话的前沿。

工作语言：法语、阿拉伯语、英语

咨商地位：2021 年提交咨商地位申请，获得联合国经社理事会特别咨商地位

活动领域：经济和社会发展、性别问题、妇女、可持续发展、非洲和平发展、非洲冲突解决

总部地址：比利时

Bulgarian Gender Research Foundation（保加利亚性别研究基金会）

机构名称：保加利亚性别研究基金会

机构名称（英文）：Bulgarian Gender Research Foundation

机构名称缩写：BGRF

机构名称缩写（英文）：BGRF

机构网站：http://www.bgrf.org

简介：BGRF 是一家成立于 1998 年的公共事业非政府组织，通过研究、教育和宣传项目促进保加利亚的社会平等和妇女人权。其愿景是该组织成为性别平等、反歧视法、家庭暴力和生殖权利领域专业人士的国际中心。

工作语言：意大利语、英语、法语、俄语

咨商地位：2015 年提交咨商地位申请，2016 年获联合国经社理事会特

殊咨商地位

活动领域：性别问题、妇女

总部地址：保加利亚

Bureau for the Implementation of Equal Treatment（平等待遇执行办公室，Bürozur Umsetzungvon Gleichbehandlung e. V.）

机构名称：平等待遇执行办公室（Bürozur Umsetzungvon Gleichbehandlung e. V.）

机构名称（英文）：Bureau for the Implementation of Equal Treatment

机构名称缩写：BUG

机构名称缩写（英文）：BUG

机构网站：http：//www.bug-ev.org

简介：BUG 为成立于 2009 年的非政府组织，旨在通过使用和扩展现有的法律框架，在生活的各个方面都符合德国人民平等和平等待遇的原则，从而实现一个没有歧视的德国社会。其在《一般平等待遇法》（AGG）框架内对歧视提起法律诉讼的个人提供法律援助。

工作语言：德语、英语

咨商地位：2013 年提交咨商地位申请，获得联合国经社理事会特殊咨商地位

活动领域：儿童、教育、人权、少数群体权利、妇女性别平等

总部地址：德国

C

C. A. S. E. S. International（C. A. S. E. S. 国际）

机构名称：C. A. S. E. S. 国际

机构名称（英文）：C. A. S. E. S. International

机构名称缩写：无

机构名称缩写（英文）：无

机构网站：http://www.casesinternational.org

简介：C. A. S. E. S. 国际为成立于2014年的非政府组织，旨在发展新兴和发达经济体的社会标准和商业机会，与旨在制定经济和社会政策的最新全球举措（联合国可持续发展目标议程、经合组织最佳实践等）协调工作，为当局改进监管政策提供专家建议，分析商业机会并筛选相关信息。

工作语言：俄语、英语、乌克兰语

咨商地位：2021年提交咨商地位申请，获得联合国经社理事会特殊咨商地位

活动领域：农业、商业、工业、发展、经济、金融、教育、能源、环境等

总部地址：乌克兰

Cairo Institute for Human Rights Studies（开罗人权研究所）

机构名称：开罗人权研究所

机构名称（英文）：Cairo Institute for Human Rights Studies

机构名称缩写：CIHRS

机构名称缩写（英文）：CIHRS

机构网站：http://www.cihrs.org

简介：CIHRS是一个独立的区域非政府组织，成立于1993年，旨在宣扬民主和人权原则，分析在阿拉伯地区适用国际人权法和传播人权文化所面临的困难，并促进不同文化之间的对话。

工作语言：阿拉伯语、英语

咨商地位：1997年提交咨商地位申请，获得联合国经社理事会特殊咨商地位

活动领域：儿童、公民权利、社会治理、刑事司法、文化、非殖民化

总部地址：瑞士

Campaign for Nuclear Disarmament（核裁军运动）

机构名称：核裁军运动

机构名称（英文）：Campaign for Nuclear Disarmament

机构名称缩写：CND

机构名称缩写（英文）：CND

机构网站：http：//www.chair@cnduk.org（仅邮箱）

简介：CND是一个在英国和全世界争取摆脱核武器的运动，其以非暴力方式开展运动，以实现英国的核裁军——摆脱三叉戟核武器系统并停止取而代之，并在全球开展禁止核武器运动。

工作语言：英语

咨商地位：该组织不具有联合国经社理事会咨商地位

活动领域：核裁军

总部地址：英国

Caritas Internationalis（International Confederation of Catholic Charities）（国际天主教慈善联合会）

机构名称：国际天主教慈善联合会

机构名称（英文）：Caritas Internationalis（International Confederation of Catholic Charities）

机构名称缩写：ZAP

机构名称缩写（英文）：ZAP

机构网站：http：//www.caritas.org

简介：ZAP为成立于1960年的国际非政府组织。该组织是由165个天主教公益团体组成的国际慈善、发展和社会服务组织，第一个成员团体在1897年11月9日于德国弗莱堡成立，随后开始在各国获得响应，最后终于在1950年由13个国家的博爱团体组成了国际博爱会。

工作语言：西班牙语、法语、英语

咨商地位：1999年提交咨商地位申请，获得联合国经社理事会常规咨商地位

活动领域：农业、生物多样性、公民权利、社会治理、商业、金融

总部地址：梵蒂冈

Catholic Agency for Overseas Development（天主教海外发展基金会）

机构名称：天主教海外发展基金会

机构名称（英文）：Catholic Agency for Overseas Development

机构名称缩写：CAFOD

机构名称缩写（英文）：CAFOD

机构网站：http://www.cafod.org.uk/

简介：CAFOD 是英格兰和威尔士的官方天主教援助机构，也是国际博爱的一部分。我们为生活在贫困中的人们提供实际帮助，无论他们的宗教或文化如何。

工作语言：英语

咨商地位：2015 年提交咨商地位申请，2016 年获联合国经社理事会特殊咨商地位

活动领域：农业、商业、工业、公民权利、社会治理、气候变化、发展

总部地址：英国

Catholic International Union for Social Service（天主教国际社会服务联合会）

机构名称：天主教国际社会服务联合会

机构名称（英文）：Catholic International Union for Social Service

机构名称缩写：CIUSS

机构名称缩写（英文）：CIUSS

机构网站：http://www.nobody@un.org

简介：CIUSS 发展社会服务，作为建立符合自然法则的社会秩序的手段，并受到基督教社会服务的启发；推动建立社会服务学校和社会工作者团体；促进社会服务学校与社会工作者团体之间的沟通，以协调和支持他们的行动；在国际层面上，无论是官方的还是私人的，都代表了基督教的观点，因为它影响着社会服务。

工作语言：英语

咨商地位：1979年提交咨商地位申请，获得联合国经社理事会A1咨商地位

活动领域：可持续发展

总部地址：比利时

Catholic Organization for Relief and Development Aid（天主教救济和发展援助组织）

机构名称：天主教救济和发展援助组织

机构名称（英文）：Catholic Organization for Relief and Development Aid

机构名称缩写：CORDAID

机构名称缩写（英文）：CORDAID

机构网站：http：//www.cordaid.org/en

简介：CORDAID为成立于1996年的非政府组织，其结合了90多年的经验和专业知识，在紧急援助和发展方面，与natipnal和当地合作伙伴合作，并直接与社区合作。主要项目包括人道主义援助、治理和服务（健康、复原力）、经济机会、安全和正义。

工作语言：英语

咨商地位：2006年提交咨商地位申请，获得联合国经社理事会特殊咨商地位

活动领域：可持续发展、性别问题、妇女

总部地址：荷兰

CDP Worldwide（CDP 全球）

机构名称：CDP 全球

机构名称（英文）：CDP Worldwide

机构名称缩写：CDP

机构名称缩写（英文）：CDP

机构网站：http：//www.cdp.net

简介：CDP为成立于2000年的非政府组织，致力于防止危险的气候变化和保护我们的自然资源。CDP利用测量和信息披露的力量，并利用投

资者、客户和政府的力量，激励全球数千家公司和城市测量和披露其温室气体排放、气候变化风险和水资源战略，并且将这些信息置于商业、投资和政策决策的核心。在过去的20年里，我们创建了一个系统，在全球范围内对环境问题进行了深入的参与。

工作语言：西班牙语、汉语、日语、英语、葡萄牙语、德语等

咨商地位：2017年提交咨商地位申请，获得联合国经社理事会特殊咨商地位

活动领域：生物多样性、商业、工业、儿童、气候变化等

总部地址：英国

Cecodhas Housing Europe（Cecodhas 欧洲住房）

机构名称：Cecodhas 欧洲住房

机构名称（英文）：Cecodhas Housing Europe

机构名称缩写：无

机构名称缩写（英文）：无

机构网站：http：//www.housingeurope.eu

简介：Cecodhas 欧洲住房是一个非营利性协会，代表其附属组织与欧洲联盟机构和机关利益的常设机构，其目标是：1. 通过成员组织的协调和相互支持，促进欧盟及其机构内的社会住房组织；2. 建立和开发有利于成员组织的信息服务；3. 加强其在欧洲经济、货币和社会一体化辩论中的影响力。我们非营利、公共和合作住房提供者，对欧洲有一个愿景，即为社会、经济和环境可持续的社区中的所有人提供体面和负担得起的住房，并使所有人都能充分发挥其潜力。

工作语言：英语

咨商地位：该组织不具有联合国经社理事会咨商地位

活动领域：能源、栖息地、社会发展、可持续发展等

总部地址：比利时

Cell of Alternative Youth Activities（替代青年活动小组）

机构名称：替代青年活动小组

机构名称（英文）：Cell of Alternative Youth Activities

机构名称缩写：KEAN

机构名称缩写（英文）：KEAN

机构网站：http：//www.kean.gr

简介：KEAN 为成立于 2004 年的非政府组织。KEAN 旨在制订和实施保护社会和自然环境的人道主义计划。其最终目标是改善青年和弱势社会群体的生活，消除社会排斥和贫困，促进一个尊重人权和环境的更有组织的社会，促进志愿精神和对新技术的熟悉。

工作语言：英语、现代希腊语、土耳其语、德语、西班牙语、法语等

咨商地位：2014 年提交咨商地位申请，获得联合国经社理事会特殊咨商地位

活动领域：就业、土著问题、信息、通信技术、贫困

总部地址：希腊

Celtic League（凯尔特人联盟）

机构名称：凯尔特人联盟

机构名称（英文）：Celtic League

机构名称缩写：CL

机构名称缩写（英文）：CL

机构网站：http：//www.celticleague.net

简介：CL 的基本目标是通过和平手段支持凯尔特民族、阿尔巴、布雷兹、西姆鲁、艾尔、克诺和马宁的斗争，以赢得或确保他们作为独特社区生存和发展所需的政治、文化、社会和经济自由。

工作语言：英语、盖尔语、布列塔尼语、威尔士语等

咨商地位：2010 年提交咨商地位申请，获得联合国经社理事会特殊咨商地位

活动领域：农业、原子能、商业、工业、儿童、公民权利、社会治理

总部地址：爱尔兰

Center for Independent Social Research（独立社会研究中心）

机构名称：独立社会研究中心

机构名称（英文）：Center for Independent Social Research

机构名称缩写：CISR

机构名称缩写（英文）：CISR

机构网站：http：//www.cisrus.org

简介：CISR 是一个非营利性的学者和专家协会，致力于研究与后共产主义转型有关的问题。我们进行公正、深入的社会研究，以丰富科学知识并加强公民社会。我们的学术使命是利用从社会科学跨学科工作中汲取的知识，提高对后共产主义社会的学术理解。我们的教育使命是在学生和年轻学者职业生涯的早期阶段支持他们。

工作语言：英语、俄语

咨商地位：该组织不具有联合国经社理事会咨商地位

活动领域：生物多样性、教育、可持续发展、水资源等

总部地址：俄罗斯

Center for Regional Policy Research and Cooperation "Studiorum"（区域政策研究与合作中心"Studiorum"，Центарзарегионалниистражувањаисоработка "Студиорум"）

机构名称：区域政策研究与合作中心"Studiorum"（Центарзарегионалниистражувањаисоработка "Студиорум"）

机构名称（英文）：Center for Regional Policy Research and Cooperation "Studiorum"

机构名称缩写：CRPRC Studiorum

机构名称缩写（英文）：CRPRC Studiorum

机构网站：http：//www.studiorum.org.mk/

简介：CRPRC Studiorum 作为一个非政府智囊团，致力于对该国和东南欧地区具有重要意义的各种经济和社会方面，特别关注欧盟一体化和全球化进程。CRPRC Studiorum 致力于利用来自马其顿和国外的高质量专家和研究人员，开展与上述进程相关的政策分析和面向研究的项目，以便产生面向公民利益和福利的政策影响。

工作语言：马其顿语、英语

咨商地位：2011 年提交咨商地位申请，获得联合国经社理事会特殊咨商地位

活动领域：公民权利、社会治理、预防犯罪、艾滋病、人权等

总部地址：北马其顿

Center for the Study of Crime（犯罪研究中心）

机构名称：犯罪研究中心

机构名称（英文）：Center for the Study of Crime

机构名称缩写：KEME

机构名称缩写（英文）：CESC

机构网站：http：//www.e-keme.gr

简介：KEME 的使命包括：犯罪和研究学院、在地方和国家一级促进和提高公众对犯罪学和刑事政策问题的认识、向公众通报犯罪问题并积极参与预防犯罪。犯罪学问题的科学研究和公共推广。就犯罪学和反犯罪政策相关问题提出建议和发表意见。就犯罪学相关问题向国家的政治、社会、文化和科学机构提供科学援助。

工作语言：现代希腊语、英语

咨商地位：2019 年提交咨商地位申请，获得联合国经社理事会特殊咨商地位

活动领域：预防犯罪、药物管制、人权、安全等

总部地址：希腊

Centralized Religious Organization Spiritual Assembly of Muslims of Russia（俄罗斯穆斯林中央宗教组织精神大会）

机构名称：俄罗斯穆斯林中央宗教组织精神大会

机构名称（英文）：Centralized Religious Organization Spiritual Assembly of Muslims of Russia

机构名称缩写：SADUM

机构名称缩写（英文）：SADUM

机构网站：http：//www.dsmr.ru/

简介：SADUM 是苏联中亚五个共和国伊斯兰活动的官方管理机构。在严格的国家控制下，SADUM 负责培训神职人员和出版精神材料等任务。该组织的总部设在乌兹别克斯坦的塔什干。SADUM 成立于 1943 年，已有

近 50 年的历史。随着苏联的解体，五个新独立的共和国将各自的 SADUM 分支改革为自己的国家伊斯兰机构。

工作语言：英语、阿拉伯语、俄语

咨商地位：2021 年提交咨商地位申请，获得联合国经社理事会特殊咨商地位

活动领域：冲突、社会政策、青年等

总部地址：俄罗斯

Center for Diplomatic and Strategic Studies（外交和战略研究中心，Centre d'études Diplomatiques et Stratégiques）

机构名称：外交和战略研究中心（Centre d'études Diplomatiques et Stratégiques）

机构名称（英文）：Center for Diplomatic and Strategic Studies

机构名称缩写：CEDS

机构名称缩写（英文）：CEDS

机构网站：http：//www.ceds.fr

简介：CEDS 主要使命为发展中国家行政人员、外交官和公务员举办的培训班，就联合国问题和千年发展目标问题进行实证研究、研究和咨询，以提高满足千年发展目标要求的能力，并在联合国机构的执行下改善国际和平与安全。

工作语言：法语、英语

咨商地位：2005 年提交咨商地位申请，获得联合国经社理事会特殊咨商地位

活动领域：公民权利、社会治理、发展、经济、金融、人权、国际安全等

总部地址：法国

Center for African Legal Studies（非洲法律研究中心，Centre d'études Juridiques Africaines）

机构名称：非洲法律研究中心（Centre d'études Juridiques Africaines）

机构名称（英文）：Centre for African Legan Studies

机构名称缩写：CEJA

机构名称缩写（英文）：CALS

机构网站：http：//www.ceja.ch

简介：CEJA 成立于 2015 年，旨在促进不同机构和非洲人在非洲法律领域采取多项举措和行动。CEJA 旨在通过制定新的大规模行动，加强非洲的法治建设，为各国提供精通法律问题的合格专家，以应对法律效力方面的诸多挑战。

工作语言：西班牙语、法语、意大利语、英语

咨商地位：2021 年提交咨商地位申请，获得联合国经社理事会特殊咨商地位

活动领域：公民权利、社会治理、气候变化、文化、教育、人权等

总部地址：瑞士

Centre de Recherche et d'Information pour le Développement（发展研究和信息中心）

机构名称：发展研究和信息中心

机构名称（英文）：无

机构名称缩写：CRID

机构名称缩写（英文）：无

机构网站：http：//www.crid.asso.fr

简介：CRID 是法国一个非政府组织国际团结网络。通过加强民间社会，本着团结精神，分享人道和可持续发展的相同概念，在法国实施发展教育项目，促进公众舆论运动，参与建设。

工作语言：英语、法语

咨商地位：1996 年提交咨商地位申请，获得联合国经社理事会 A1 咨商地位

活动领域：农业、公民权利、社会治理、债务减免、发展筹资、人口等

总部地址：法国

Centre for Applied Studies in International Negotiations（国际谈判应用研究中心）

机构名称：国际谈判应用研究中心

机构名称（英文）：Centre for Applied Studies in International Negotiations

机构名称缩写：无

机构名称缩写（英文）：无

机构网站：http：//www. casinfo@ casin. ch（仅邮箱）

简介：该组织是成立于1979年的国际非政府组织，是一个独立的非营利性基金会，寻求各种途径，使利益攸关方能够运用谈判、斡旋、调停、和解或对话等治理手段。该组织的出版物集中于与国家和国际治理有关的问题，特别注重非政府组织和民间社会。

工作语言：德语、英语、西班牙语、法语

咨商地位：该组织不具有联合国经社理事会咨商地位

活动领域：农业、教育、可持续发展、水资源、性别问题、妇女

总部地址：瑞士

Centre for International Peace Building（国际和平建设中心）

机构名称：国际和平建设中心

机构名称（英文）：Centre for International Peace Building

机构名称缩写：CIP

机构名称缩写（英文）：CIP

机构网站：http：//www. rapp. cip@ gmail. com

简介：CIP 1983年成立，作为国际关系中建立信任的一部分，启动并促进共同利益集团之间的沟通、对话和互动机会。

工作语言：英语

咨商地位：无

活动领域：经济和社会发展、可持续发展

总部地址：英国

Centre for International Promotion Fund（国际促进基金中心）

机构名称：国际促进基金中心

机构名称（英文）：Centre for International Promotion Fund

机构名称缩写：CIPF

机构名称缩写（英文）：CIPF

机构网站：https：//www.friendsforleadership.org

简介：CIPF 成立于 2016 年，是一个非政府组织，旨在促进俄罗斯和国外的国际倡议，实施各种旨在促进全球多边国际合作的计划和项目。我们致力于通过青年和公共外交手段改善世界状况。我们支持实现联合国可持续发展目标，并促进各级包容性国际合作。

工作语言：英语、俄语

咨商地位：2023 年提交咨商地位申请，获得联合国经社理事会特别咨商地位

活动领域：经济、社会

总部地址：俄罗斯

Centre for Learning on Sustainable Agriculture（可持续农业学习中心）

机构名称：可持续农业学习中心

机构名称（英文）：Centre for Learning on Sustainable Agriculture

机构名称缩写：ILEIA

机构名称缩写（英文）：ILEIA

机构网站：http：//www.ileia.org

简介：ILEIA 成立于 1984 年，其使命是促进基于实践的可持续家庭农业知识共享，使其成为全球主流农业实践。ILEIA 和农业文化网络将不同的利益相关者和不同类型的知识联系起来，赋予农民权利，为全社会学习以及扩大和复制可持续农业实践和方法做出贡献。该网络的成员积极交流有关政策、机构、市场、人力、社会和文化资本、科学和技术以及自然资源和气候方面的经验和诀窍。

工作语言：英语

咨商地位：无

活动领域：经济和社会发展、可持续发展、贸易、环境

总部地址：荷兰

Centre for Low Carbon Futures（低碳未来中心）

机构名称：低碳未来中心

机构名称（英文）：Centre for Low Carbon Futures

机构名称缩写：CLCF

机构名称缩写（英文）：CLCF

机构网站：http：//www.lowcarbonfutures.org

简介：CLCF 成立于 2009 年，旨在帮助政府和各个行业向低碳经济过渡。为了实现这一目标，CLCF 召集专家小组，对低碳和低能源技术进行严格的基于事实的研究和演示，这些技术将主要支持电力和制造部门的去碳化，其供应链和政府路线图中确定的相关技能。通过 CLCF 的参与，人们可以动员和利用技术、公共和私营部门的资金，促进学术界、政府和行业之间的伙伴关系。CLCF 是一个基于实证研究的研究、开发和示范中心，位于约克大学。

工作语言：英语

咨商地位：无

活动领域：经济、公共行政、社会发展、统计数据、可持续发展

总部地址：英国

Centre for the Study of the Kingdoms and Chiefdoms of Africa Ltd（非洲、大洋洲和美洲王国和酋长国研究中心）

机构名称：非洲、大洋洲和美洲王国和酋长国研究中心

机构名称（英文）：Centre for the Study of the Kingdoms and Chiefdoms of Africa Ltd

机构名称缩写：CSKCA

机构名称缩写（英文）：CSKCA

机构网站：https：//www.facebook.com/kingdomschiefdoms/

简介：CSKCA 成立于 2016 年，其主要目的是将该领域有学术兴趣的学者联系起来，通过了解国王和酋长在非洲、大洋洲和美洲的发展中可以发挥的作用，将他们的专业知识用于发展全球伙伴关系。

工作语言：英语

咨商地位：无

活动领域：可持续发展、非洲发展

总部地址：英国

Children of One World（同一个世界儿童协会，Bir Dünya Çocuk Derneği）

机构名称：同一个世界儿童协会（Bir Dünya Çocuk Derneği）

机构名称（英文）：Children of One World

机构名称缩写：BDC

机构名称缩写（英文）：COOW

机构网站：http：//www. childrenofoneworld. org

简介：BDC 帮助基层组织克服语言、地理、技术和资金障碍，以获得慈善援助。

工作语言：土耳其语、阿拉伯语、英语

咨商地位：2019 年提交咨商地位申请，获得联合国经社理事会特别咨商地位

活动领域：经济、社会

总部地址：土耳其

CNCD-11. 11. 11（国家发展合作中心）

机构名称：国家发展合作中心（比利时）

机构名称（英文）：CNCD-11. 11. 11

机构名称缩写：CNCD

机构名称缩写（英文）：CNCD

机构网站：http：//www. cncd. be

简介：CNCD 1986 年成立，为了促进一个公正和可持续的世界，国家发展合作中心协调了 70 多个比利时国际团结非政府组织和数千名志愿者的声音，围绕三个特派团每年组织 11.11.11 行动，为南方贫穷国家约 50 个发展项目提供资金；协调运动，提高比利时人对全球和团结公民身份问题的认识；通过宣传工作挑战政治领导人。

工作语言：法语

咨商地位：无

活动领域：经济与社会发展

工作地点：比利时

Centre for Civil and Political Rights（公民权利和政治权利中心，Centre Pour les Droits Civils et Politiques）

机构名称：公民权利和政治权利中心（Centre pour les Droits Civils et Politiques）

机构名称（英文）：Centre for Civil and Political Rights

机构名称缩写：CCPR

机构名称缩写（英文）：CCPR

机构网站：http://www.ccprcentre.org

简介：CCPR 是一个非营利性协会，受 CCPR 章程和《瑞士民法典》第60—79条管辖，总部位于瑞士日内瓦。CCPR 成立于2008年6月，旨在促进、便利和改善民间社会与联合国人权事务委员会的接触。CCPR 认为，监督《公民权利和政治权利国际公约》执行情况的人权事务委员会的国家报告程序对于实现这一目标至关重要。民间社会组织有效参与该过程对于准确评估情况并确保该过程与国家现实的相关性是必要的。CCPR 与国家和区域人权团体（包括区域非政府组织网络）以及与《公民权利和政治权利国际公约》相关的专题非政府组织合作。CCPR 的活动旨在补充和支持其他国际非政府组织在这一领域开展的活动。

工作语言：英语、法语、西班牙语

咨商地位：2012年提交咨商地位申请，获得联合国经社理事会特别咨商地位

活动领域：经济、公共行政、社会发展、可持续发展等

总部地址：瑞士

Centro Nazionale di Prevenzione e Difesa Sociale（国家预防和社会防御中心）

机构名称：国家预防和社会防御中心

机构名称（英文）：Centro Nazionale di Prevenzione e Difesa Sociale

机构名称缩写：CNPDS

机构名称缩写（英文）：CNPDS

机构网站：http：//www.cnpds.ispac@cnpds.it

简介：CNPDS 由阿道夫·贝利亚于 1948 年创立，旨在研究预防犯罪的各个方面，并帮助确定社会演变的特征和动态。通过针对新出现的社会问题，全国妇女发展中心能够通过公开辩论提高国家和国际机构的认识，并将他们的兴趣集中在其众多项目产生的建议上。这项研究和建立预防犯罪和社会防御系统的目的尤其是促进意大利、欧洲和国际社会的文化、社会和公民发展。

工作语言：英语

咨商地位：1989 年提交咨商地位申请，获得联合国经社理事会特别咨商地位

活动领域：经济、社会

总部地址：意大利

Centro Studi ed Iniziative Culturali Pio La Torre（Pio La Torre 研究中心）

机构名称：Pio La Torre 研究中心

机构名称（英文）：Centro Studi ed Iniziative Culturali Pio La Torre

机构名称缩写：CPLT

机构名称缩写（英文）：CPLT

机构网站：http：//www.piolatorre.it

简介：CPLT 成立于 1986 年，是一个总部设在巴勒莫的非营利协会，其主要目的是积极开展有利于弱势阶层的活动和文化活动，防止黑手党和有组织犯罪、勒索、高利贷现象，并向这些现象的受害者提供援助、团结、保护和信息，有利于反黑文化和良知在国家和国际层面的发展和传播。

工作语言：英语、意大利语

咨商地位：2021 年提交咨商地位申请，获得联合国经社理事会特别咨商地位

活动领域：经济、社会

总部地址：意大利

Cesvi Fondazione（Cesvi 基金会）

机构名称：Cesvi 基金会

机构名称（英文）：Cesvi Fondazione

机构名称缩写：CESVI

机构名称缩写（英文）：CESVI

机构网站：http://www.cesvi.org

简介：CESVI 在世界各地开展工作，支持最弱势群体促进人权，实现他们对可持续发展的愿望。为了社会正义和尊重人权的理想，CESVI 追求贫困或受战争、自然灾害和环境灾难影响的弱势群体的福祉。这是通过在国际一级实施人道主义援助工作，无论是在紧急情况还是发展背景下，以支持最弱势的群体，特别是儿童、妇女、老年人和边缘化群体，支持他们实现自己的愿望，以促进他们的自主性和未来的可持续性。

工作语言：英语

咨商地位：2004 年提交咨商地位申请，获得联合国经社理事会特别咨商地位

活动领域：经济、性别问题、妇女、社会发展、可持续发展

总部地址：意大利

Charitable Organization "Charitable Fund" League of Tolerance（慈善组织"慈善基金"宽容联盟）

机构名称：慈善组织"慈善基金"宽容联盟

机构名称（英文）：Charitable Organization "Charitable Fund" League of Tolerance

机构名称缩写：CFCO

机构名称缩写（英文）：CFCO

机构网站：https://www.facebook.com/loft.cfco/

简介：CFCO 成立于 2015 年，是一个慈善机构，专注于通过体育、民主参与和创业对人们进行社会教育。使命是创造教育机会，为生活增添

色彩。

工作语言：英语、俄语、乌克兰语

咨商地位：2022年提交咨商地位申请，获得联合国经社理事会特别咨商地位

活动领域：经济、性别问题、妇女、社会发展、统计数据、可持续发展

总部地址：乌克兰

Chernobyl Children's Project International（切尔诺贝利儿童项目国际）

机构名称：切尔诺贝利儿童项目国际

机构名称（英文）：Chernobyl Children's Project International

机构名称缩写：CCL

机构名称缩写（英文）：CCL

机构网站：http://www.chernobyl-international.com

简介：CCL1991年成立，其热情地倡导所有受影响者的权利，恢复希望，减轻痛苦，并保护切尔诺贝利地区的今世后代儿童。CCL与土著组织合作，制订计划，以减少贫困并改善切尔诺贝利今世后代儿童的生计。

工作语言：英语、俄语

咨商地位：无

活动领域：经济、社会

总部地址：爱尔兰

Child Rights Connect（儿童权利连接）

机构名称：儿童权利连接

机构名称（英文）：Child Rights Connect

机构名称缩写：CRC

机构名称缩写（英文）：CRC

机构网站：http://www.childrightsconnect.org

简介：CRC 1983年成立，旨在促进、实施和监督《联合国儿童权利

公约》。

工作语言：英语、法语、西班牙语

咨商地位：2011年提交咨商地位申请，获得联合国经社理事会特别咨商地位

活动领域：经济、性别问题、妇女、社会发展

总部地址：瑞士

Childhood Cancer International（儿童癌症国际）

机构名称：儿童癌症国际

机构名称（英文）：Childhood Cancer International

机构名称缩写：CCI

机构名称缩写（英文）：CCI

机构网站：http://www.childhoodcancerinternational.org/

简介：CCI成立于1994年，是儿童癌症基层和国家家长组织的伞式组织。如今，CCI是最大的儿童癌症患者支持组织。它是一个全球性的、由父母驱动的非营利组织，代表了6大洲90多个国家的180多个父母组织、癌症儿童幸存者协会、癌症儿童支持团体和癌症协会。

工作语言：英语

咨商地位：2009年提交咨商地位申请，获得联合国经社理事会特别咨商地位

活动领域：经济、社会发展、可持续发展等

总部地址：荷兰

Children in Crossfire（战火中的儿童）

机构名称：战火中的儿童

机构名称（英文）：Children in Crossfire

机构名称缩写：CIC

机构名称缩写（英文）：CIC

机构网站：http://www.childrenincrossfire.org

简介：CIC成立于1972年，是由对一个富有同情心的世界的愿景驱动的，在这个世界中，每个孩子都可以发挥自己的潜力。对CIC来说，这不

是一个梦想,而是可以通过工作真正实现的东西。

工作语言:英语

咨商地位:无

活动领域:经济与社会发展、性别问题、妇女、发展筹资

总部地址:爱尔兰

Children of a Better Time(美好时光的孩子)

机构名称:美好时光的孩子

机构名称(英文):Children of a Better Time

机构名称缩写:CBT

机构名称缩写(英文):CBT

机构网站:http://www.childrenofabettertime@org

简介:CBT 成立于 1992 年。

工作语言:英语

咨商地位:1997 年提交咨商地位申请,获得联合国经社理事会特别咨商地位

活动领域:经济、社会发展、可持续发展、性别问题、妇女

总部地址:瑞典

Child Rights Centre Albania(阿尔巴尼亚儿童人权中心)

机构名称:阿尔巴尼亚儿童人权中心

机构名称(英文):Child Rights Centre Albania

机构名称缩写:CRCA/ECPAT Shqiperi

机构名称缩写(英文):CRCA/ECPAT Albania

机构网站:http://www.crca.al/

简介:CRCA 1997 年成立,致力于促进对儿童和青年权利的尊重,保护儿童和年轻人免受暴力、虐待和剥削,发展儿童和青年权利,并通过游说和宣传、政策和立法改进、能力建设、信息和研究以及建立良好的儿童保育和保护服务模式来增加儿童参与。CRCA 促进《联合国儿童权利公约》和其他国家和国际儿童权利标准的实施。

工作语言:英语、法语、阿尔巴尼亚语、意大利语

咨商地位：2011 年提交咨商地位申请，获得联合国经社理事会特别咨商地位

活动领域：经济、发展筹资、人口、公共行政、性别问题、妇女、社会发展、可持续发展、数据统计等

总部地址：阿尔巴尼亚

Christian Blind Mission（基督教盲人使命）

机构名称：基督教盲人使命

机构名称（英文）：Christian Blind Mission

机构名称缩写：CBMeV

机构名称缩写（英文）：CBMeV

机构网站：http://www.cbm.org

简介：CBMeV 1908 年成立，其设想了一个包容的世界，在这个世界中，所有残疾人都享有人权并充分发挥他们的潜力。具体而言，CBMeV 将贫困作为残疾的原因和后果，并合作创造可持续的解决方案。

工作语言：英语

咨商地位：2002 年提交咨商地位申请，获得联合国经社理事会特别咨商地位

活动领域：经济、发展筹资、社会发展、数据统计、可持续发展、性别问题、妇女

总部地址：德国

Christian Campaign for Nuclear Disarmament（基督教核裁军运动）

机构名称：基督教核裁军运动

机构名称（英文）：Christian Campaign for Nuclear Disarmament

机构名称缩写：CCND

机构名称缩写（英文）：CCND

机构网站：http://www.christiancnd.org.uk/

简介：CCND 是核裁军运动的一个专家部门。CCND 为那些希望在信仰基础上见证反对核武器和其他大规模杀伤性武器的基督徒提供了一个焦点，同时也积极开展和平运动。CCND 由一个志愿者执行委员会管理，他

们每年在年度大会上与两名联合主席一起当选,该组织根据宪章运作。多年来,CCND 在地方、国家和国际层面组织了许多会议,以及在军事基地和政府场所组织了抗议行为、礼拜仪式和服务。此外,其成员还参与写信、游说和宣传和平与裁军。

工作语言:英语

咨商地位:无

活动领域:经济、社会发展、公共行政、可持续发展等

总部地址:英国

Christian Solidarity Worldwide（全球基督教团结）

机构名称:全球基督教团结

机构名称（英文）:Christian Solidarity Worldwide

机构名称缩写:CSW

机构名称缩写（英文）:CSW

机构网站:http://www.csw.org.uk

简介:CSW 的专家倡导者团队在非洲、亚洲、拉丁美洲和中东的 20 多个国家开展工作,以确保宗教或信仰自由权得到维护和保护,愿景是建立一个没有宗教迫害的世界,每个人都可以信奉自己选择的宗教或信仰。

工作语言:英语

咨商地位:2017 年提交咨商地位申请,获得联合国经社理事会特别咨商地位

活动领域:经济、社会发展等

总部地址:英国

CIBJO-The World Jewellery Confederation（CIBJO—世界珠宝联合会）

机构名称:CIBJO—世界珠宝联合会

机构名称（英文）:CIBJO-The World Jewellery Confederation

机构名称缩写:CIBJO

机构名称缩写（英文）:CIBJO

机构网站:http://www.cibjo.org

简介：CIBJO 1926 年成立，专注于涉及全球工业和贸易的问题，其中最主要的是保护消费者信心。它通过促进与可持续性、负责任采购和透明供应链相关的技术标准、术语、操作原则和实践的协调和监管来做到这一点。联合会作为知识和教育中心，通过合作辩论和讨论、研究、学习、沟通来追求其目标。为了推进普遍统一的标准和术语的目标，联合会维护其蓝皮书系统，并制作其他指导文件。联合会制定并支持负责任的采购和可持续的举措和方案，以应对宝石、贵金属和成品珠宝完整性面临的威胁。

工作语言：英语

咨商地位：2006 年提交咨商地位申请，获得联合国经社理事会特别咨商地位

活动领域：经济、社会

总部地址：意大利

Citizen Outreach Coalition（公民外联联盟）

机构名称：公民外联联盟

机构名称（英文）：Citizen Outreach Coalition

机构名称缩写：COC

机构名称缩写（英文）：COC

机构网站：http://www.citizenoutreachcoalition.com

简介：COC 2013 年成立，其将帮助增强利物浦和英国各地居民的技能，包括当地社区的黑人和少数民族（BME）充分发挥他们的潜力。它还将通过支持以下可以帮助实现这一计划的项目，在国外开展工作。然而，其业务将不仅局限于 BME 团体，而且跨越种族、信仰、性别和任何其他类型的社会鸿沟。教育 BME 团体的人了解刑事司法系统，这将有助于促进英国和世界各地更安全的社区。帮助人们获得相关的 IT 和其他技能，帮助他们融入社区，为他们提供解决冲突和调解方面的培训，倡导、支持和促进少数民族艺术、文化和娱乐，为世界各地的特权阶层提供教育、财务和其他支持，帮助他们充分发挥潜力，实现更好的生活水平。它在喀麦隆、塞拉利昂和肯尼亚的分支机构将参与应对气候变化、贫困、疾病、住房条件差和解决冲突。

工作语言：英语、法语

咨商地位：2021年提交咨商地位申请，获得联合国经社理事会特别咨商地位

活动领域：经济、性别问题、妇女、社会发展、非洲冲突解决

总部地址：英国

Climate Action Network Association e. V. （气候行动网络协会）

机构名称：气候行动网络协会

机构名称（英文）：Climate Action Network Association e. V.

机构名称缩写：CAN

机构名称缩写（英文）：CAN

机构网站：http：//www.climatenetwork.org

简介：CAN成立于1989年，是一个由130多个国家的1900多个公民社会组织组成的全球网络，旨在推动集体和可持续的行动，以应对气候危机，实现社会和种族正义。CAN通过支持公民社会组织并赋予其权力，使其能够影响有效的全球温室气体减排战略的设计和制定，并确保该战略在国际、国内和地方各级的实施，以促进公平和可持续发展。

工作语言：英语

咨商地位：2012年提交咨商地位申请，获得联合国经社理事会特别咨商地位

活动领域：经济、发展筹资、人口、公共行政、社会发展、统计、可持续发展

总部地址：德国

Climate Action Network Europe Asbl （欧洲气候行动网络）

机构名称：欧洲气候行动网络

机构名称（英文）：Climate Action Network Europe Asbl

机构名称缩写：CAN-E

机构名称缩写（英文）：CAN-E

机构网站：http：//www.caneurope.org

简介：CAN-E是欧洲对抗危险气候变化的主要非政府组织联盟，旨在保护大气层的同时，实现全球可持续和公平的发展。180多个成员组织活

跃在38个欧洲国家，代表着1700多个非政府组织和4000多万公民，在整个欧洲推动可持续的气候、能源和发展政策。成员通过联合行动、信息交流和协调发展，努力实现其在国际、地区和国家气候问题上的战略，同时高度重视健康的环境和"既满足当代人的需求，又不损害后代人满足其需求的能力"的发展。

工作语言：法语、英语

咨商地位：无

活动领域：经济与社会发展、发展筹资、可持续发展

总部地址：比利时

Climate and Health Limited（气候与健康有限公司）

机构名称：气候与健康有限公司

机构名称（英文）：Climate and Health Limited

机构名称缩写：CAHL

机构名称缩写（英文）：CAHL

机构网站：http：//www.climateandhealth.org

简介：CAHL成立于2006年，旨在应对气候变化，促进全民健康。致力于鼓励和协助医疗保健工作者和组织采取紧急的个人和组织行动应对气候变化。

工作语言：英语

咨商地位：无

活动领域：可持续发展

总部地址：英国

Centre of Liaison and Information of Masonic Powers Signatories of Strasbourg Appeal（共济会国家联络和信息中心《斯特拉斯堡呼吁书》签署方）

机构名称：共济会国家联络和信息中心《斯特拉斯堡呼吁书》签署方

机构名称（英文）：Centre of Liaison and Information of Masonic Powers Signatories of Strasbourg Appeal

机构名称缩写：CLIPSAS

机构名称缩写（英文）：CLIPSAS

机构网站：http://www.clipsas.com

简介：CLIPSAS 成立于 1961 年，是各国协会的国际联络中心。CLIPSAS 的宗旨是汇集所有符合原则的协会，以便在与各国政府和非政府机构打交道，对内维护、对外代表上述协会成员的集体利益；为其成员组织信息和文献服务，特别是在他们可能感兴趣的国际事件方面；确保成员协会参照的标准和一般原则符合 CLIPSAS 目标和宗旨；为实现协会的目标提供必要的手段；组织与其活动有关的专题国际会议，并参加成员协会组织的这类会议；鼓励各成员协会之间的合作。CLIPSAS 不追求任何政治目的。

工作语言：法语、西班牙语、英语

咨商地位：2011 年提交咨商地位申请，获得联合国经社理事会特别咨商地位

活动领域：经济、公共行政、社会发展、可持续发展

总部地址：法国

Close the Gap（缩小差距组织）

机构名称：缩小差距组织

机构名称（英文）：Close the Gap

机构名称缩写：CG

机构名称缩写（英文）：CG

机构网站：http://www.close-the-gap.org

简介：CG 成立于 2003 年，是一家国际社会企业，旨在通过向发展中国家和新兴国家的教育、医疗和社会项目提供由欧洲和国际公司捐赠的高质量二手电脑，从而弥合数字鸿沟。CG 从公司收集退役电脑，安排其他组织清理硬盘，然后根据最终用户的要求检查和配置硬件。这些电脑随后通过海运或空运运往目的地国家，用于支持教育、医疗、创业和社会项目。所有项目都是以需求和影响为导向的举措。

工作语言：法语、英语

咨商地位：无

活动领域：社会发展、可持续发展

总部地址：比利时

Club of Dakar（达喀尔协会）

机构名称：达喀尔协会

机构名称（英文）：Club of Dakar

机构名称缩写：CD

机构名称缩写（英文）：CD

机构网站：网站不明，邮箱为：http：//www.clubdedakar@gmail.com

简介：CD 促进思考改善发展中国家与工业化国家之间的平衡所需的条件，特别是在工业活动的新的国际分布方面；提出旨在实现上述目标的建议和提案；向有权在这方面作出决定的公共和私人机构以及公众舆论传播其工作成果。

工作语言：英语

咨商地位：提交咨商地位申请年份不明，获得联合国经社理事会 A1-名册咨商地位

活动领域：经济、社会

总部地址：法国

Commission of the Churcheson International Affairs of the World Council of Churches（世界基督教协进会教会国际事务委员会）

机构名称：世界基督教协进会教会国际事务委员会

机构名称（英文）：Commission of the Churcheson International Affairs of the World Council of Churches

机构名称缩写：CCIA/WCC

机构名称缩写（英文）：CCIA/WCC

机构网站：http：//www.oikoumene.org

简介：CCIA/WCC 成立于 1969 年，是一个由承认主耶稣基督为上帝和救世主的教会组成的团契，这些教会根据《圣经》承认主耶稣基督为上帝和救世主，并因此寻求共同实现他们的共同呼召，以荣耀独一的上帝——圣父、圣子和圣灵。世界基督教协进会（WCC）是现代大公教会运动众多有组织表达形式中最广泛、最具包容性的一个，这一运动的目标是基督教合一。

工作语言：西班牙语、德语、英语、法语

咨商地位：2000 年提交咨商地位申请，获得联合国经社理事会全面咨商地位

活动领域：经济与社会发展、性别问题、妇女、可持续发展

总部地址：瑞士

Commonwealth Association of Surveying and Land Economy（英联邦测量和土地经济协会）

机构名称：英联邦测量和土地经济协会

机构名称（英文）：Commonwealth Association of Surveying and Land E-conomy

机构名称缩写：C. A. S. L. E.

机构名称缩写（英文）：C. A. S. L. E.

机构网站：http：//www. casle. org

简介：C. A. S. L. E. 成立于1969 年，致力于在所有英联邦国家促进测量和土地经济专业的发展，提高教育和培训的适当标准。鼓励成员协会与各国政府就本专业有能力提供知情意见和建议的所有国家政策问题进行对话。

工作语言：英语

咨商地位：2006 年提交咨商地位申请，获得联合国经社理事会特别咨商地位

活动领域：经济与社会发展、性别问题、妇女、可持续发展

总部地址：英国

Commonwealth Human Ecology Council（英联邦人类生态理事会）

机构名称：英联邦人类生态理事会

机构名称（英文）：Commonwealth Human Ecology Council

机构名称缩写：CHEC

机构名称缩写（英文）：CHEC

机构网站：http：//www. checinternational. org

简介：CHEC 是一家在英国注册的国际发展慈善机构，旨在寻求保护和利用地球自然资源的可持续解决方案。CHEC 关注人类生态学（生态系统与人类社会之间的关系网络），致力于为英联邦各地的当地社区带来持

久的改善。

工作语言：英语

咨商地位：1974 年提交咨商地位申请，获得联合国经社理事会特别咨商地位

活动领域：经济、社会

总部地址：英国

Commonwealth Medical Trust（英联邦医疗信托基金）

机构名称：英联邦医疗信托基金

机构名称（英文）：Commonwealth Medical Trust

机构名称缩写：Commat

机构名称缩写（英文）：Commat

机构网站：http：//www.ngosbeyond2014.org

简介：Commat 成立于 1995 年。工作重点是促进健康、预防疾病和残疾、促进人权和医德，特别是针对英联邦和其他发展中国家的穷人和其他边缘群体，并特别关注医学协会可以发挥的作用。

工作语言：英语

咨商地位：2017 年提交咨商地位申请，2018 年获得联合国经社理事会特别咨商地位

活动领域：经济与社会发展、性别问题、妇女、人口、统计、可持续发展

总部地址：英国

Company of the Daughters of Charity of St. Vincent de Paul（圣樊尚—德保罗慈善之女协会）

机构名称：圣樊尚—德保罗慈善之女协会

机构名称（英文）：Company of the Daughters of Charity of St. Vincent de Paul

机构名称缩写：Daughters of Charity

机构名称缩写（英文）：DC

机构网站：http：//www.filles-de-la-charite.org

简介：DC 成立于 1633 年。本着谦逊、朴素和慈善的精神，以穷人和边缘化群体的身份为耶稣基督服务。以基督之爱为动力，以深入的祈祷生活为支撑，在社区中共同生活，在共同的服务使命中相互支持，相互慰藉。

工作语言：英语、法语、西班牙语

咨商地位：2007 年提交咨商地位申请，获得联合国经社理事会特别咨商地位

活动领域：经济与社会发展、发展筹资

总部地址：法国

Compassion in World Farming（世界农场慈悲组织）

机构名称：世界农场慈悲组织

机构名称（英文）：Compassion in World Farming

机构名称缩写：CiWF

机构名称缩写（英文）：CiWF

机构网站：http://www.ciwf.org

简介：CiWF 成立于 1967 年，旨在通过倡导、运动和参与，结束工厂化养殖，促进全球农场动物的福祉。倡导人道和可持续的食品和农业系统，在人道、环境可持续的农业方法基础上实现充满活力的农村经济，为所有人提供充足的营养食品。

工作语言：捷克语、现代希腊语、西班牙语、意大利语、波兰语、法语、荷兰语、英语

咨商地位：2017 年提交咨商地位申请，获得联合国经社理事会特别咨商地位

活动领域：经济与社会发展、可持续发展

总部地址：英国

Confederation of European Forest Owners（欧洲森林所有者联合会）

机构名称：欧洲森林所有者联合会

机构名称（英文）：Confederation of European Forest Owners

机构名称缩写：CEPF

机构名称缩写（英文）：CEPF

机构网站：http://www.cepf-eu.org

简介：CEPF 是欧洲各国森林所有者组织的伞式协会。CEPF 代表欧洲的私人森林所有者，倡导可持续森林管理、私有财产所有权和森林部门经济可行性的价值观。CEPF 的使命是在欧洲，特别是在欧盟层面，代表和促进私营森林所有者的共同利益。CEPF 的目标是促进可靠和公平的政治框架条件，加强欧洲森林所有者在所有森林部门相关政策进程中的地位。

工作语言：英语

咨商地位：2002 年提交咨商地位申请，获得联合国经社理事会 A1-名册咨商地位

活动领域：经济、社会

总部地址：比利时

Confederation of European Paper Industries（欧洲造纸工业联合会）

机构名称：欧洲造纸工业联合会

机构名称（英文）：Confederation of European Paper Industries

机构名称缩写：CEPI

机构名称缩写（英文）：CEPI

机构网站：http://www.cepi.org

简介：CEPI 是代表欧洲造纸业的协会，为欧盟公民提供广泛的可再生和可回收的木质纤维解决方案。CEPI 的使命和愿景是向欧盟政策制定者保证纸浆和造纸行业的竞争力；在欧盟机构和布鲁塞尔的利益相关者面前代表造纸业；提高造纸业和其他相关行业的形象和知名度；成为竞争力与可持续发展并存的典范。

工作语言：英语

咨商地位：2004 年提交咨商地位申请，获得联合国经社理事会 A1-名册咨商地位

活动领域：经济、社会

总部地址：比利时

Confederation of Family Organisations in the European Union（欧洲联盟家庭组织联合会，Confédération des Organisations Familiales de l'Union Européenne）

机构名称：欧洲联盟家庭组织联合会（Confédération des Organisations Familiales de l'Union Européenne）

机构名称（英文）：Confederation of Family Organisations in the European Union

机构名称缩写：COFACE

机构名称缩写（英文）：COFACE

机构网站：http://www.coface-eu.org

简介：COFACE 成立于 1958 年，在 23 个欧洲国家拥有 50 多个成员组织，是一个代表数百万家庭、志愿者和专业人士的网络。COFACE 倡导强有力的社会政策，这些政策应考虑到家庭需求，并保证所有家庭机会均等。工作领域包括社会和家庭政策、教育、残疾人权利、性别平等、儿童权利、移民、消费者问题以及技术发展对家庭的影响。

工作语言：法语、英语、西班牙语、德语、意大利语

咨商地位：2014 年提交咨商地位申请，获得联合国经社理事会特别咨商地位

活动领域：经济、性别问题、妇女、人口、公共行政、社会发展、可持续发展

总部地址：比利时

Congregation of Our Lady of Charity of the Good Shepherd（好牧人慈悲圣母会）

机构名称：好牧人慈悲圣母会

机构名称（英文）：Congregation of Our Lady of Charity of the Good Shepherd

机构名称缩写：Good Shepherd Sisters

机构名称缩写（英文）：Good Shepherd Sisters

机构网站：http://www.rgs.gssweb.org

简介：Good Shepherd Sisters 成立于 1835 年。使命是和解，尤其是针

对女童和妇女。通过宣传和政策工作，努力实现结构性和系统性变革，改变任何导致他人过着边缘化生活的因素。努力向那些生活在贫困和压迫中的人们施以仁慈，在我们的世界中唤醒每个人的尊严和价值。

工作语言：英语、法语、西班牙语

咨商地位：1996年提交咨商地位申请，获得联合国经社理事会特别咨商地位

活动领域：经济、性别问题、妇女、社会发展、可持续发展

总部地址：意大利

Conscience and Peace Tax International（良知与和平义务国际）

机构名称：良知与和平义务国际

机构名称（英文）：Conscience and Peace Tax International

机构名称缩写：CPTI

机构名称缩写（英文）：CPTI

机构网站：http://www.cpti.ws

简介：CPTI于1994年在西班牙洪达里维亚成立。CPTI的宗旨是通过税收获得对出于良心拒服兵役支付军备、战争准备和战争行为的权利的承认，支持出于良心拒服兵役者，并致力于普遍承认人权。

工作语言：英语

咨商地位：1999年提交咨商地位申请，获得联合国经社理事会特别咨商地位

活动领域：经济、社会

总部地址：英国

Cojep International（多元文化青年理事会，Conseil de Jeunesse Pluriculturelle）

机构名称：多元文化青年理事会（Conseil de Jeunesse Pluriculturelle）

机构名称（英文）：Cojep International

机构名称缩写：COJEP

机构名称缩写（英文）：COJEP

机构网站：http://www.cojep.com

简介：COJEP 成立于 1985 年，总部设在斯特拉斯堡。COJEP 致力于人道主义价值观。我们向国际组织展示了我们在发展、和平建设、正义、权利、自由和民主方面所发挥作用（民间社会的作用）的重要性。

工作语言：土耳其语、英语、法语

咨商地位：2007 年提交咨商地位申请，获得联合国经社理事会特别咨商地位

活动领域：性别问题、妇女、社会发展

总部地址：法国

Conseil International du Sport Militaire-CISM/International Military Sports Council（国际军事体育理事会/国际军事体育理事会）

机构名称：国际军事体育理事会/国际军事体育理事会

机构名称（英文）：Conseil International du Sport Militaire-CISM/International Military Sports Council

机构名称缩写：CISM

机构名称缩写（英文）：CISM

机构网站：http：//www. milsport. one

简介：CISM 成立于 1948 年，目标是在世界各地的武装部队中推广体育运动。通过推广体育运动，CISM 可以培养士兵的自信心和凝聚力，培养体魄强健、积极进取的士兵，提高服兵役的吸引力，发现、培养和激励人才，并通过国际比赛提供经验。同时利用体育来消除国家间的冲突和建设和平。

工作语言：英语、西班牙语、法语

咨商地位：2007 年提交咨商地位申请，获得联合国经社理事会特别咨商地位

活动领域：经济、性别问题、妇女、社会发展

总部地址：比利时

Consortium for Street Children（流浪儿童联合会）

机构名称：流浪儿童联合会

机构名称（英文）：Consortium for Street Children

机构名称缩写：CSC

机构名称缩写（英文）：CSC

机构网站：http：//www.streetchildren.org

简介：CSC 是一个以成员为基础的领先国际网络，致力于倡导、促进和宣传流落街头儿童的权利。致力于为一些处境最不利、最受鄙视的儿童创造更美好和可持续的未来，通过共同努力，为影响全球政策和最佳实践的研究和行动提供信息和灵感。

工作语言：英语

咨商地位：1997 年提交咨商地位申请，获得联合国经社理事会特别咨商地位

活动领域：经济、性别问题、妇女、人口、社会发展、统计

总部地址：英国

Consultative Council of Jewish Organizations（犹太人组织协商理事会）

机构名称：犹太人组织协商理事会

机构名称（英文）：Consultative Council of Jewish Organizations

机构名称缩写：CCJO

机构名称缩写（英文）：CCJO

机构网站：网站不明，邮箱为：http：//www.info @ ccjohuman-rights.com

简介：CCJO 成立于 1946 年。CCJO 的愿景是建立一个人人充分享有《世界人权宣言》所载各项人权的世界，犹太社区成员积极参与促进和保护这些权利。CCJO 的使命是借鉴犹太人的经验和价值观，促进和保护所有人的普遍权利。为了实现这一目标，通过宣传、政策分析、公众运动和教育以及培养活动家和律师促进和保护人权的能力，在确定的人权领域开展变革运动。

工作语言：英语

咨商地位：1947 年提交咨商地位申请，获得联合国经社理事会特别咨商地位

活动领域：经济、社会

总部地址：英国

Consumers International（国际消费者协会）

机构名称：国际消费者协会

机构名称（英文）：Consumers International

机构名称缩写：CI

机构名称缩写（英文）：CI

机构网站：http：//www.consumersinternational.org

简介：CI 成立于 1960 年，是全球消费者团体的会员组织。我们在国际决策论坛和全球市场上为消费者发声，确保他们得到安全、公平和诚实的对待；坚决保持独立，不受企业或政党的制约；我们合作共事，以诚信、坚韧和热情发挥我们的影响力，取得实实在在的成果。

工作语言：法语、英语、阿拉伯语、西班牙语

咨商地位：1977 年提交咨商地位申请，获得联合国经社理事会全面咨商地位

活动领域：经济、社会、可持续发展

总部地址：英国

Contra Nocendi International（反对种族主义国际运动）

机构名称：反对种族主义国际运动

机构名称（英文）：Contra Nocendi International

机构名称缩写：CNI

机构名称缩写（英文）：CNI

机构网站：http：//www.contranocendi.org

简介：CNI 成立于 2015 年。CNI 为非洲侵犯人权行为的受害者挺身而出，一丝不苟地监测和调查侵犯人权的行为，并顽强地追究责任，同时与人权捍卫者并肩作战，维护所有人的尊严。

工作语言：英语、法语

咨商地位：无

活动领域：经济、社会、性别问题、妇女、非洲和平发展、非洲冲突解决

总部地址：法国

Cooperation for Peace，Sweden（瑞典合作促进和平）

机构名称：瑞典合作促进和平

机构名称（英文）：Cooperation for Peace，Sweden

机构名称缩写：无

机构名称缩写（英文）：无

机构网站：网站不详

简介：该组织是于1983年在瑞典建立的非政府组织，旨在通过合作促进和平，活动范围为当地。

工作语言：英语

咨商地位：无

活动领域：经济、社会

总部地址：瑞典

COOPERATION INTERNATIONALE POUR LE DEVELOPMENT ET LA SOLIDARITE（国际合作发展与团结协会）

机构名称：国际合作发展与团结协会

机构名称（英文）：COOPERATION INTERNATIONALE POUR LE DEVELOPMENT ET LA SOLIDARITE

机构名称缩写：CIDSE

机构名称缩写（英文）：CIDSE

机构网站：网站不详

简介：CIDSE是1965年成立的意大利非政府组织，致力于转型变革，以消除贫困和不平等，挑战系统性不公正、不平等、对自然的破坏，并促进公正和环境可持续的替代方案。

工作语言：意大利语

咨商地位：无

活动领域：经济、社会

总部地址：比利时

Cooperation for the Development of Emerging Countries（新兴国家发展合作，Cooperazione per lo Sviluppo dei Paesi Emergenti）

机构名称：新兴国家发展合作（Cooperazione per lo Sviluppo dei Paesi Emergenti）

机构名称（英文）：Cooperation for the Development of Emerging Countries

机构名称缩写：COSPE

机构名称缩写（英文）：COSPE

机构网站：http://www.cospe.org

简介：COSPE 是于 1983 年成立并完成注册的非政府组织，涵盖阿尔及利亚、索马里、危地马拉、埃及等 30 个国家，致力于防治艾滋病、疟疾和其他疾病，消除极端贫穷和饥饿，促进两性平等并赋予女性权力，实现普及初等教育，发展全球伙伴关系，降低儿童死亡率，确保环境的可持续性。旨在建立一个多元且有价值的世界。

工作语言：意大利语

咨商地位：无

活动领域：性别问题、妇女、社会发展、可持续发展

总部地址：意大利

Coordinating Committee for International Voluntary Service（国际志愿服务协调委员会）

机构名称：国际志愿服务协调委员会

机构名称（英文）：Coordinating Committee for International Voluntary Service

机构名称缩写：CCIVS

机构名称缩写（英文）：CCIVS

机构网站：http://www.ccivs.org

简介：CCIVS 是注册于 1970 年的非政府组织，它的活动和计划以非正规学习的原则为基础：以学习者为中心，自愿参与，选择挑战，整体方法和利用多样性作为资源，还根据专业知识和 IVS 运动倡导的价值观，为外部利益相关者提供量身定制的服务，如咨询、培训、活动管理、定制教育计划；致力于解决人口问题、移民问题等，旨在维护世界和平与发展。

工作语言：英语

咨商地位：1970年提交咨商地位申请，获得联合国经社理事会特别咨商地位。

活动领域：经济、社会、可持续发展、志愿服务、青年

总部地址：法国

COPERNICUS Alliance-European Network on Higher Education for Sustainable Development（COPERNICUS 联盟—欧洲高等教育促进可持续发展网络）

机构名称：COPERNICUS 联盟—欧洲高等教育促进可持续发展网络

机构名称（英文）：COPERNICUS Alliance-European Network on Higher Education for Sustainable Development

机构名称缩写：COPERNICUS Alliance

机构名称缩写（英文）：COPERNICUS Alliance

机构网站：http：//www.copernicus-alliance.org

简介：COPERNICUS Alliance 是成立于 2009 年的非政府组织，COPERNICUS Alliance 的愿景是促进可持续发展在欧洲高等教育中的作用，与社会合作，改善可持续性教育和研究。致力于实现普及初等教育和确保环境可持续性。

工作语言：英语

咨商地位：无

活动领域：经济、社会、可持续发展

总部地址：英国

Coral Cay Conservation（珊瑚礁保护协会）

机构名称：珊瑚礁保护协会

机构名称（英文）：Coral Cay Conservation

机构名称缩写：CCC

机构名称缩写（英文）：CCC

机构网站：http：//www.coralcay.org

简介：CCC 是一个国际性非政府组织，自 1986 年以来，CCC 在世界

各地的保护部门一直非常活跃；挑战环境影响，制定成功的野生动植物保护战略，并为东道国项目合作伙伴提供可采用的方法，致力于发展经济与社会等。

工作语言：英语

咨商地位：无

活动领域：经济、可持续发展、社会发展

总部地址：英国

Coralive. org（珊瑚礁保护协会）

机构名称：珊瑚礁保护协会

机构名称（英文）：Coralive. org

机构名称缩写：无

机构名称缩写（英文）：无

机构网站：http：//www. coralive. org

简介：该协会是成立于 2016 年的非政府组织，是一个总部位于瑞士的环境组织（瑞士协会注册号 CHE-311. 736. 420），热爱海洋，在全球范围内帮助保护、管理和恢复沿海生态系统。工作包括恢复珊瑚礁和沿海海岸线，管理海洋保护区，进行长期环境监测，为沿海社区创造生计解决方案，并将所有努力与量身定制的环境教育方案相结合。在每个项目中，都与当地利益相关者合作，从基层组织到私营部门，再到政府机构，以取得持久成果。我们认识到传递知识和经验的价值，以激活社区，增强下一代投资可持续未来的能力。

工作语言：英语、法语、德语

咨商地位：2021 年提交咨商地位申请，获得联合国经社理事会特别咨商地位

活动领域：经济、社会、性别问题、妇女、可持续发展

总部地址：瑞士

Crop Life International（国际作物生活）

机构名称：国际作物生活

机构名称（英文）：Crop Life International

机构名称缩写：无

机构名称缩写（英文）：无

机构网站：http：//www.croplife.org

简介：该组织是一家注册于2001年的非政府组织，致力于可持续农业：与利益攸关方接触，发展对话，建立伙伴关系，以实现更可持续农业的共同目标。研究植物科学行业提供的各种技术解决方案，促进它们在可持续农业中的互补性，并与代表植物科学行业的其他行业协会密切合作。

工作语言：英语

咨商地位：2001提交咨商地位申请，获得联合国经社理事会A1名册咨商地位

活动领域：经济、社会，可持续发展

总部地址：比利时

Cruelty Free International（国际残酷自由）

机构名称：国际残酷自由

机构名称（英文）：Cruelty Free International

机构名称缩写：无

机构名称缩写（英文）：无

机构网站：http：//www.crueltyfreeinternational.org

简介：该组织是成立于1898年的非政府组织，是世界范围内致力于结束动物实验的领先组织，在实验室中调查和揭露动物的生活现实，挑战决策者为动物做出积极的改变，并倡导更好的科学和无虐待的生活。实验室里的动物不分国界地受苦，所以其专家游说并与世界各地的政府和政治家合作。总是理性和建设性地交谈，阐述了远离残忍和老式动物实验的好处。要求决策者接受进步政策，倡导人文科学，造福人类和动物。

工作语言：英语、西班牙语

咨商地位：2019年提交咨商地位申请，获得联合国经社理事会特别咨商地位

活动领域：经济与社会、可持续发展

总部地址：英国

CSR-Dialogforum-Verein Zur Förderung Nachhaltigen Wirtschaftens（企业社会责任对话论坛，CSR-Dialogforum-Verein Zur Förderung Nachhaltigen Wirtschaftens）

机构名称：企业社会责任对话论坛（CSR-Dialogforum-Verein Zur Förderung Nachhaltigen Wirtschaftens）

机构名称（英文）：CSR-Dialogforum-Verein Zur Förderung Nachhaltigen Wirtschaftens

机构名称缩写：无

机构名称缩写（英文）：无

机构网站：http：//www.csr-dialogforum.at

简介：该组织是成立于2007年的非政府组织，是可持续发展和企业责任感的驱动力，并为积极的全球化愿景做出贡献：希望积极参与可持续的全球世界，在国内外开展工作，并被称为可持续经济和商业的领先能力中心。

工作语言：德语、英语

咨商地位：2016年提交咨商地位申请，获得联合国经社理事会特别咨商地位

活动领域：可持续发展

总部地址：奥地利

Cooperation and Development（合作与发展组织，Cooperaçao e Desenvolvimento）

机构名称：合作与发展组织（Cooperaçao e Desenvolvimento）

机构名称（英文）：Cooperation and Development

机构名称缩写：OIKOS

机构名称缩写（英文）：OIKOS

机构网站：https：//www.oikos.pt/

简介：OIKOS成立于1988年。我们相信，在一个没有贫困和不公正的世界里，人类发展在地方和全球范围内是公平和可持续的。

工作语言：英语

咨商地位：2000年提交咨商地位申请，获得联合国经社理事会A1名

册咨商地位

活动领域：农业、儿童、发展、教育、环境、贫困、人权、可持续发展

总部地址：葡萄牙

Celebrate Recovery（庆祝康复，Proslavi Oporavak）

机构名称：庆祝康复（Proslavi Oporavak）

机构名称（英文）：Celebrate Recovery

机构名称缩写：PO

机构名称缩写（英文）：CR

机构网站：http://www.proslavi-oporavak.ba

简介：PO 致力于让受抚养人恢复他们的积极榜样，即有可能康复，激励吸毒者寻求帮助，并支持已完成治疗的人融入社会。

工作语言：克罗地亚语、英语

咨商地位：2018 年提交咨商地位申请，获得联合国经社理事会特别咨商地位

活动领域：医疗保健、健康

总部地址：波黑

Center for Legal Civic Initiatives（法律公民倡议中心）

机构名称：法律公民倡议中心

机构名称（英文）：Center for Legal Civic Initiatives

机构名称缩写：CLCI

机构名称缩写（英文）：CLCI

机构网站：http://www.qag-al.org

简介：CLCI 是一个阿尔巴尼亚非营利组织，成立于 1997 年 1 月。CLCI 作为法律和心理社会服务中心运作，对于被侵犯和贫穷的妇女，所有服务均免费提供。

工作语言：阿尔巴尼亚语、英语

咨商地位：2021 年提交咨商地位申请，获得联合国经社理事会特别咨商地位

活动领域：民事司法、犯罪领域、女性权力
总部地址：阿尔巴尼亚

Children First（弗兰基的孩子们，Les Enfants de Frankie）

机构名称：弗兰基的孩子们（Les Enfants de Frankie）

机构名称（英文）：Children First

机构名称缩写：LEdF

机构名称缩写（英文）：CF

机构网站：http：//www.enfants-dabord.org（网站已经废弃）

简介：LEdF成立于1997年11月，为整个地区的患病、残疾或弱势儿童提供舒适和欢乐。"弗兰基的孩子们"与医院、社会服务机构、家庭、儿童福利机构和200多个组织合作，影响贫困儿童的日常生活。

工作语言：英语、法语

咨商地位：2004年获得联合国经社理事会特别咨商地位

活动领域：年轻人、孩童、教育

总部地址：摩纳哥

D

Damanhur Education（达曼胡尔教育）

机构名称：达曼胡尔教育

机构名称（英文）：Damanhur Education

机构名称缩写：DHEDUC

机构名称缩写（英文）：DHEDUC

机构网站：http://www.damanhureducation.it/

简介：DHEDUC 是成立于 2000 年的组织，旨在国家和国际层面创建、发展和传播关于环境可持续性的教育，宣传尊重环境和替代人类居住区（生态村）的文化，以及对所有年龄组的任何个人进行全球培训。这种教育建立在对个人和生活的整体和精神愿景的基础上，并被解释和生活为在发展社会关系中进行认知和道德交流的持续机会。该协会主要是在社会、经济、伦理和文化领域传播和普及可持续发展的文化，以创建一个包括尊重和照顾一切形式的生活、普遍人权、尊重多样性、参与式民主和各国人民之间交流的全球社会，从而保护文化遗产。

工作语言：英语、意大利语

咨商地位：2018 年提交咨商地位申请，获得联合国经社理事会特别咨商地位

活动领域：经济、两性平等、妇女、社会发展、可持续发展

总部地址：意大利

Danish 92 Group（丹麦92集团）

机构名称：丹麦92集团

机构名称（英文）：Danish 92 Group

机构名称缩写：无

机构名称缩写（英文）：无

机构网站：http://www.92grp.dk/

简介：Danish 92 Group 是建立于 1991 年的国际组织，为 2002 年 8 月/9 月在约翰内斯堡举行的可持续发展问题世界首脑会议采取后续行动。活动包括协调、宣传、游说和信息活动的联合行动等。

工作语言：英语、丹麦语

咨商地位：2009 年提交咨商地位申请，获得联合国经社理事会特别咨商地位

活动领域：经济、两性平等、妇女、社会发展、非洲可持续发展

总部地址：丹麦

Danish Association for International Cooperation（丹麦国际合作协会）

机构名称：丹麦国际合作协会

机构名称（英文）：Danish Association for International Cooperation

机构名称缩写：MS

机构名称缩写（英文）：MS

机构网站：网站不详，邮箱为 larsand@ms.dk

简介：MS 是成立于 1944 年的国际协会，MS 的任务是促进人们之间的理解和团结，并通过跨越国家和文化边界的合作，为全球可持续发展和地球资源的公平分配做出贡献。

工作语言：英语

咨商地位：无

活动领域：经济、社会

总部地址：丹麦

Danish Refugee Council（丹麦难民委员会，Dansk Flygtningehjælp）

机构名称：丹麦难民委员会（Dansk Flygtningehjælp）

机构名称（英文）：Danish Refugee Council

机构名称缩写：DFH

机构名称缩写（英文）：DRC

机构网站：http://www.drc.dk/

简介：DFH 是一个成立于 1956 年的私人独立组织，其宗旨是保护难民和国内流离失所者免受迫害，并在人道主义原则和人权的基础上促进难民问题的持久解决。丹麦难民委员会通过以下方式履行其使命：宣传：讲述受冲突影响的人民的事业；能力建设：支持当局和受冲突影响的人民有能力分别保障和享有受冲突影响人民的权利；替代：向权利得不到满足的

受冲突影响的人提供援助。受冲突影响的人一词是指世界冲突地区的难民、境内流离失所者和收容社区。在丹麦境内，丹麦难民委员会在融合和庇护程序的各个方面为难民提供援助。在国际上，丹麦难民委员会积极参与国际社会保护和促进解决受冲突影响人口的各种活动。

工作语言：丹麦语、英语

咨商地位：2015 年提交咨商地位申请，2019 年获得联合国经社理事会特别咨商地位

活动领域：经济、社会

总部地址：丹麦

Dansk Folkeoplysnings Samrad Danish Council for Adult Education（丹麦成人教育理事会）

机构名称：丹麦成人教育理事会

机构名称（英文）：Dansk Folkeoplysnings Samrad Danish Council for Adult Education

机构名称缩写：DFS

机构名称缩写（英文）：DFS

机构网站：网站不详，邮箱为 Mik@ dfs. dk/Dfs@ dfs. dk

简介：DFS 是一个通过合作、信息和发展促进非正规成人教育的组织。其成人教育包括各种各样的项目和机构，既包括正规部门，也包括非正规部门。其中大部分项目和机构部分由国家或市政当局资助，部分由参与者资助。

工作语言：英语

咨商地位：无

活动领域：经济、社会

总部地址：丹麦

Development Assistance Research Associates（发展援助研究协会）

机构名称：发展援助研究协会

机构名称（英文）：Development Assistance Research Associates

机构名称缩写：DARA

机构名称缩写（英文）：DARA

机构网站：http：//www.daraint.org

简介：DARA 于 2003 年成立，是一个独立的组织，致力于提高对遭受冲突、灾难和气候变化影响的弱势群体的援助质量和有效性。DARA 在人道主义援助以及气候变化、灾害和减少风险领域提供支持方面拥有公认的专业知识。我们为各国政府、联合国和欧盟机构以及包括红十字会/红新月运动在内的主要国际组织，对五大洲 40 多个国家的人道主义行动进行了评估。DARA 与合作伙伴合作，积极宣传人道主义原则和最佳做法；提供人道主义干预措施的高质量分析和评估，并监测气候变化在世界各地对人类的影响。

工作语言：英语

咨商地位：无

活动领域：经济、社会、两性平等、妇女

总部地址：西班牙

Defence for Children International（国际儿童保护）

机构名称：国际儿童保护

机构名称（英文）：Defence for Children International

机构名称缩写：DCI

机构名称缩写（英文）：DCI

机构网站：http：//www.defenceforchildren.org

简介：DCI 是成立于 1979 年的国际协会，致力于确保持续、实际、系统和协调一致的全球行动，以促进和保护《联合国儿童权利公约》及其责任议定书以及所有其他人权标准和文书所阐明的儿童权利。DCI 是一个由国际秘书处协调的国家组织基层网络，其行动由基于人权的方法推动。

工作语言：英语、西班牙语、法语

咨商地位：1991 年提交咨商地位申请，获得联合国经社理事会特别咨商地位

活动领域：经济、社会

总部地址：瑞士

Deutsche Stiftung Weltbevoelkerung-German Foundation for World Population（德国世界人口基金会）

机构名称：德国世界人口基金会

机构名称（英文）：Deutsche Stiftung Weltbevoelkerung-German Foundation for World Population

机构名称缩写：DSW

机构名称缩写（英文）：DSW

机构网站：http://www.dsw.org

简介：DSW致力于为青年创造对健康信息、服务、用品和经济赋权的需求和获取途径，使命是支持生活在非洲的年轻人克服阻碍他们的多重障碍，特别是与性健康和生殖健康及权利有关的问题，例如，基于性别的歧视和胁迫做法，以及传染病，这些疾病对年轻妇女和女孩的影响尤为严重。获得正确的卫生工具和服务是克服这些障碍的关键。

工作语言：法语、英语、阿拉伯语等

咨商地位：1999年提交咨商地位申请，获得联合国经社理事会特别咨商地位

活动领域：经济、社会、发展、环境、信息、数据、可持续发展、贫困等

总部地址：德国

Deutsche Welle Youth Club International Ghana（德国之声加纳国际青年俱乐部）

机构名称：德国之声加纳国际青年俱乐部

机构名称（英文）：Deutsche Welle Youth Club International Ghana

机构名称缩写：DWYCIG

机构名称缩写（英文）：DWYCIG

机构网站：http://www.dwycig./

简介：DWYCIG是成立于1999年的非政府组织，致力于抗击艾滋病毒、疟疾和其他疾病，消除极端贫困和饥饿，提高妇女地位促进两性平等，确保环境可持续发展，发展全球伙伴关系等。

工作语言：中文、英语等

咨商地位：无

活动领域：经济与社会

总部地址：德国

Deutsche Welthungerhilfe e. V. （德国农业行动）

机构名称：德国农业行动

机构名称（英文）：Deutsche Welthungerhilfe e. V.

机构名称缩写：WHH

机构名称缩写（英文）：WHH

机构网站：http://www.welthungerhilfe.de/

简介：WHH 成立于 1962 年，是开创性的全球"农业行动"的一部分，在联合国粮食及农业组织（粮农组织）之下。如今，它是德国发展合作和人道主义援助领域最大的非政府组织之一。传统上，该组织侧重于消除饥饿和贫困以及灾害管理，从而提供人道主义援助，但也提供长期发展援助。然而，也有越来越多的项目涉及教育、健康、卫生、性别平等、母亲和儿童的福祉以及提供基本基础设施。目标群体是：穷人中最贫穷的群体如无地、小农、妇女、儿童和青年；由于战争或环境灾难而失去一切的人；以及需要启动援助以过上安全和有尊严的生活的人。组织活动的一部分包括组织与联合国日相关的活动和演讲，如世界粮食日、世界妇女日、国际反对童工日等。自 2005 年起，德国农业行动每年都会与国际粮食政策研究所合作发布年度《世界饥饿指数》。

工作语言：英语、德语

咨商地位：2017 年提交咨商地位申请，获得联合国经社理事会特别咨商地位

活动领域：经济、可持续发展，性别问题、妇女、人口、公共行政、社会发展、可持续发展

总部地址：德国

Development Initiative Organisation （发展倡议组织）

机构名称：发展倡议组织

机构名称（英文）：Development Initiative Organisation

机构名称缩写：DVORG

机构名称缩写（英文）：DVORG

机构网站：http：//www.dvorg.co.uk/

简介：DVORG是成立于2012年的非政府组织，致力于追求人类发展指标。

工作语言：英语

咨商地位：无

活动领域：经济、可持续发展、性别问题、妇女、人口、公共行政、社会发展

总部地址：英国

Development Innovations and Networks（发展创新与网络）

机构名称：发展创新与网络

机构名称（英文）：Development Innovations and Networks

机构名称缩写：IRED

机构名称缩写（英文）：IRED

机构网站：http：//www.ired.org

简介：IRED是成立于1991年的非政府组织，旨在借助新的通信技术促进和领导全球网络，从而促进信息、培训、技术、市场和融资的获取，有利于南方和北方的发展组织。

工作语言：法语、英语

咨商地位：1991年提交咨商地位申请，获得联合国经社理事会特别咨商地位

活动领域：经济、社会

总部地址：瑞士

Diakonia（迪亚科尼亚）

机构名称：迪亚科尼亚

机构名称（英文）：Diakonia

机构名称缩写：无

机构名称缩写（英文）：无

机构网站：http://www.diakonia.se/

简介：Diakonia 是建立于 1966 年的非政府组织，致力于改变导致贫困、不平等、压迫和暴力的不公平政治、经济、社会和文化结构。迪亚科尼亚与最弱势群体、当地合作伙伴和其他战略行动者合作，实现所有人过上有尊严生活的权利，无论年龄、阶级、残疾、种族、性别、国籍、政治信仰、宗教或性取向和身份如何。

工作语言：英语

咨商地位：2017 年提交咨商地位申请，2022 年获得联合国经社理事会特别咨商地位

活动领域：经济、两性平等、妇女、可持续发展

总部地址：瑞典

Dianova International（迪亚诺瓦国际）

机构名称：迪亚诺瓦国际

机构名称（英文）：Dianova International

机构名称缩写：OID

机构名称缩写（英文）：OID

机构网站：http://www.dianova.org

简介：OID 是一个成立于 1998 年的非营利性非政府组织，致力于支持在四大洲开展活动的组织网络，帮助最弱势群体；此外，OID 在处理社会政策的国际组织和论坛内促进社会进步。旨在制定促进个人自力更生和社会进步的倡议和计划。OID 的宗旨是坚信在适当的支持下，每个人都能在自己身上找到必要的资源，在个人发展和社会融合方面取得成功。

工作语言：法语、西班牙语、英语

咨商地位：2007 年提交咨商地位申请，获得联合国经社理事会特别咨商地位

活动领域：经济、可持续发展、性别问题、妇女、人口、公共行政、社会发展

总部地址：西班牙

Differenza Donna-Association of Women Against Violence（妇女反对暴力侵害协会，Differenza Donna-Associazione di donne Contro la Violenza alle Donne）

机构名称：妇女反对暴力侵害协会（Differenza Donna-Associazione di donne Contro la Violenza alle Donne）

机构名称（英文）：Differenza Donna-Association of Women Against Violence

机构名称缩写：Differenza Donna

机构名称缩写（英文）：Differenza Donna

机构网站：http：//www.differenzadonna.org

简介：Differenza Donna 于 1989 年 5 月 6 日在罗马成立，其使命是向社会传播全面的性别文化，特别是揭露、打击和预防暴力以及影响妇女生活的所有社会问题。通过从理论转向实践，该组织构思了在意大利为处境困难或遭受家庭暴力和一切形式暴力的妇女建立庇护所的项目。从一开始，很明显，有效打击歧视需要不同专业的专业知识：心理学家、心理治疗师、社会工作者、医生、教育工作者、律师、社会学家、人类学家、媒体专业人员、计算机专家。

工作语言：英语、意大利语

咨商地位：2016 年提交咨商地位申请，获得联合国经社理事会特别咨商地位

活动领域：两性平等、妇女

总部地址：意大利

Dignity Impact（尊严影响，Dignité Impact）

机构名称：尊严影响（Dignité Impact）

机构名称（英文）：Dignity Impact

机构名称缩写：DIG

机构名称缩写（英文）：DIG

机构网站：http：//www.digniteimpact.org

简介：DIG 的目标是促进和保护全球和区域人权文书所宣布的人权，并始终将尊重人的尊严作为一项驱动原则，该协会的目标是在刚果民主共

和国实施任何旨在促进和/或保护人类尊严的项目。

工作语言：英语、法语、斯瓦西里语

咨商地位：2015年提交咨商地位申请，获得联合国经社理事会特别咨商地位

活动领域：经济、可持续发展、性别问题、妇女、人口、公共行政、社会发展、非洲和平发展

总部地址：瑞士

Diplo Foundation（迪普洛基金会）

机构名称：迪普洛基金会

机构名称（英文）：Diplo Foundation

机构名称缩写：DIPLO

机构名称缩写（英文）：DIPLO

机构网站：http://www.diplomacy.edu/

简介：DIPLO是成立于2002年的非政府组织，致力于加强所有利益攸关方对外交实践和国际关系的有意义的参与。

工作语言：英语

咨商地位：2006年提交咨商地位申请，获得联合国经社理事会特别咨商地位

活动领域：经济、可持续发展、性别问题、妇女、人口、公共行政、社会发展

总部地址：马耳他

Diplomatic Council e. V.（外交理事会）

机构名称：外交理事会

机构名称（英文）：Diplomatic Council e. V.

机构名称缩写：DC

机构名称缩写（英文）：DC

机构网站：http://www.diplomatic-council.org

简介：DC是作为一个2011年全球智囊团成立的非政府组织，其目标是充当外交与经济和社会之间的桥梁。外交理事会的成员坚信，商业外交

是国际理解和各国之间更和平互动的坚实基础。繁荣的经济给人类带来繁荣是和平的最佳保障之一。这一启示促使外交理事会将其促进国际理解的目标转化为一项经济任务。全球商业网络的基本方法与不同国家的外交沟通水平有关。在这方面，外交理事会的专家和领导人在就如何将经济原则纳入全球外交网络与各国大使进行磋商方面发挥着关键作用。

工作语言：英语

咨商地位：2015年提交咨商地位申请，获得联合国经社理事会特别咨商地位

活动领域：经济、社会

总部地址：德国

Dominicans for Justice and Peace-Order of Preachers（多米尼加争取正义与和平—传教士团）

机构名称：多米尼加争取正义与和平—传教士团

机构名称（英文）：Dominicans for Justice and Peace-Order of Preachers

机构名称缩写：OP

机构名称缩写（英文）：OP

机构网站：http://www.un.op.org

简介：OP是成立于2002年的非政府组织。

工作语言：西班牙语、法语、英语

咨商地位：2002年提交咨商地位申请，获得联合国经社理事会特别咨商地位

活动领域：经济、可持续发展、性别问题、妇女、人口、公共行政、社会发展

总部地址：瑞士

D. i. Re-Women's Network Against Violence（妇女反暴力网络，**Donne in Rete Contro la Violenza-ONLUS**）

机构名称：妇女反暴力网络（Donne in Rete Contro la Violenza-ONLUS）

机构名称（英文）：D. i. Re-Women's Network Against Violence

机构名称缩写：D. i. Re

机构名称缩写（英文）：D. i. Re

机构网站：http://www.direcontrolaviolenza.it/

简介：D. i. Re 成立于 2008 年，是意大利第一个非机构妇女庇护所协会，总部设在意大利，由植根于女权运动的非政府组织管理。它由 62 个妇女协会组成，分布在全国各地，她们管理着帮助遭受暴力的妇女的中心。全国协会从不同类型的角度处理男性对妇女的暴力行为，其目的是帮助妇女摆脱由某些人员支持的暴力行为。这些人员从性别角度出发，认为对妇女施暴是父权制社会的典型文化事实，涉及两性关系的层面。此外，D. i. Re 的目标是发起国家政治行动，引发文化变革，使意大利社会将暴力转变视为一种普遍现象，并致力于加强国内反对暴力侵害妇女。

工作语言：意大利语

咨商地位：2014 年提交咨商地位申请，获得联合国经社理事会特别咨商地位

活动领域：两性平等、妇女、可持续发展

总部地址：意大利

Dr. Denis Mukwege Foundation（丹尼斯·穆克韦格博士基金会）

机构名称：丹尼斯·穆克韦格博士基金会

机构名称（英文）：Dr. Denis Mukwege Foundation

机构名称缩写：无

机构名称缩写（英文）：无

机构网站：http://www.mukwegefoundation.org

简介：Dr. Denis Mukwege Foundation 是成立于 2015 年的非政府组织，致力于让幸存者、公众和国际社会参与结束与冲突有关的性暴力，支持受害者的康复进程，打破围绕这一主题的沉默，并敦促国际社会作出必要的政治反应。我们通过向世界著名的"反对将强奸作为战争武器"的倡导者丹尼斯·穆克韦格博士（Dr. Denis Mukwege）学习并在其开创性工作的基础上再接再厉，实现了我们的使命。我们的愿景是，在这个世界上，谴责系统性暴力，惩罚个人施暴者和国家，幸存者得到他们需要的照顾，他们有发声的自由。

工作语言：法语、英语

咨商地位：2020 年提交咨商地位申请，2021 年获得联合国经社理事会特别咨商地位

活动领域：两性平等、妇女、非洲和平发展

总部地址：荷兰

Drepavie（科普镰状细胞病组织机构）

机构名称：科普镰状细胞病组织机构

机构名称（英文）：Drepavie

机构名称缩写：无

机构名称缩写（英文）：无

机构网站：网站不详，邮箱为 rimakedi@ drepavie. org

简介：Drepavie 是成立于 2004 年的非政府组织，致力于提高公众对镰状细胞病的认识和了解。通过科学活动、提高认识和信息运动以及 IEC 计划（信息、教育、传播）提高对镰状细胞病的认识；与镰状细胞病患者及其家人的隔离做斗争（在日常生活中帮助和支持患者，组织镰状细胞病会议，镰状细胞病人的文化和教育郊游）；与同行协会建立联系和伙伴关系，帮助和支持南方镰状细胞病患者获得护理；日内瓦办事处驻联合国的任务：在联合国人权委员会内进行宣传，游说有关国家制订镰状细胞病意识和教育方案，游说非洲联盟常驻联合国代表团与镰状细胞病协会建立网络。

工作语言：法语

咨商地位：2014 年提交咨商地位申请，获得联合国经社理事会特别咨商地位

活动领域：经济、可持续发展、性别问题、妇女、人口、公共行政、社会发展

总部地址：法国

Drug Policy Network South East Europe（东南欧毒品政策网络）

机构名称：东南欧毒品政策网络

机构名称（英文）：Drug Policy Network South East Europe

机构名称缩写：DPNSEE

机构名称缩写（英文）：DPNSEE

机构网站：http：//www.dpnsee.org

简介：DPNSEE 是成立于 2015 年的非政府组织，使命是在东南欧采取更加人道和有效的毒品政策。东南欧毒品政策网络旨在促进就国家、区域和国际毒品政策的有效性、方向和内容进行客观和公开的辩论，向决策者提出建设性建议。该网络努力通过以下活动实现该使命：为网络成员创造渠道和宣传工具，增强他们更多地参与和影响国家政府决策进程的能力，区域和国际机构促进民间社会利益攸关方之间的沟通和合作，支持合作活动，制作和传播信息，以突出当前以执法为主的药物管制系统的缺陷，并促进公共卫生和健康等。

工作语言：英语

咨商地位：2019 年提交咨商地位申请，获得联合国经社理事会特别咨商地位

活动领域：经济、社会发展、可持续发展

总部地址：塞尔维亚

Dutch Council for Refugees/Vluchtelingen Werk Nederland（荷兰难民理事会）

机构名称：荷兰难民理事会

机构名称（英文）：Dutch Council for Refugees/Vluchtelingen Werk Nederland

机构名称缩写：VWN

机构名称缩写（英文）：VWN

机构网站：http：//www.vluchtelingenwerk.nl/

简介：VWN 是成立于 1979 年的非政府组织，致力于捍卫难民的权利，帮助他们在荷兰建立新的生活。根据协会章程第 2 条："协会的宗旨是：a. 根据《世界人权宣言》致力于保护和照顾难民和寻求庇护者的利益；b.（让其他人）支持难民和寻求庇护者在荷兰建立新的生活；c. 开展旨在保护和照顾荷兰境外，特别是欧洲境内难民和寻求庇护者利益的活动；d. 帮助移民。"

工作语言：英语、荷兰语

咨商地位：2008 年提交咨商地位申请，获得联合国经社理事会特别咨商地位

活动领域：经济、社会、人口

总部地址：荷兰

Dzeno Association（Dzeno 协会）

机构名称：Dzeno 协会

机构名称（英文）：Dzeno Association

机构名称缩写：无

机构名称缩写（英文）：无

机构网站：网站不详，邮箱为 dzeno@dzeno.cz

简介：Dzeno Association 是成立于 2003 年的非政府组织。

工作语言：英语

咨商地位：2003 年提交咨商地位申请，获得联合国经社理事会特别咨商地位

活动领域：经济、可持续发展、性别问题、妇女、人口、公共行政、社会发展

总部地址：捷克

Doctors of the World（世界医生，Dünya Doktorları Derneği）

机构名称：世界医生（Dünya Doktorları Derneği）

机构名称：Doctors of the World

机构名称缩写：DDD

机构名称缩写（英文）：DDD

机构网站：http://www.dunyadoktorlari.org.tr

简介：DDD 是一个成立于 2015 年的人道主义非政府组织，致力于为受武装冲突、暴力、自然灾害、疾病、饥荒、贫困和排斥影响的人群提供医疗服务。由于全球不公正和滥用资源，世界上至少有一半的人口，特别是儿童、妇女和难民，无法获得基本的卫生服务和医疗保健。DDD 的使命是通过援助遇险人口、自然灾害、人为灾害或武装冲突的受害者，为最需要帮助的人提供救生和维持生命的医疗服务。

工作语言：英语、土耳其语

咨商地位：2023年提交咨商地位申请，获得联合国经社理事会特别咨商地位

活动领域：经济、社会

总部地址：土耳其

Donostia-San Sebastián UNESCO Centre（教科文组织圣塞巴斯蒂安中心）

机构名称：教科文组织圣塞巴斯蒂安中心

机构名称（英文）：Donostia-San Sebastián UNESCO Centre

机构名称缩写：DSSUC

机构名称缩写（英文）：DSSUC

机构网站：http：//www.unescoeskola.org

简介：DSSUC成立于1992年，在教育、文化、社会科学和传播领域开展工作。中心活动的方向和全球内容符合本组织的战略目标。教科文组织圣塞巴斯蒂安中心通过制定有利于被排斥者的全面和包容性战略，在75个国家扩大了受教育机会。这导致实施了非正规基础教育方案，旨在帮助发展日常生活所需的技能，从而有助于提高人民的生活质量。教科文组织圣塞巴斯蒂安中心通过教科文组织世界专业动画师协会（AMUPRAUN）和教科文组织伊比利亚—美洲协会组织（ORIBAUN），为人权教育与促进普遍价值观，以及跨文化教育编写教材，该组织由教科文组织动画师组成。

工作语言：法语、西班牙语

咨商地位：2016年提交咨商地位申请，获得联合国经社理事会特别咨商地位

活动领域：社会发展、可持续发展、非洲和平发展、非洲冲突解决

总部地址：西班牙

E

Eagle Eyes Association for Afghan Displaced Youth/Eagle Eyes NGO International（阿富汗流离失所青年鹰眼协会）

机构名称：阿富汗流离失所青年鹰眼协会

机构名称（英文）：Eagle Eyes Association for Afghan Displaced Youth/Eagle Eyes NGO International

机构名称缩写：EENGOI

机构名称缩写（英文）：EENGOI

机构网站：http://www.eagleeyesngo.org

简介：EENGOI 是成立于 1997 年的非政府组织，致力于：（1）促进教育、经济、社会发展、人权以及和平与和解。这将包括就法律问题提供咨询和提高认识、组织培训会议、讲习班、培训和体育活动。（2）为公众利益，为因年龄、体弱或社会和经济状况而需要娱乐和其他休闲时间的人提供和协助提供娱乐和其他娱乐设施，以促进社会福利，并改善他们的生活条件。

工作语言：英语

咨商地位：2012 年提交咨商地位申请，获得联合国经社理事会特别咨商地位

活动领域：经济、可持续发展、性别问题、妇女、人口、公共行政、社会发展

总部地址：英国

Eastern Alliance for Safeand Sustainable Transport（东部安全与可持续交通联盟）

机构名称：东部安全与可持续交通联盟

机构名称（英文）：Eastern Alliance for Safeand Sustainable Transport

机构名称缩写：EASST

机构名称缩写（英文）：EASST

机构网站：http://www.easst.co.uk

简介：EASST 以降低儿童死亡率、确保环境的可持续性为千年发展目标。

工作语言：英语、俄语

咨商地位：2013年申请并通过联合国经社理事会特别咨商地位

活动领域：安全、可持续发展、人口发病率、人口死亡率、人口与社会调查、交通等

总部地址：英国

EAT Foundation（饮食基金会）

机构名称：饮食基金会

机构名称（英文）：EAT Foundation

机构名称缩写：无

机构名称缩写（英文）：无

机构网站：http://www.eatforum.org/

简介：EAT Foundation是一个非营利组织，致力于通过健全的科学和新颖的合作伙伴关系来改变我们的全球食品系统。

工作语言：英语

咨商地位：2020年获得联合国经社理事会特别咨商地位

活动领域：农业、可持续发展、气候变化、人口发病率、人口死亡率、生物多样性

总部地址：挪威

ECA Watch Austria（奥地利非洲经委会观察）

机构名称：奥地利非洲经委会观察

机构名称（英文）：ECA Watch Austria

机构名称缩写：ECAW

机构名称缩写（英文）：ECAW

机构网站：http://www.eca-watch.org

简介：ECAW是一个关于出口信贷机构的国际运动。

工作语言：英语、德语

咨商地位：无

活动领域：生物多样性、气候变化、能源、水资源

总部地址：奥地利

Eco-Accord-Center for Environment and Sustainable Development（生态协议－环境与可持续发展中心）

机构名称：生态协议－环境与可持续发展中心

机构名称（英文）：Eco-Accord-Center for Environment and Sustainable Development

机构名称缩写：无

机构名称缩写（英文）：无

机构网站：http://www.ecoaccord.org

简介：该中心主要目标是通过以下方式推动向可持续发展过渡的进程：在全球、国家和地方各级寻找解决环境、经济和社会问题的新方法和新方案；提高公众对环境和可持续发展问题的广泛认识。

工作语言：英语、俄语

咨商地位：无

活动领域：气候变化、教育、有毒化学气体、贸易、环境

总部地址：俄罗斯

Environmentalists in Action（生态学家在行动，Ecologistas en Accion）

机构名称：生态学家在行动（Ecologistas en Accion）

机构名称（英文）：Environmentalists in Action

机构名称缩写：EA

机构名称缩写（英文）：EA

机构网站：http://www.ecologistasenaccion.org

简介：EA 鼓励居住在西班牙的厄瓜多尔人在世界上独一无二的公投中投票支持保护地球上生物多样性最丰富的地方之一。

工作语言：西班牙语

咨商地位：无

活动领域：生物多样性等

总部地址：西班牙

Ecospirituality Foundation（生态灵性基金会）

机构名称：生态灵性基金会

机构名称（英文）：Ecospirituality Foundation

机构名称缩写：EF

机构名称缩写（英文）：EF

机构网站：http://www.eco-spirituality.org

简介：EF 是具有联合国咨商地位的非政府组织，关注生态可持续发展。

工作语言：英语、意大利语

咨商地位：无

活动领域：可持续发展

总部地址：意大利

ECPAT Sweden（瑞典根除儿童卖淫现象国际运动，ECPAT Sverige）

机构名称：瑞典根除儿童卖淫现象国际运动（ECPAT Sverige）

机构名称（英文）：ECPAT Sweden

机构名称缩写：ES

机构名称缩写（英文）：ES

机构网站：http://www.ecpat.se

简介：ES 以提倡性别平等、为女性发声为千年发展目标。

工作语言：英语、瑞典语

咨商地位：2022 年申请并通过联合国经社理事会特别咨商地位

活动领域：儿童、人权、青年、性别平等、国际法、女性反暴力等

总部地址：瑞典

Ecumenical Advocacy Alliance（普世倡导联盟）

机构名称：普世倡导联盟

机构名称（英文）：Ecumenical Advocacy Alliance

机构名称缩写：EAA

机构名称缩写（英文）：EAA

机构网站：http://www.e-alliance.ch

简介：EAA 的目标是使教会及其相关组织成为一个更加公正、和平和可持续发展的世界的有效倡导者。

工作语言：英语、西班牙语、法语

咨商地位：无

活动领域：农业、气候变化、极度贫困、人权、贸易、发展、性别平等、环境等

总部地址：瑞士

Edmund Rice International Limited（埃德蒙·赖斯国际有限公司）

机构名称：埃德蒙·赖斯国际有限公司

机构名称（英文）：Edmund Rice International Limited

机构名称缩写：ERI

机构名称缩写（英文）：ERI

机构网站：http：//www.edmundriceinternational.org/

简介：ERI是一个致力于为边缘化儿童和年轻人工作的非政府组织。ERI在国际上与联合国在日内瓦和纽约合作，促进和保护儿童和青年的权利，并关心环境。

工作语言：英语

咨商地位：无

活动领域：教育、环境、儿童问题

总部地址：瑞士

Education Relief Foundation（教育救济基金会）

机构名称：教育救济基金会

机构名称（英文）：Education Relief Foundation

机构名称缩写：ERF

机构名称缩写（英文）：ERF

机构网站：http：//www.ERF（educationrelief.org）

简介：ERF通过制定要求和建议、创造方法和发展教学内容，促进包容和平衡的教育，融合不同文化的贡献。通过培训教师和投资研究，为学校开发和提供教学工具和资源。支持青年，特别是最弱势群体的教育发展。与其他机构合作，通过共同创造和共同委托实现共同目标，并吸引当地社区参与。

工作语言：英语、西班牙语、阿拉伯语、法语

咨商地位：无

活动领域：文化、土著民问题、教育、社会政策、可持续发展、人权

总部地址：瑞士

Educators for Peace，Norway（挪威和平教育者组织）

机构名称：挪威和平教育者组织

机构名称（英文）：Educators for Peace，Norway

机构名称缩写：EPN

机构名称缩写（英文）：EPN

机构网站：无

简介：EPN认为教育是重中之重。教育对于确保持久和平、复原力以及可持续的社会经济和人类发展至关重要。

工作语言：英语

咨商地位：无

活动领域：教育、可持续发展、社会发展

总部地址：挪威

European Association Trade-Crafts-Industry（欧洲工商业协会，EIVHGI-Europäischer Interessenverband-Handel-Gewerbe-Industrie）

机构名称：欧洲工商业协会（EIVHGI-Europäischer Interessenverband-Handel-Gewerbe-Industrie）

机构名称（英文）：European Association Trade-Crafts-Industry

机构名称缩写：EIVHGI

机构名称缩写（英文）：EATCI

机构网站：http://www.interessenverband.at

简介：EATCI的活动是非营利性的，旨在促进会员之间的相互支持和帮助，并提高会员对职业和专业利益的认识。其他主要任务是在奥地利和欧洲以及全球欠发达经济体保护贸易、手工业和工业领域中小型公司的权利、利益和竞争力。尤其重要的是促进女企业家和青年企业家的发展。

工作语言：英语、中文、法语

咨商地位：2015 年获得联合国经社理事会特别咨商地位

活动领域：工商业、经济、财政、贸易发展、科技合作、农业、生物技术

总部地址：奥地利

Elternkreis Wien Association for the Promotion of Self-help for Relatives of Addicts（维也纳家庭圈促进吸毒者亲属自助协会，Elternkreis Wien Verein Zur Förderung der Selbsthilfe für Angehörige Von Suchtkranken）

机构名称：维也纳家庭圈促进吸毒者亲属自助协会（Elternkreis Wien Verein Zur Förderung der Selbsthilfe für Angehörige Von Suchtkranken）

机构名称（英文）：Elternkreis Wien Association for the Promotion of Self-help for Relatives of Addicts

机构名称缩写：无

机构名称缩写（英文）：无

机构网站：http://www.elternkreis.at

简介：Elternkreis Wien 是一个自助团体，为有成瘾风险的人的父母和亲戚提供自助小组。

工作语言：英语、德语

咨商地位：2021 年获得联合国经社理事会特别咨商地位

活动领域：社会政策

总部地址：奥地利

Emergency-Life Support for Civilian War Victims（紧急情况——为战争平民受害者提供生命支持）

机构名称：紧急情况——为战争平民受害者提供生命支持

机构名称（英文）：Emergency-Life Support for Civilian War Victims

机构名称缩写：EMERGENCY ONG ONLUS

机构名称缩写（英文）：EMERGENCY ONG ONLUS

机构网站：http://www.emergency.it

简介：EMERGENCY ONG ONLUS 的宗旨和目标如下：促进和平与团

结的文化，通过志愿者在实地的协调和活动；促进维护人权，通过有效落实这些权利的举措；在战区开展人道主义活动，帮助武装冲突的受害者，特别是平民，以及伤员和所有因冲突或贫困而遭受其他社会后果的人，如饥饿、营养不良、疾病、缺乏医疗保健和教育；向自然灾害的受害者提供救济和援助。

工作语言：英语、法语、意大利语

咨商地位：2015年获得联合国经社理事会特别咨商地位

活动领域：人权、难民问题、和平、安全能力建设、性别平等

总部地址：意大利

Emmaus International Association（艾玛斯国际协会）

机构名称：艾玛斯国际协会

机构名称（英文）：Emmaus International Association

机构名称缩写：EIA

机构名称缩写（英文）：EIA

机构网站：http://www.emmaus-international.org

简介：EIA在世界各地开展的活动有着共同的目标，即实现社会和环境正义，发展真正以道德和团结为基础的经济，以及实现普遍公民权的行动自由。

工作语言：英语、法语、西班牙语

咨商地位：无

活动领域：可持续发展、社会政策、能力建设、生物多样性、性别平等、女权、贫困问题

总部地址：法国

Energies 2050（能源2050）

机构名称：能源2050

机构名称（英文）：Energies 2050

机构名称缩写：ENERGIES 2050

机构名称缩写（英文）：ENERGIES 2050

机构网站：http://www.energies2050.org

简介：ENERGIES 2050 是一个非营利性协会，分析能源和气候变化，缓解问题之间的相互作用。

工作语言：英语、法语

咨商地位：2021 年获得联合国经社理事会特别咨商地位

活动领域：人口老龄化、儿童问题、工商业、生物多样性、能源

总部地址：法国

Energy, Technology and the Environment（ETE21）（能源、技术与环境，ETE21）

机构名称：能源、技术与环境（ETE21）

机构名称（英文）：Energy, Technology and the Environment（ETE21）

机构名称缩写：ETE21

机构名称缩写（英文）：ETE21

机构网站：无

简介：无

工作语言：英语

咨商地位：无

活动领域：能源、技术政策、可持续发展等

总部地址：英国

Engender（引起改变）

机构名称：引起改变

机构名称（英文）：Engender

机构名称缩写：无

机构名称缩写（英文）：无

机构网站：http://www.engender.org.uk

简介：Engender 致力于消除结构性性别歧视，以提高妇女的社会、政治和经济平等，并实现妇女的权利。我们相信交叉、包容性的女权主义，并在苏格兰、英国和国际层面工作，为交叉女权主义立法和计划提供研究、分析和建议。

工作语言：英语

咨商地位：1998年获得联合国经社理事会特别咨商地位

活动领域：可持续发展等

总部地址：英国

Engineers Without Borders UK（英国无国界工程师组织）

机构名称：英国无国界工程师组织

机构名称（英文）：Engineers Without Borders UK

机构名称缩写：EWB-UK

机构名称缩写（英文）：EWB-UK

机构网站：http：//www.ewb-uk.org

简介：EWB-UK致力于通过工程技术消除发展障碍。我们的项目为年轻人提供机会，让他们了解技术在解决贫困问题中的作用。在EWB-UK社区的支持下，我们的成员可以在全球各地开展项目。

工作语言：英语

咨商地位：无

活动领域：农业、科技合作、可持续发展、水资源、农村发展、能力建设

总部地址：英国

English International Association of Lund（隆德国际英语协会）

机构名称：隆德国际英语协会

机构名称（英文）：English International Association of Lund

机构名称缩写：EIAL

机构名称缩写（英文）：EIAL

机构网站：http：//www.thelundian.com

简介：EIAL由隆德国际社会的成员于1987年创立，是一个非政府组织，其宗旨是促进全世界移徙工人的人权。出版英文通讯并维护网站。

工作语言：英语、德语、瑞典语、荷兰语

咨商地位：无

活动领域：人权、土著民、国际法、少数人权益、移民

总部地址：瑞典

English Speaking Union International Council（英语联盟国际理事会）

机构名称：英语联盟国际理事会

机构名称（英文）：English Speaking Union International Council

机构名称缩写：ESU

机构名称缩写（英文）：ESU

机构网站：http：//www.esu.org

简介：ESU 致力于帮助人们发挥潜能，让他们掌握交流技能，树立自信，表达自己的想法并与他人分享。

工作语言：英语

咨商地位：1987 年获得联合国经社理事会特别咨商地位

活动领域：可持续发展、教育、难民、公民与政府

总部地址：英国

ENO Programme Association（ENO 计划协会）

机构名称：ENO 计划协会

机构名称（英文）：ENO Programme Association

机构名称缩写：EPA

机构名称缩写（英文）：EPA

机构网站：http：//www.enoprogramme.org

简介：EPA 是一个致力于可持续发展的全球性虚拟学校和网络。EPA 方案由设在芬兰约恩苏市的 EPA 方案协会协调和维护。EPA 重视协作学习和资源共享。其标志是一只风筝。它象征着学习的挑战，也象征着学习的自由和平等，不分国界。

工作语言：英语、芬兰语、瑞典语

咨商地位：无

活动领域：教育

总部地址：芬兰

Environment-People-Law（环境—人文—法律）

机构名称：环境—人文—法律

机构名称（英文）：Environment-People-Law

机构名称缩写：EPL

机构名称缩写（英文）：EPL

机构网站：http：//www.epl.org.ua

简介：EPL 是一个非政府国际组织，成立于 1994 年，旨在为个人和法人保护环境权利提供帮助，促进环境保护、环境教育、科学和文化的发展。

工作语言：英语、乌克兰语

咨商地位：2014 年获得联合国经社理事会特别咨商地位

活动领域：生物多样性、气候变化、人权、水资源

总部地址：乌克兰

Environmental Ambassadors for Sustainable Development（可持续发展环境大使）

机构名称：可持续发展环境大使

机构名称（英文）：Environmental Ambassadors for Sustainable Development

机构名称缩写：AOR

机构名称缩写（英文）：EASD

机构网站：http：//www.ambassadors-env.com

简介：AOR 是以教育、研究、可持续发展和环境为工作重点的环境可持续发展大使协会，是一个具有科学、创新、专业和社会责任感的专家协会。

工作语言：英语、塞尔维亚语、克罗地亚语

咨商地位：2015 年获得联合国经社理事会特别咨商地位

活动领域：生物多样性、可持续发展、女权、环境、农业、气候变化

总部地址：塞尔维亚

Environmental Health（Scotland）Unit ［环境卫生（苏格兰）组织］

机构名称：环境卫生（苏格兰）组织

机构名称（英文）：Environmenta Health（Scotland）Unit

机构名称缩写：EHU

机构名称缩写（英文）：EHU

机构网站：http://www.fepttz.org

简介：EHU 旨在让监督学生有机会了解文化、旅游和保护领域的精彩问题。我们还接待监督志愿者参与社区支持计划，这些计划与减缓气候变化和保护环境相一致。

工作语言：英语

咨商地位：无

活动领域：气候变化、能力建设、社区服务等

总部地址：英国

Environmental Investigation Agency（环境调查局）

机构名称：环境调查局

机构名称（英文）：Environmental Investigation Agency

机构名称缩写：EIA

机构名称缩写（英文）：EIA

机构网站：http://www.eia.org

简介：EIA 直接促成了国际法和政府政策的变革，拯救了数百万珍稀濒危动物的生命，制止了环境罪犯的破坏性影响。

工作语言：英语

咨商地位：1996 年获得联合国经社理事会 A1 名册咨商地位

活动领域：生物多样性、气候变化、国际法、贸易、环境、海洋等

总部地址：英国

Environmental Justice Foundation Charitable Trust（环境正义基金会慈善信托基金）

机构名称：环境正义基金会慈善信托基金

机构名称（英文）：Environmental Justice Foundation Charitable Trust

机构名称缩写：EJF

机构名称缩写（英文）：EJF

机构网站：http://www.ejfoundation.org

简介：EJF 认为环境安全是一项人权。EJF 致力于通过将环境安全、

人权和社会需求联系起来，保护自然环境以及赖以生存的人类和野生动物。通过媒体为建设性变革创建公共和政治平台，提高国际社会努力解决问题的认识。

工作语言：英语

咨商地位：2018 年获得联合国经社理事会特别咨商地位

活动领域：生物多样性、气候变化、海洋资源、非洲可持续发展等

总部地址：英国

Environmental Management and Law Association（环境管理与法律协会）

机构名称：环境管理与法律协会

机构名称（英文）：Environmental Management and Law Association

机构名称缩写：EMLA

机构名称缩写（英文）：EMLA

机构网站：无

简介：EMLA 是一个由环境专业人士和从业人员组成的国际协会，其中包括律师、科学家、经济学家、媒体、学术界、非政府组织以及环境领域的其他参与者和活动家。使命是建立并实施法律和管理机制，在民主、自由市场的匈牙利推动环境改革和健全的政策。

工作语言：英语、匈牙利语

咨商地位：无

活动领域：教育、可持续发展、制度安排

总部地址：匈牙利

Environmental Women's Assembly（环境妇女大会）

机构名称：环境妇女大会

机构名称（英文）：Environmental Women's Assembly

机构名称缩写：EWA

机构名称缩写（英文）：EWA

机构网站：无

简介：无

工作语言：英语、俄罗斯语
咨商地位：1999年获得联合国经社理事会特别咨商地位
活动领域：生物多样性、教育、人权、科学与技术、可持续发展
总部地址：俄罗斯

ESIB-The National Union of Students in Europe（ESIB—欧洲全国学生联合会）

机构名称：ESIB—欧洲全国学生联合会

机构名称（英文）：ESIB-The National Union of Students in Europe

机构名称缩写：ESU

机构名称缩写（英文）：ESU

机构网站：http://www.esu-online.org

简介：ESU的宗旨是在欧洲范围内代表和促进学生在教育、社会、经济和文化方面的利益，面向所有相关机构，特别是欧盟、博洛尼亚后续行动小组、欧洲委员会和联合国教科文组织。致力于汇聚各国学生代表，为他们提供资源、培训，并向他们通报欧洲高等教育政策的发展情况，开展全欧洲范围的研究、合作项目和活动，为学生、政策制定者和高等教育专业人士提供信息服务和制作各种出版物。

工作语言：英语、法语
咨商地位：2016年获得联合国经社理事会特别咨商地位
活动领域：人权、教育、可持续发展、性别平等、政府与公民
总部地址：比利时

Espace Afrique International（非洲国际空间）

机构名称：非洲国际空间

机构名称（英文）：Espace Afrique International

机构名称缩写：EAI

机构名称缩写（英文）：EAI

机构网站：无

简介：无

工作语言：英语、法语

咨商地位：2007年获得联合国经社理事会特别咨商地位

活动领域：非洲发展

总部地址：瑞士

Eurasian Harm Reduction Association（欧亚减少伤害协会，Eurazijos žalos mažinimo asociacija）

机构名称：欧亚减少伤害协会（Eurazijos žalos mažinimo asociacija）

机构名称（英文）：Eurasian Harm Reduction Association

机构名称缩写：EHRA

机构名称缩写（英文）：EHRA

机构网站：http://www.harmreductioneurasia.org

简介：EHRA的使命是在CEECA地区为可持续的减少伤害计划和吸毒者的体面生活创造有利的环境。

工作语言：英语、俄语

咨商地位：2021年申请联合国经社理事会特别咨商地位，2023年获得联合国经社理事会特别咨商地位

活动领域：宣传与外联、社会政策、能力建设、伙伴关系、决策与信息等

总部地址：立陶宛

Euro Atlantic Diplomacy Society Association（欧洲大西洋外交协会）

机构名称：欧洲大西洋外交协会

机构名称（英文）：Euro Atlantic Diplomacy Society Association

机构名称缩写：EAD Society

机构名称缩写（英文）：EAD Society

机构网站：http://www.eadsociety.com

简介：EAD Society旨在成为一个发展多边外交的强大品牌，以便更好地了解国际组织的作用、结构和机制。EAD Society是一个独特的环境，为参与者提供手段、时间和空间来练习他们的技能并使用他们在大学获得的知识。旨在教授学生在多元文化环境中谈判、沟通和多边外交的艺术。

工作语言：英语、罗马尼亚语、法语

咨商地位：2018 年获得联合国经社理事会特别咨商地位

活动领域：人权、教育、文化等

总部地址：罗马尼亚

Euro-Mediterranean Human Rights Network（欧洲—地中海人权网）

机构名称：欧洲—地中海人权网

机构名称（英文）：Euro-Mediterranean Human Rights Network

机构名称缩写：EMHRN

机构名称缩写（英文）：EMHRN

机构网站：http：//www.euromedrights.org

简介：EMHRN 是在欧洲以及地中海南部和东部工作的最大和最活跃的人权和民主组织网络之一。其愿景是，欧洲—地中海区域的所有人都有机会享有人权和民主。加强欧洲、地中海南部和东部人权组织之间的合作，并增加它们在国内外的影响力。

工作语言：英语、法语、阿拉伯语

咨商地位：无

活动领域：宣传与外联、能力建设、人权、难民等

总部地址：丹麦

Eurochild（欧洲儿童）

机构名称：欧洲儿童

机构名称（英文）：Eurochild

机构名称缩写：EC

机构名称缩写（英文）：EC

机构网站：http：//www.eurochild.org/

简介：EC 倡导将儿童权利和福祉置于政策制定的核心。这是一个由整个欧洲儿童合作的组织网络，致力于建立一个尊重儿童权利的社会。通过影响政策，建立内部能力，促进相互学习和交流实践及研究。《联合国儿童权利公约》是其所有工作的基础。

工作语言：英语、法语

咨商地位：无

活动领域：儿童、青年、社会政策
总部地址：比利时

EUROGEO（欧洲地理学家协会）

机构名称：欧洲地理学家协会
机构名称（英文）：EUROGEO
机构名称缩写：EUROGEO
机构名称缩写（英文）：EUROGEO
机构网站：http://www.eurogeography.eu
简介：EUROGEO是欧洲地理学家协会，也是一个欧洲的非政府非营利组织。EUROGEO的目标是通过以下方式提高地理地位：为会员组织会议、活动；为会员制作出版物；支持地理教学；进行地理研究；支持地理协会及其基金会；与欧盟、欧洲理事会、地理和其他相关组织等机构合作；在欧洲和国家层面进行游说；为地理学家讨论共同关心的问题提供论坛；提供地理咨询；向决策者提出建议。
工作语言：英语
咨商地位：2017年获得联合国经社理事会特别咨商地位
活动领域：教育、社区建设等
总部地址：比利时

EUROMIL EV（欧洲军事协会论坛）

机构名称：欧洲军事协会论坛
机构名称（英文）：EUROMIL EV
机构名称缩写：EUROMIL
机构名称缩写（英文）：EUROMIL
机构网站：http://www.euromil.org
简介：EUROMIL是全欧洲专业军事协会就共同关心的问题进行合作的主要论坛。该组织致力于确保和促进欧洲各级军事人员的人权、基本自由和社会职业利益，并推广"穿制服的公民"的概念。因此，士兵有权享有与任何其他公民相同的权利和义务。
工作语言：英语

咨商地位：2014 年获得联合国经社理事会特别咨商地位

活动领域：人口老龄化、人权、和平与安全等

总部地址：比利时

Euromontana（European Association for Mountain Areas）（欧洲山区协会）

机构名称：欧洲山区协会

机构名称（英文）：Euromontana（European Association for Mountain Areas）

机构名称缩写：EAMA

机构名称缩写（英文）：EAMA

机构网站：http：//www.euromontana.org

简介：EAMA 旨在扩大山区生存空间，探索人与自然和谐共生，坚持可持续发展。

工作语言：英语、法语

咨商地位：2007 年获得联合国经社理事会特别咨商地位

活动领域：可持续发展、乡村建设等

总部地址：法国

Europe and Central Asia Comparative Education Society（欧洲中亚比较教育学会）

机构名称：欧洲中亚比较教育学会

机构名称（英文）：Europe and Central Asia Comparative Education Society

机构名称缩写：ECACES

机构名称缩写（英文）：ECACES

机构网站：http：//www.eca-ces.ru

简介：ECACES 汇集了来自中亚和东欧的所有专业水平的教育专家，以形成和加强专业社区，通过实施联合项目产生累积效应。

工作语言：英语、俄语

咨商地位：2021 年获得联合国经社理事会特别咨商地位

活动领域：社会政策、技术合作、教育

总部地址：俄罗斯

Europe External Programme for Africa（欧洲对非方案）

机构名称：欧洲对非方案

机构名称（英文）：Europe External Programme for Africa

机构名称缩写：EUROSTEP

机构名称缩写（英文）：EUROSTEP

机构网站：无

简介：EUROSTEP 希望在日益全球化的世界中，欧洲营造一个人们可以生活在和平与安全中的环境，有效控制自己的生活，享受基本权利和可持续的生计，尊重地使用地球资源。为欧洲人民与世界其他地区在平等和团结的基础上开展合作和伙伴关系提供了机会。

工作语言：英语

咨商地位：无

活动领域：气候变化、发展、社会发展等

总部地址：比利时

European Academy of Bolzano（博尔扎诺欧洲学院）

机构名称：博尔扎诺欧洲学院

机构名称（英文）：European Academy of Bolzano

机构名称缩写：EURAC

机构名称缩写（英文）：EARAC

机构网站：http：//www. European Academy Bozen Bolzano-EURAC

简介：EURAC 成立于 1992 年，是私人机构，分为 9 个研究机构，各研究部门有一个共同点：不同科学和地理背景的研究人员之间灵活的跨学科和严格合作。

工作语言：英语

咨商地位：无

活动领域：应用语言学、少数民族和自治、可持续发展、管理和企业文化以及生命科学

总部地址：意大利

European Advisory Council for Technology Trade（欧洲技术贸易咨询委员会）

机构名称：欧洲技术贸易咨询委员会

机构名称（英文）：European Advisory Council for Technology Trade

机构名称缩写：EACTT

机构名称缩写（英文）：EACTT

机构网站：无

简介：无

工作语言：英语

咨商地位：获得联合国经社理事会特别咨商地位

活动领域：可持续发展等

总部地址：摩纳哥

European Alliance of Press Agencies（欧洲新闻机构联盟）

机构名称：欧洲新闻机构联盟

机构名称（英文）：European Alliance of Press Agencies

机构名称缩写：EAPA

机构名称缩写（英文）：EAPA

机构网站：无

简介：无

工作语言：英语

咨商地位：1969 年获得联合国经社理事会 A1 名册咨商地位

活动领域：可持续发展

总部地址：比利时

European Association for the Advancement of Social Sciences（欧洲社会科学促进协会）

机构名称：欧洲社会科学促进协会

机构名称（英文）：European Association for the Advancement of Social Sciences

机构名称缩写：EA

机构名称缩写（英文）：EA

机构网站：无

简介：EA 旨在加强科技教育和研究工作，促进可持续发展与和平，并为此做出贡献。

工作语言：英语、德语

咨商地位：无

活动领域：刑事正义、人权、极度贫困、可持续发展等

总部地址：奥地利

European Youth Information and Counselling Agency（欧洲信息和青年理事会）

机构名称：欧洲信息和青年理事会

机构名称（英文）：European Youth Information and Counselling Agency

机构名称缩写：ERYICA

机构名称缩写（英文）：ERYICA

机构网站：http://www.eryica.org

简介：ERYICA 是一个独立的欧洲组织，由国家青年信息协调机构和网络组成。它致力于加强欧洲在青年信息工作和服务领域的合作。它旨在制定、支持和促进各级高质量的通才青年信息政策和实践，以满足欧洲青年的信息需求，并应用《欧洲青年信息宪章》的原则。

工作语言：英语

咨商地位：获得联合国经社理事会特别咨商地位

活动领域：经济、社会发展、可持续发展

总部地址：卢森堡

European Association of Automotive Suppliers（欧洲汽车供应商协会）

机构名称：欧洲汽车供应商协会

机构名称（英文）：European Association of Automotive Suppliers

机构名称缩写：EAAS

机构名称缩写（英文）：EAAS

机构网站：http://www.clepa.eu

简介：无

工作语言：英语

咨商地位：2002 年获得联合国经社理事会特别咨商地位

活动领域：工商业、气候变化、环境、工业发展等

总部地址：比利时

European Association of Refrigeration Enterprises（欧洲制冷企业协会）

机构名称：欧洲制冷企业协会

机构名称（英文）：European Association of Refrigeration Enterprises

机构名称缩写：（AEEF）

机构名称缩写（英文）：（AEEF）

机构网站：无

简介：无

工作语言：英语

咨商地位：1972 年获得联合国经社理事会 A1 名册咨商地位

活动领域：可持续发展

总部地址：比利时

European Bahai Business Forum（欧洲巴哈伊商业论坛）

机构名称：欧洲巴哈伊商业论坛

机构名称（英文）：European Bahai Business Forum

机构名称缩写：EBBF

机构名称缩写（英文）：EBBF

机构网站：无

简介：无

工作语言：英语

咨商地位：无

活动领域：工商业、社会发展

总部地址：法国

European Boating Association（欧洲划船协会）

机构名称：欧洲划船协会

机构名称（英文）：European Boating Association

机构名称缩写：EBA

机构名称缩写（英文）：EBA

机构网站：http://www.eba.eu.com

简介：无

工作语言：英语

咨商地位：无

活动领域：环境、可持续发展、安全等

总部地址：英国

European Broadcasting Union（欧洲广播联盟）

机构名称：欧洲广播联盟

机构名称（英文）：European Broadcasting Union

机构名称缩写：EBU；UER

机构名称缩写（英文）：EBU

机构网站：http://www.ebu.ch

简介：EBU是一个非营利组织，根据瑞士法律于1950年成立。EBU是世界领先的公共服务媒体（PSM）联盟。我们在117个国家/地区拥有56个成员组织，在亚洲、非洲、澳大利亚和美洲还有34家联营公司。我们的会员经营着2000多个电视、广播和在线频道及服务，并在其他平台上提供丰富的内容。

工作语言：英语、法语

咨商地位：无

活动领域：信息、知识产权、少数人权、可持续发展

总部地址：瑞士

European Bureau for Conservation and Development（欧洲保护和发展局）

机构名称：欧洲保护和发展局

机构名称（英文）：European Bureau for Conservation and Development

机构名称缩写：EBCD

机构名称缩写（英文）：EBCD

机构网站：无

简介：无

工作语言：英语

咨商地位：无

活动领域：可持续发展、欧洲发展、环境

总部地址：比利时

European Business Council for a Sustainable Energy Future（欧洲可持续能源未来商业理事会）

机构名称：欧洲可持续能源未来商业理事会

机构名称（英文）：European Business Council for a Sustainable Energy Future

机构名称缩写：EBCSEF

机构名称缩写（英文）：EBCSEF

机构网站：无

简介：EBCSEF 正在积极推动欧洲向低碳社会转型，并正在更新其规则，以促进对清洁能源转型进行必要的私人和公共投资。这不仅有利于地球，也有利于经济和消费者。

工作语言：英语

咨商地位：无

活动领域：可持续发展、能源

总部地址：德国

European Center for Constitutional and Human Rights（欧洲宪法和人权中心）

机构名称：欧洲宪法和人权中心

机构名称（英文）：European Center for Constitutional and Human Rights

机构名称缩写：ECCHR

机构名称缩写（英文）：ECCHR

机构网站：http：//www.ecchr.eu

简介：ECCHR 是一个独立的非营利性的合法教育组织，致力于维护欧洲公民权利和人权。它于 2007 年由一小群知名人权律师成立，旨在通过司法手段保护和落实《世界人权宣言》以及其他人权宣言和国家宪法所保障的权利。ECCHR 参与创新性的战略诉讼，利用欧洲、国际和国内法律来落实人权，并追究国家和非国家行为者对严重侵权行为的责任。

工作语言：英语、德语、西班牙语

咨商地位：2012 年提交咨商地位申请，2013 年获得联合国经社理事会特别咨商地位

活动领域：经济社会方面，关注企业共同责任；刑事司法，人权，国际法，性别平等等；性别问题、妇女，武装冲突

总部地址：德国

European Centre for Conflict Prevention（欧洲预防冲突中心）

机构名称：欧洲预防冲突中心

机构名称（英文）：European Centre for Conflict Prevention

机构名称缩写：ECCP

机构名称缩写（英文）：ECCP

机构网站：http：//www.gppac.net

简介：ECCP 是一个非政府组织，致力于促进有效的冲突预防与和平建设战略，并积极支持和联系世界各地的和平工作者。

工作语言：英语

咨商地位：无

活动领域：和平建设

总部地址：荷兰

European Chemical Industry Council（欧洲化学工业理事会）

机构名称：欧洲化学工业理事会

机构名称（英文）：European Chemical Industry Council

机构名称缩写：ECIC

机构名称缩写（英文）：ECIC

机构网站：http://www.cefic.org

简介：无

工作语言：英语

咨商地位：获得联合国经社理事会 A1 名册咨商地位

活动领域：可持续发展

总部地址：比利时

European Coalition for Just and Effective drug Policies（欧洲公正有效毒品政策联盟）

机构名称：欧洲公正有效毒品政策联盟

机构名称（英文）：European Coalition for Just and Effective drug Policies

机构名称缩写：ENCOD

机构名称缩写（英文）：ENCOD

机构网站：无

简介：ENCOD 是一个泛欧网络，目前有 130 个非政府组织和专家个人参与毒品问题的日常工作，ENCOD 成立于 1993 年，应欧盟委员会的要求，作为欧洲毒品和毒瘾监测中心的非政府组织对应机构。协会的合法总部设在比利时，由来自欧盟各国的 5 人组成的委员会领导。

工作语言：英语、法语、俄语、西班牙语、荷兰语、意大利语

咨商地位：2018 年获得联合国经社理事会特别咨商地位

活动领域：农业、刑事司法、土著民问题、道德、透明度、问责机制

总部地址：比利时

European Confederation of Wood Working Industries（欧洲木工工业联合会）

机构名称：欧洲木工工业联合会

机构名称（英文）：European Confederation of Wood Working Industries

机构名称缩写：ECWI

机构名称缩写（英文）：ECWI

机构网站：无

简介：无

工作语言：英语

咨商地位：1963年获联合国经社理事会A1名册咨商地位

活动领域：可持续发展

总部地址：比利时

European Container Manufacturers' Committee（欧洲集装箱制造商委员会）

机构名称：欧洲集装箱制造商委员会

机构名称（英文）：European Container Manufacturers' Committee

机构名称缩写：ECMC

机构名称缩写（英文）：ECMC

机构网站：无

简介：无

工作语言：英语

咨商地位：1975年获联合国经社理事会A1名册咨商地位

活动领域：工商业、产业发展、可持续发展

总部地址：意大利

European Council of Young Farmers（欧洲青年农民委员会）

机构名称：欧洲青年农民委员会

机构名称（英文）：European Council of Young Farmers

机构名称缩写：CEJA

机构名称缩写（英文）：CEJA

机构网站：http://www.ceja.eu/

简介：CEJA是欧洲下一代农民向欧洲机构发出的声音。CEJA的主要目标是在欧盟27国促进更年轻和创新的农业部门，并为从事农业的年轻人和"青年农民"创造良好的工作和生活条件。CEJA通过充当青年农民和欧洲决策者之间交流和对话的论坛来实现这一目标。

工作语言：英语、法语

咨商地位：该组织不具有联合国经社理事会咨商地位

活动领域：农业、社会发展、就业、气候变化、人口统计、农村发展

总部地址：比利时

European Cyclists' Federation（欧洲自行车联合会）

机构名称：欧洲自行车联合会

机构名称（英文）：European Cyclists' Federation

机构名称缩写：ECF

机构名称缩写（英文）：ECF

机构网站：http：//www.ecf.com

简介：ECF 推广骑自行车作为一种可持续和健康的交通和娱乐方式。ECF 虽扎根欧洲，但面临全球性的挑战。

工作语言：英语

咨商地位：2003 年获得联合国经社理事会 A1 名册咨商地位

活动领域：气候变化、可持续发展、能力建设、交通、旅游业可持续发展

总部地址：比利时

European Disability Forum（欧洲残疾人论坛）

机构名称：欧洲残疾人论坛

机构名称（英文）：European Disability Forum

机构名称缩写：EDF

机构名称缩写（英文）：EDF

机构网站：https：//www.edf-feph.org/

简介：无

工作语言：英语、西班牙语、法语

咨商地位：2003 年获得联合国经社理事会特别咨商地位

活动领域：残障人士、可持续发展

总部地址：比利时

European Economic Chamber（European Econormic Chamber of Global Commerce and Industry）（EEIGCham，欧洲经济商会）

机构名称：EEIGCham，欧洲经济商会

机构名称（英文）：European Economic Chamber EEIGCham

机构名称缩写：EEIGCham

机构名称缩写（英文）：EEIGCham

机构网站：http：//www.eeigcham.com

简介：EEIGCham 旨在调解政府实体与私营部门的关系。通过提高经济增长和生活水平，主要是充分就业、工作保障、保护消费者、保护环境来巩固经济发展；面对全球化，为提高产品和服务质量，通过交换产品和服务建立通往新市场的桥梁；通过终身学习、教学和研究、职业培训为教育水平做出贡献；通过跨学科解决方案和融资支持选定的项目，致力于未来的主题和技术。

工作语言：英语

咨商地位：该组织不具有联合国经社理事会咨商地位

活动领域：生物多样性、知识产权、低额贷款、税收政策、人口发病率、人口死亡率、交通与环境等

总部地址：布鲁塞尔（比利时）/葡萄牙

European Electronic Messaging Association（欧洲电子信息协会）

机构名称：欧洲电子信息协会

机构名称（英文）：European Electronic Messaging Association

机构名称缩写：EEMA

机构名称缩写（英文）：EEMA

机构网站：http：//www.jim.dickson@sema.org

简介：EEMA 在与数字身份及其应用（包括安全）相关的广泛领域，为地方和地区提供商业和技术交流机会。该联盟向企业界普及电子商务的用途和可用性，并通过国际和政府机构解决行业问题。

工作语言：英语

咨商地位：1993 年获得联合国经社理事会 A1 名册咨商地位

活动领域：工商业、知识产权、科学技术、可持续发展、税收政策等

总部地址：英国

European Environmental Bureau（欧洲环保署）

机构名称：欧洲环保署

机构名称（英文）：European Environmental Bureau

机构名称缩写：EEB

机构名称缩写（英文）：EEB

机构网站：http：//www.eeb.org

简介：EEB的具体任务是在欧盟层面以及全球范围内促进环境政策和可持续政策。

工作语言：英语、西班牙语、法语

咨商地位：2000年获得联合国经社理事会A1名册咨商地位

活动领域：农业、生物多样性、能源、自然资源保护与使用

总部地址：比利时

European Federation for Intercultural Learning（欧洲跨文化交流联合会）

机构名称：欧洲跨文化交流联合会

机构名称（英文）：European Federation for Intercultural Learning

机构名称缩写：EFIL

机构名称缩写（英文）：EFIL

机构网站：http：//www.efil.afs.org

简介：EFIL通过促进欧洲和其他国家、组织和公民对不同文化的理解和敏感性，为多样化世界的和平与正义做出贡献。

工作语言：英语

咨商地位：1987年获得联合国经社理事会A1名册咨商地位

活动领域：社会发展、可持续发展

总部地址：比利时

European Federation for the Welfare of the Elderly（欧洲老年人福利联合会）

机构名称：欧洲老年人福利联合会

机构名称（英文）：European Federation for the Welfare of the Elderly

机构名称缩写：EURAG

机构名称缩写（英文）：EURAG

机构网站：http：//www.uia.org/s/or/en

简介：EURAG 1962 年作为欧洲老年人自助联合会成立，是欧洲老年人协会的一个非正式工作组。1966 年在卢森堡注册成立。随后更名为欧洲老年人福利联合会和欧洲老年人联合会（EURAG）。

工作语言：英语

咨商地位：1979 年获联合国经社理事会 A1 名册咨商地位

活动领域：人权、人口老龄化、妇女和儿童贩卖、女权宣传和外联、能力建设、政策咨询、提供服务

总部地址：德国

European Federation for UNESCO Clubs, Centers and Associations（欧洲联合国教科文组织俱乐部、中心和协会联合会）

机构名称：欧洲联合国教科文组织俱乐部、中心和协会联合会

机构名称（英文）：European Federation for UNESCO Clubs, Centers and Associations

机构名称缩写：EFUCA

机构名称缩写（英文）：EFUCA

机构网站：https：//www.efuca-unesco.org/

简介：EFUCA 是一个成立于 2001 年的国际非政府组织，是世界教科文组织协会、俱乐部和中心联合会（WFUCA）的地区分支机构。EFUCA 的行动重点在于促进联合国教科文组织的目标；人权、民主、正义与和平；教育和文化；发展与环境；参与协调 WFUCA 在欧洲地区的计划和行动，并为其实施提供便利；参与公民的终身教育，建设一个合作、民主、团结与和平的欧洲等。

工作语言：法语、英语

咨商地位：2021 年提交咨商地位申请，获得联合国经社理事会特别咨商地位

活动领域：经济和社会发展、性别问题、妇女、可持续发展、非洲和平发展

总部地址：罗马尼亚

European Federation of Older Students at Universities（欧洲大学老年学生联合会）

机构名称：欧洲大学老年学生联合会

机构名称（英文）：European Federation of Older Students at Universities

机构名称缩写：EFOS

机构名称缩写（英文）：EFOS

机构网站：http://www.efos-europa.eu/

简介：EFOS 于 1990 年成立，致力于在普通大学或专门的老年大学促进老年人的高水平教育，在整个欧洲为老年学生培养项目提供便利，确保老年人能获得最高水平的教育，与支持终身学习的其他国际组织合作等。

工作语言：英语、德语

咨商地位：1996 年提交咨商地位申请，获得联合国经社理事会特别咨商地位

活动领域：经济、社会、老龄公民、文化教育

总部地址：斯洛伐克

European Federation of Road Traffic Crash Victims（欧洲道路交通事故受害者联合会）

机构名称：欧洲道路交通事故受害者联合会

机构名称（英文）：European Federation of Road Traffic Crash Victims

机构名称缩写：FEVR

机构名称缩写（英文）：FEVR

机构网站：http://www.fevr.org/

简介：FEVR 于 1991 年成立，致力于促进欧洲对交通事故受害者的援助，努力预防交通事故，加强各国交通事故受害者协会之间的联系与合作等。

工作语言：英语

咨商地位：1995 年提交咨商地位申请，获得联合国经社理事会 A1-名册咨商地位

活动领域：经济、社会、儿童、刑事司法、残疾人、人权、司法、媒体、安全、可持续发展、暴力等

总部地址：比利时

European Fertilizer Manufacturers Association（欧洲肥料制造商协会）

机构名称：欧洲肥料制造商协会

机构名称（英文）：European Fertilizer Manufacturers Association

机构名称缩写：EFMA

机构名称缩写（英文）：EFMA

机构网站：https：//www.fertilizerseurope.com/

简介：EFMA 包括来自欧盟的 16 家肥料制造商和 9 家国家肥料协会。EFMA 致力于寻求肥料产品的应用与解决当今的农业、环境问题。

工作语言：英语

咨商地位：2001 年提交咨商地位申请，获得经社理事会 A1-名册咨商地位

活动领域：经济、社会、农业、生物多样性、气候变化、能源、环境、食物、可持续发展

总部地址：比利时

European Forum for Restorative Justice（欧洲重建正义论坛）

机构名称：欧洲重建正义论坛

机构名称（英文）：European Forum for Restorative Justice

机构名称缩写：EFRJ

机构名称缩写（英文）：EFRJ

机构网站：https：//www.euforumrj.org/

简介：EFRJ 是一个国际网络组织，将欧洲内外活跃在重建正义领域的成员作为从业者、学者和政策制定者连接起来。EFRJ 促进研究、政策和实践的发展，使每个人都能在任何时候、任何情况下获得高质量的重建正义服务。EFRJ 的主要重点是将重建正义论坛应用于刑事事项，但也不排除家庭、学校和社区调解等其他领域。

工作语言：英语

咨商地位：2021年提交咨商地位申请，获得联合国经社理事会特别咨商地位

活动领域：经济、社会、预防犯罪、刑事司法、人权、司法、和平、安全等

总部地址：比利时

European Health Psychology Society（欧洲健康心理学会）

机构名称：欧洲健康心理学会

机构名称（英文）：European Health Psychology Society

机构名称缩写：EHPS

机构名称缩写（英文）：EHPS

机构网站：http://www.ehps.net/

简介：EHPS是在1986年于荷兰蒂尔堡召开的第一次专家会议之后成立的。从1988年起，每年举办一次会议，为广泛的健康心理学家建立了一个共同的论坛。EHPS与其他国际学会有密切联系，如国际应用心理学协会（IAAP）和欧洲专业心理学协会联合会（EFPA）。

工作语言：荷兰语、英语

咨商地位：2014年提交咨商地位申请，2015年获得联合国经社理事会特别咨商地位

活动领域：经济和社会、性别问题与提高妇女地位、人口数量、社会发展、统计学、可持续发展、非洲发展新伙伴计划等

总部地址：荷兰

European Industrial Gases Association（欧洲工业气体协会）

机构名称：欧洲工业气体协会

机构名称（英文）：European Industrial Gases Association

机构名称缩写：EIGA

机构名称缩写（英文）：EIGA

机构网站：https://www.eiga.eu/

简介：EIGA成立于1923年，是一个以安全和技术为导向的组织，代

表了生产和分销工业、医疗和食品气体的绝大多数欧洲和非欧洲公司。成员公司在技术和安全方面密切合作，在气体处理方面实现最高水平的安全和环保标准。EIGA 经常与监管组织以及贸易和工业组织保持联系。EIGA 的成员包括生产、分销工业和医疗气体的欧洲公司，因此 EIGA 本身不生产或销售工业、医疗气体。

工作语言：英语

咨商地位：2003 年提交咨商地位申请，获得联合国经社理事会 A1-名册咨商地位

活动领域：经济、社会、安全、科学技术等

总部地址：比利时

European Landowners' Organization-asbl（欧洲土地所有者组织）

机构名称：欧洲土地所有者组织

机构名称（英文）：European Landowners' Organization-asbl

机构名称缩写：ELO

机构名称缩写（英文）：ELO

机构网站：https：//www.europeanlandowners.org/

简介：ELO 成立于 1972 年，在欧洲政治层面代表土地所有者、土地管理者、农村企业家和家族企业的利益。ELO 是独立的、非营利性的，是唯一能够代表所有农村行动者的组织。如此广泛的范围使其在与欧洲决策者和公众舆论的关系中具有极高的信誉和沟通能力。ELO 的承诺是促进可持续发展和改善环境以及负责任地使用自然资源。

工作语言：英语

咨商地位：2007 年提交咨商地位申请，获得联合国经社理事会 A1-名册咨商地位

活动领域：国际

总部地址：比利时

European Law Students' Association（欧洲法学生协会）

机构名称：欧洲法学生协会

机构名称（英文）：European Law Students' Association

机构名称缩写：ELSA

机构名称缩写（英文）：ELSA

机构网站：http：//www.elsa.org/

简介：ELSA是一个国际性的、独立的、非政治性的、非营利性组织，由学生和应届毕业生运营，并为他们提供服务。这些学生和毕业生除了在大学学习法律或法律相关课程外，还希望在学术和个人方面取得成就。ELSA旨在为其成员提供一个平台发展他们现有的技能并获得新的技能，与同学和经验丰富的人互动，为职业生活做好准备。

工作语言：英语

咨商地位：1997年提交咨商地位申请，获得联合国经社理事会特别咨商地位

活动领域：经济、社会、性别问题、妇女、可持续发展

总部地址：比利时

European Liquefied Petroleum Gas Association（欧洲液化石油气协会）

机构名称：欧洲液化石油气协会

机构名称（英文）：European Liquefied Petroleum Gas Association

机构名称缩写：LGE

机构名称缩写（英文）：LGE

机构网站：https：//www.liquidgaseurope.eu/

简介：LGE由国家液化石油气协会、主要国家液化石油气供应商、分销商和相关设备制造商组成。在行业专家组的支持下，LGE积极参与具体计划，确保欧洲国家液化石油气的可持续、安全和高效发展。

工作语言：英语

咨商地位：1981年提交咨商地位申请，获得联合国经社理事会A1-名册咨商地位

活动领域：经济、社会、可持续发展

总部地址：法国

European Mediterranean Commissionon Water Planning（欧洲地中海水利规划委员会）

机构名称：欧洲地中海水利规划委员会

机构名称（英文）：European Mediterranean Commissionon Water Planning

机构名称缩写：EMCWP

机构名称缩写（英文）：EMCWP

机构网站：无

简介：EMCWP 于 1970 年成立，旨在协调水资源规划领域的研究。

工作语言：英语

咨商地位：1977 年提交咨商地位申请，获得联合国经社理事会 A1-名册咨商地位

活动领域：经济、社会、可持续发展

总部地址：意大利

European Mountain Forum（欧洲山地论坛）

机构名称：欧洲山地论坛

机构名称（英文）：European Mountain Forum

机构名称缩写：EMF

机构名称缩写（英文）：EMF

机构网站：无

简介：EMF 成立于 1998 年，旨在提高人们对山地的认知，推广山区可持续发展理念，为欧洲山区决策者和专家搭建知识网络。

工作语言：英语

咨商地位：该组织不具有联合国经社理事会咨商地位

活动领域：可持续发展

总部地址：瑞士

European Natural Gas Vehicle Association（欧洲天然气汽车协会）

机构名称：欧洲天然气汽车协会

机构名称（英文）：European Natural Gas Vehicle Association

机构名称缩写：NGVA

机构名称缩写（英文）：NGVA

机构网站：https：//www.ngva.eu/

简介：NGVA 是促进使用天然气作为燃料的欧洲协会。NGVA 成立于 2008 年，其成员包括来自整个天然气和汽车制造链的公司和国家协会。NGVA 是汽车和天然气生产、分销行业的平台，其中包括零部件制造商、天然气供应商和天然气分销商。NGVA 在利益相关者之间建立网络，就相关行动达成共识，以扩大天然气市场。

工作语言：英语

咨商地位：1996 年提交咨商地位申请，获得联合国经社理事会 A1-名册咨商地位

活动领域：经济、社会、能源、环境、科技、可持续发展、能源运输等

总部地址：比利时

European Network of Policewomen（欧洲女警察网络）

机构名称：欧洲女警察网络

机构名称（英文）：European Network of Policewomen

机构名称缩写：ENP

机构名称缩写（英文）：ENP

机构网站：https：//www.enp.eu/

简介：ENP 为欧洲的女警察提供提升自己的渠道。

工作语言：英语

咨商地位：1996 年提交咨商地位申请，获得联合国经社理事会特别咨商地位

活动领域：经济、社会、性别问题、妇女

总部地址：比利时

European Network on Debtand Development（欧洲债务和发展网络）

机构名称：欧洲债务和发展网络

机构名称（英文）：European Network on Debtand Development

机构名称缩写：EURODAD

机构名称缩写（英文）：EURODAD

机构网站：https：//www.eurodad.org/

简介：EURODAD 是一个由来自 19 个欧洲国家的 47 个非政府组织（NGO）组成的网络，致力于解决与债务、发展融资和减贫相关的问题。EURODAD 为探索问题、收集情报和想法以及开展集体倡导提供了绝佳平台。EURODAD 专注于债务取消、有效援助、援助的私人化以及税收公平。

工作语言：英语

咨商地位：2019 年提交咨商地位申请，获得联合国经社理事会特别咨商地位

活动领域：经济、社会、债务减免、发展、经济学、金融、私营部门、税收政策、发展筹资、外债、国际税务合作、国际资源调动、促进发展等

总部地址：比利时

European Organization for Quality（欧洲质量组织）

机构名称：欧洲质量组织

机构名称（英文）：European Organization for Quality

机构名称缩写：EOQ

机构名称缩写（英文）：EOQ

机构网站：https：//www.eoq.org/

简介：EOQ 成立于 1956 年。EOQ 的创始组织来自五个西欧国家：法国、意大利、西德、荷兰和英国。最近，EOQ 扩大了活动范围，包括地中海南部和东部区域的国家。EOQ 旨在使欧洲的质量名列前茅，在最广泛的意义上改善欧洲社会的质量。

工作语言：英语

咨商地位：1993 年提交咨商地位申请，获得联合国经社理事会 A1-名册咨商地位

活动领域：经济、社会、可持续发展等

总部地址：瑞士

European Partners for the Environment（欧洲环境合作伙伴）

机构名称：欧洲环境合作伙伴

机构名称（英文）：European Partners for the Environment

机构名称缩写：EPE

机构名称缩写（英文）：EPE

机构网站：https：//www.epe.be/

简介：EPE试图以实际问题为基础，探索环境管理系统、交通、旅游、农业食品、水、建筑领域的可持续发展；改善环保对就业的影响、自由世界贸易和环境等。

工作语言：英语

咨商地位：该组织不具有联合国经社理事会咨商地位

活动领域：可持续发展、金融、伙伴关系

总部地址：比利时

European Region of the International Lesbian and Gay Federation（欧洲地区国际男女同性恋联合会）

机构名称：欧洲地区国际男女同性恋联合会

机构名称（英文）：European Region of the International Lesbian and Gay Federation

机构名称缩写：ILGA-Europe

机构名称缩写（英文）：ILGA-Europe

机构网站：https：//www.ilga-europe.org/

简介：ILGA-Europe是一个独立的国际非政府组织，联合了来自欧洲和中亚54个国家的700多个组织。ILGA-Europe是更广泛的国际ILGA组织的一部分，该组织成立于1978年，但在1996年作为一个独立的地区和法律实体成立。ILGA-Europe旨在将活动家联合起来，同时建立LGBTI和其他平权运动之间的联盟。

工作语言：英语

咨商地位：2006年提交咨商地位申请，获得联合国经社理事会特别咨商地位

活动领域：平权运动

总部地址：比利时

European Road Safety Equipment Federation（欧洲道路安全设备联合会）

机构名称：欧洲道路安全设备联合会

机构名称（英文）：European Road Safety Equipment Federation

机构名称缩写：EUROADSAFE

机构名称缩写（英文）：EUROADSAFE

机构网站：无

简介：EUROADSAFE 成立于 1992 年，2010 年 1 月 25 日停止存在。EUROADSAFE 汇聚防撞护栏、道路标志和其他道路安全设备领域的专业人员。

工作语言：英语

咨商地位：1995 年提交咨商地位申请，获得联合国经社理事会 A1-名册咨商地位

活动领域：经济、社会、可持续发展

总部地址：德国

European Society for Medical Oncology（欧洲肿瘤医学会）

机构名称：欧洲肿瘤医学会

机构名称（英文）：European Society for Medical Oncology

机构名称缩写：ESMO

机构名称缩写（英文）：ESMO

机构网站：https://www.esmo.org/

简介：ESMO 是欧洲领先的专业组织，致力于推进肿瘤医学专业，促进癌症治疗和护理的多学科方法。ESMO 自 1975 年成立以来，旨在促进癌症护理和治疗，支持肿瘤学专业人员为癌症患者提供最有效的治疗和高质量护理。

工作语言：英语

咨商地位：2020 年提交咨商地位申请，获得联合国经社理事会特别咨商地位

活动领域：国际

总部地址：瑞士

European Transport Safety Council（欧洲交通安全委员会）

机构名称：欧洲交通安全委员会

机构名称（英文）：European Transport Safety Council

机构名称缩写：ETSC

机构名称缩写（英文）：ETSC

机构网站：http：//www.etsc.eu/

简介：ETSC致力于减少欧洲交通事故中的伤亡人数。ETSC成立于1993年，为欧洲委员会、欧洲议会和各国政府提供有关运输安全问题的专家建议。ETSC具有独立性，其工作以科学报告、情况说明书等形式提供事实信息，支持欧盟统一的高安全标准。ETSC每年会组织几次国内和国际会议。

工作语言：弗拉芒语、法语、英语

咨商地位：2007年提交咨商地位申请，获得联合国经社理事会特别咨商地位

活动领域：国际

总部地址：比利时

European Union of Developers and House Builders（欧洲开发商和房屋建筑商联盟）

机构名称：欧洲开发商和房屋建筑商联盟

机构名称（英文）：European Union of Developers and House Builders

机构名称缩写：UEPC

机构名称缩写（英文）：UEPC

机构网站：http：//www.buildeurope.net/

简介：UEPC成立于1958年。UEPC一直将自己定位为开发商和房屋建筑商等相关利益者的代表。

工作语言：英语

咨商地位：1997年提交咨商地位申请，获得联合国经社理事会A1-名

册咨商地位

活动领域：经济、社会、工商业、金融、环境、工业发展、私营部门、可持续发展

总部地址：比利时

European Union of Jewish Students（欧洲犹太学生联合会）

机构名称：欧洲犹太学生联合会

机构名称（英文）：European Union of Jewish Students

机构名称缩写：EUJS

机构名称缩写（英文）：EUJS

机构网站：http://www.eujs.org/

简介：EUJS 于 1978 年在法国成立，是一个多元化、包容和无党派的组织。EUJS 支持整个欧洲的犹太学生会，并在国际机构中代表其成员。

工作语言：英语

咨商地位：2006 年提交咨商地位申请，获得联合国经社理事会特别咨商地位

活动领域：经济、社会、性别问题、妇女、非洲冲突解决

总部地址：比利时

European Union of Public Relations（欧洲公共关系联合会）

机构名称：欧洲公共关系联合会

机构名称（英文）：European Union of Public Relations

机构名称缩写：EUPR

机构名称缩写（英文）：EUPR

机构网站：http://www.eupri.com/

简介：EUPR 成立于 1976 年。EUPR 关心人权、工业计划预制工程的研究和分析等。

工作语言：法语、英语

咨商地位：提交咨商地位申请时间不明，获得联合国经社理事会 A1-名册咨商地位

活动领域：经济、发展筹资、性别问题、妇女、公共管理、社会发

展、可持续发展、非洲和平发展、非洲冲突解决

总部地址：意大利

European Union of the Deaf（欧洲聋人联盟）

机构名称：欧洲聋人联盟

机构名称（英文）：European Union of the Deaf

机构名称缩写：EUD

机构名称缩写（英文）：EUD

机构网站：https：//www.eud.eu/

简介：EUD 成立于 1985 年。它是唯一一个在欧洲层面代表聋人的超国家组织，也是少数几个代表所有 27 个欧盟成员国的非政府组织之一。EUD 旨在与相关机构和官员建立联系，与成员国发展联盟，进行磋商和合作。EUD 是欧洲残疾人论坛（EDF）的正式成员，也是世界聋人联合会（WFD）的区域合作成员。

工作语言：英语

咨商地位：2017 年提交咨商地位申请，获得联合国经社理事会特别咨商地位

活动领域：经济、社会、残疾人

总部地址：比利时

European Union of Women（欧洲妇女联盟）

机构名称：欧洲妇女联盟

机构名称（英文）：European Union of Women

机构名称缩写：EUW

机构名称缩写（英文）：EUW

机构网站：https：//www.europeanunionofwomen.com/

简介：EUW 成立于 1953 年，EUW 旨在使妇女能够参与国际辩论，激发她们对欧洲事务的兴趣。如今，该组织有 17 个成员国。EUW 现在还帮助欧洲的妇女参与政治生活。

工作语言：英语

咨商地位：2002 年提交咨商地位申请，获得联合国经社理事会特别咨

商地位

活动领域：经济、社会、性别问题、妇女、可持续发展

总部地址：西班牙

European Wind Energy Association-Policy Dept（欧洲风能委员会—政策部）

机构名称：欧洲风能委员会—政策部

机构名称（英文）：European Wind Energy Association-Policy Dept

机构名称缩写：EWEA

机构名称缩写（英文）：EWEA

机构网站：https：//www.ewea.org/

简介：EWEA成立于1982年，EWEA的目标是落实国家和国际政策，顺应欧洲和全球风能市场的发展，以实现未来的更可持续化和更清洁化。

工作语言：英语、法语

咨商地位：该组织不具有联合国经社理事会咨商地位

活动领域：可持续发展

总部地址：比利时

European Women's Lobby（欧洲妇女游说团）

机构名称：欧洲妇女游说团

机构名称（英文）：European Women's Lobby

机构名称缩写：LEF

机构名称缩写（英文）：EWL

机构网站：https：//www.womenlobby.org/？lang=en

简介：EWL成立于1987年，1988年举办了第一次会议。EWL汇集了欧洲的妇女运动以影响欧洲的政务机构，支持妇女人权和男女平等。EWL是欧洲最大的妇女协会保护伞网络，代表了26个欧盟成员国、4个候选国、1个前欧盟成员国和1个欧洲自由贸易联盟国家的2000多个组织。

工作语言：英语、法语

咨商地位：1995年提交咨商地位申请，获得联合国经社理事会特别咨商地位

活动领域：经济、发展筹资、性别问题、妇女、人口、公共管理、社会发展、可持续发展

总部地址：比利时

European Youth Forum（欧洲青年论坛）

机构名称：欧洲青年论坛

机构名称（英文）：European Youth Forum

机构名称缩写：无

机构名称缩写（英文）：无

机构网站：https://www.youthforum.org/

简介：European Youth Forum 旨在成为欧洲年轻人的代言人，以充分发挥他们作为全球公民的潜力。欧洲青年论坛代表了 100 多个青年组织，这些组织汇集了来自欧洲各地的数千万年轻人。欧洲青年论坛致力于使年轻人能参与社会，改善自己的生活。

工作语言：法语、英语

咨商地位：1999 年提交咨商地位申请，获得联合国经社理事会特别咨商地位

活动领域：经济、社会、可持续发展

总部地址：比利时

European Youth Press-Network of Young Media Makers（欧洲青年出版社—青年媒体制作人网络）

机构名称：欧洲青年出版社—青年媒体制作人网络

机构名称（英文）：European Youth Press-Network of Young Media Makers

机构名称缩写：EYP

机构名称缩写（英文）：EYP

机构网站：https://www.youthpress.org/

简介：EYP 是欧洲青年媒体组织的网络。EYP 致力于通过创建公平、独立和负责任的媒体，促进民主、国际发展和可持续发展。EYP 希望建立一个出色的青年媒体制造平台，积极参与社会活动。EYP 拥有 26 个成员

组织和多个委员会，覆盖了欧洲各地 6 万多名青年记者。EYP 通过开发项目为国家机构服务。

工作语言：英语

咨商地位：该组织不具有联合国经社理事会咨商地位

活动领域：国际

总部地址：比利时

Euro Platforms European Economic Interest Grouping（欧元平台欧洲经济利益集团）

机构名称：欧元平台欧洲经济利益集团

机构名称（英文）：Euro Platforms European Economic Interest Grouping

机构名称缩写：EEIG

机构名称缩写（英文）：EEIG

机构网站：http：//www.eur-lex.europa.eu/EN/legal-content/summary/european-economic-interest-grouping.html

简介：EEIG 成立于 1985 年。EEIG 的目的是使不同国家的公司更容易在一起做生意。EEIG 的活动附属于其成员的活动，与合伙企业一样，它所产生的任何利润或损失都归于其成员。EEIG 不需要缴纳公司税。

工作语言：英语

咨商地位：2005 年提交咨商地位申请，获得联合国经社理事会 A1-名册咨商地位

活动领域：经济、社会、可持续发展

总部地址：比利时

European-Arab Initiative for Reconstruction and Development（欧洲—阿拉伯重建与发展倡议，**Europäisch-Arabische Initiative für Wiederaufbau und Entwicklung**）

机构名称：欧洲—阿拉伯重建与发展倡议（Europäisch-Arabische Initiative für Wiederaufbau und Entwicklung）

机构名称（英文）：European-Arab Initiative for Reconstruction and Development

机构名称缩写：EARD

机构名称缩写（英文）：EARD

机构网站：http://www.eard.at/

简介：EARD 成立于 2015 年，EARD 一直在为叙利亚难民的回国做准备，为他们提供帮助。EARD 的重点工作领域在中东和北非地区。EARD 的全球目标是为难民提供返回本国的经济支援。EARD 善于利用欧洲独特的技术、非政府组织和国际捐助者的资金、私营部门的专业知识，在人道主义救济政府间协调工作。

工作语言：英语、阿拉伯语、德语

咨商地位：2021 年提交咨商地位申请，获得联合国经社理事会特别咨商地位

活动领域：经济、社会、人口、可持续发展

总部地址：奥地利

Eurordis European Organization for Rare Diseases（欧洲罕见病组织）

机构名称：欧洲罕见病组织

机构名称（英文）：Eurordis European Organization for Rare Diseases

机构名称缩写：Eurordis

机构名称缩写（英文）：Eurordis

机构网站：https://www.eurordis.org/

简介：Eurordis 是一个独特的非营利性联盟，由来自 74 个国家的 1000 多个罕见疾病患者组织组成，希望能共同努力改善全球 3 亿多罕见疾病患者的生活。Eurordis 通过将患者、家属和病患团体联系起来，加强了患者的声音。

工作语言：英语、法语、葡萄牙语、俄语、德语、西班牙语、意大利语

咨商地位：2018 年提交咨商地位申请，获得联合国经社理事会特别咨商地位

活动领域：经济、性别问题、妇女、人口、社会发展、可持续发展

总部地址：法国

Evangelical Lutheran Mission Leipzig（莱比锡福音路德教会）

机构名称：莱比锡福音路德教会

机构名称（英文）：Evangelical Lutheran Mission Leipzig

机构名称缩写：ELM

机构名称缩写（英文）：ELM

机构网站：无

简介：ELM 成立于 1977 年，ELM 在全球范围内运作，向非洲、亚洲和拉丁美洲的路德教会派遣工作人员，并在经济上支持他们的项目。2007 年，它与 17 个国家的 19 个教会合作，其工作的重点地区是非洲南部、拉丁美洲、俄罗斯亚洲部分。除了神学家外，ELM 还派遣医学家、教师、工匠和行政专家到国外。此外，ELM 还有一个年度志愿项目，让年轻人有机会与教会一起工作。

工作语言：英语

咨商地位：该组织不具有联合国经社理事会咨商地位

活动领域：国际

总部地址：德国

Every Casualty Worldwide（全球伤亡事故记录）

机构名称：全球伤亡事故记录

机构名称（英文）：Every Casualty Worldwide

机构名称缩写：ECW

机构名称缩写（英文）：ECW

机构网站：http://www.everycasualty.org/

简介：ECW 成立于 2014 年，致力于确保武装暴力造成的每一条生命损失都得到及时记录和公开承认。ECW 的工作基于道德义务，承认每个人生命的价值。

工作语言：英语

咨商地位：2021 年提交咨商地位申请，获得联合国经社理事会特别咨商地位

活动领域：国际

总部地址：英国

Ex-Volunteers International（前国际志愿者）

机构名称：前国际志愿者

机构名称（英文）：Ex-Volunteers International

机构名称缩写：无

机构名称缩写（英文）：无

机构网站：无

简介：Ex-Volunteers International 成立于 1970 年，旨在与从事类似活动的其他组织积极交流、协调行动和合作，支持和保护志愿者的利益。Ex-Volunteers International 最近的一次活动是在 1995 年。

工作语言：英语

咨商地位：1979 年提交咨商地位申请，获得联合国经社理事会 A1-名册咨商地位

活动领域：经济、社会、可持续发展

总部地址：德国

Exchange and Cooperation Centre for Latin America（拉丁美洲交流与合作中心，Centre d'Exchanges et Coopération pour l'Amérique Latine）

机构名称：拉丁美洲交流与合作中心（Centre d'Exchanges et Coopération pour l'Amérique Latine）

机构名称（英文）：Exchange and Cooperation Centre for Latin America

机构名称缩写：ECCLA-CECAL-CICAL

机构名称缩写（英文）：ECCLA

机构网站：https://www.cecal.net/inicio/

简介：ECCLA 成立于 1997 年。ECCLA 以公司形式组织，与国际组织、外交使团、公司和个人开展合作。ECCLA 旨在与拉丁美洲国家的公共和私营机构合作，促进所有领域的合作倡议，经营与拉丁美洲和欧洲国家利益有关的活动。

工作语言：英语、西班牙语、法语

咨商地位：2002 年提交咨商地位申请，获得联合国经社理事会特别咨商地位

活动领域：经济、发展筹资、人口、公共管理、社会发展、可持续

发展

总部地址：瑞士

Euro-Mediterranean Center for Climate Change（欧洲—地中海气候变化中心）

机构名称：欧洲—地中海气候变化中心

机构名称（英文）：Euro-Mediterranean Center for Climate Change

机构名称缩写：CMCC

机构名称缩写（英文）：CMCC

机构网站：http：//www.giulia.galluccio@cmcc.it

简介：CMCC 是一个非营利研究机构，成立于 2005 年，由意大利教育、大学和研究部提供资金支持。中国移动管理和促进国际气候变化研究领域的科学和应用活动。

工作语言：英语、西班牙语、法语、意大利语

咨商地位：无

活动领域：经济与社会、发展筹资、统计数据、可持续发展等

总部地址：意大利

Eastern Works（东方作品，Œuvre d'Orient）

机构名称：东方作品（Œuvre d'Orient）

机构名称（英文）：Eastern Works

机构名称缩写：OO

机构名称缩写（英文）：EW

机构网站：https：//www.oeuvre-orient.fr/

简介：OO 在中东 28 个国家开展了 160 年活动，其独特的模式使其能够与数百个当地合作伙伴保持历史关系。通过这种广泛的存在和在该领域的丰富经验，东方作品专注于两个主要任务，分为几个目标：第一，实施具体项目，救济处于危机中的国家的弱势和多教派当地人口。工作项目包括儿童和成人的教育和培训，促进家庭健康以及帮助处于紧急情况下的人群。第二，捍卫和促进大中东各国基督教少数群体的公民身份。

工作语言：英语、法语

咨商地位：2023年提交咨商地位申请，获得联合国经社理事会特别咨商地位

活动领域：公民身份、公民治理、文化、教育、人权、人道主义事务、难民、宗教、少数人权利

总部地址：法国

European Radio Amateurs' Organization （欧洲业余无线电爱好者组织，Organisation Européenne des Radioamateurs）

机构名称：欧洲业余无线电爱好者组织（Organisation Européenne des Radioamateurs）

机构名称（英文）：European Radio Amateurs' Organization

机构名称缩写：EURAO

机构名称缩写（英文）：EURAO

机构网站：http：//www.eurao.org

简介：EURAO成立于2005年，旨在成为世界各地主要来自欧洲的所有独立业余无线电爱好者协会的聚会点。这些协会有兴趣分享他们的活动和经验，在新项目中合作，游说公共行政部门。

工作语言：英语、西班牙语、弗拉芒语、意大利语、法语

咨商地位：2018年提交咨商地位申请，获得联合国经社理事会特别咨商地位

活动领域：经济、社会、文化、科技、志愿服务、青年、信息、通信技术、可持续发展、灾害管理

总部地址：法国

European Non-Governmental Sports Organisation （欧洲非政府体育组织，Organisation Européenne Non Gouvernementale des Sports）

机构名称：欧洲非政府体育组织（Organisation Européenne Non Gouvernementale des Sports）

机构名称（英文）：European Non-Governmental Sports Organisation

机构名称缩写：ENGSO

机构名称缩写（英文）：ENGSO

机构网站：https：//www.engso.eu/（ENGSO），https：//youth-sport.net/（ENGSOYouth）

简介：ENGSO 成立于 1966 年，致力于欧洲体育事业的发展。

工作语言：英语

咨商地位：2021 年提交咨商地位申请，获得联合国经社理事会特别咨商地位

活动领域：经济、社会、青年、人权、可持续发展、体育

总部地址：瑞典

European Network for Central Africa（中非欧洲网络，Réseau Européen Pour l'Afrique Centrale）

机构名称：中非欧洲网络（Réseau Européen Pour l'Afrique Centrale）

机构名称（英文）：European Network for Central Africa

机构名称缩写：EurAc

机构名称缩写（英文）：EurAc

机构网站：http：//www.eurac-network.org

简介：EurAc 是一个成立于 2003 年的国际组织，该组织致力于确保环境可持续性、发展全球伙伴关系。

工作语言：法语、英语

咨商地位：2020 年提交咨商地位申请，获得联合国经社理事会特别咨商地位

活动领域：经济、社会、可持续发展、非洲和平发展、非洲冲突解决

总部地址：比利时

European Language Equality Network（欧洲语言平等网络，Réseau Européen pour l'Égalité des Langues）

机构名称：欧洲语言平等网络（Réseau Européen pour l'Égalité des Langues）

机构名称（英文）：European Language Equality Network

机构名称缩写：ELEN

机构名称缩写（英文）：ELEN

机构网站：http：//www.elen.ngo

简介：ELEN是一个成立于2012年的国际组织，该组织致力于在排除任何营利的情况下，促进和保护使用较少的语言（即地区、少数民族、土著、共同官方、较小的国家和濒危的语言），在更广泛的人权框架下努力实现这些语言的语言平等。

工作语言：巴斯克语、加泰罗尼亚语、英语、瑞典语、爱沙尼亚语、弗拉芒语、法罗群岛语、卢森堡语、布雷顿语、格陵兰语、德语、苏格兰盖尔语、匈牙利语、弗里斯兰语、威尔士语、法语、加利西亚语

咨商地位：2016年提交咨商地位申请，获得联合国经社理事会特别咨商地位

活动领域：经济、可持续发展、人口、公共行政、社会发展等

总部地址：法国

Emergency Self-defense Measures for Children（儿童之爱，Kindernothilfe）

机构名称：儿童之爱（Kindernothilfe）

机构名称（英文）：Emergency Self defense Measures for Children

机构名称缩写：KINDER

机构名称缩写（英文）：Esdmc

机构网站：无

简介：kindernothilfe（德语为"支持有需要的儿童"）于1959年在德国成立，是一个基督教组织，旨在支持弱势和边缘化的儿童和青少年发展他们的全部潜力。Kindernothilfe奥地利成立于1996年，随后是2004年的Kindernothilfe瑞士和2009年的Kindernothilfe卢森堡。

工作语言：英语

咨商地位：无

活动领域：健康、卫生、个人发展

总部地址：德国

Estonian Institute of Human Rights（爱沙尼亚人权研究所，Inimõiguste Instituut）

机构名称：爱沙尼亚人权研究所（Inimõiguste Instituut）

机构名称（英文）：Estonian Institute of Human Rights

机构名称缩写：EIHR

机构名称缩写（英文）：EIHR

机构网站：http://www.eihr.ee

简介：EIHR 是爱沙尼亚第一个也是历史最悠久的独立组织，系统地处理保护人权问题。人权研究所的目标是收集、系统化分析和宣传有关人权的信息，提高公众对这一领域的认识，并就如何更好地保护爱沙尼亚和世界其他地方的人权提出建议。为此，研究所与非政府组织、大学和政府机构合作。它还组织培训课程和会议，发表文章和报告，并参与国际网络。

工作语言：爱沙尼亚语、英语

咨商地位：2022 年提交咨商地位申请，获得联合国经社理事会特殊项目

活动领域：经济、社会、公民身份、公民治理、文化、教育、统辖等

总部地址：爱沙尼亚

F

Family Action Foundation（家庭行动基金会，ACCIÓN FAMILIAR）

机构名称：家庭行动基金会（ACCIÓN FAMILIAR）

机构名称（英文）：Family Action Foundation

机构名称缩写：无

机构名称缩写（英文）：无

机构网站：https：//www. accionfamiliar. org/

简介：ACCIÓN FAMILIAR 陪伴和支持家庭，为他们提供相关技能，使得他们能够自主地学习，获得新知识，增强未成年人、老年人、妇女、移民等弱势群体的权利，鼓励公民的政治参与。

工作语言：英语、西班牙语

咨商地位：2004 年提交咨商地位申请，获得联合国经社理事会特别咨商地位

活动领域：经济、社会发展等

总部地址：西班牙

Family for Every Child（每个孩子的家）

机构名称：每个孩子的家

机构名称（英文）：Family for Every Child

机构名称缩写：Family

机构名称缩写（英文）：Family

机构网站：http：//www. familyforeverychild. org/

简介：Family 成立于 2012 年，旨在为国内的民间社会创造一个独特的空间，让他们为没有足够的家庭照顾的儿童参与全球变革运动。Family 是由 15 个志同道合的国家民间社会组织组成的。Family 是一个全球平台，让儿童和民间社会组织的声音在国际舞台上被听到。Family 通过共享资源和专业知识，开展联合研究和宣传，不断努力加强实践，为儿童取得更好的未来，让每个孩子都能在一个安全和充满爱的家庭中成长。

工作语言：英语

咨商地位：2022 年提交咨商地位申请，获得联合国经社理事会特别咨商地位

活动领域：经济和社会发展、儿童、发展、残疾人、家庭、人权、移民、妇女/两性平等、青年等

总部地址：英国

Fauna and Flora International（国际野生动植物保护组织）

机构名称：国际野生动植物保护组织

机构名称（英文）：Fauna and Flora International

机构名称缩写：FFI

机构名称缩写（英文）：FFI

机构网站：https：//www.fauna-flora.org/

简介：FFI 成立于 1903 年。FFI 设想了地球的可持续未来，在全社会的支持下，生活在地球上的人们可以有效地保护生物多样性。FFI 的使命是保护全球的濒危物种和生态系统的健康。

工作语言：英语

咨商地位：该组织不具有联合国经社理事会咨商地位

活动领域：性别问题、妇女、可持续发展等

总部地址：英国

Foundation for the Economics of Sustainability（可持续发展经济学基金会）

机构名称：可持续发展经济学基金会

机构名称（英文）：Foundation for the Economics of Sustainability

机构名称缩写：FEASTA

机构名称缩写（英文）：FEASTA

机构网站：https：//www.feasta.org/

简介：FEASTA 成立于 1998 年，其旨在探索一个真正可持续的社会的特征（经济、文化和环境），阐明如何实现必要的转型并促进为此目的所需实施的相关措施。FEASTA 有意识地将自己设计成无等级的管理系统。

工作语言：英语

咨商地位：该组织不具有联合国经社理事会咨商地位

活动领域：经济和社会等

总部地址：爱尔兰

Federation for Education in Europe（欧洲教育联合会）

机构名称：欧洲教育联合会

机构名称（英文）：Federation for Education in Europe

机构名称缩写：FEDE

机构名称缩写（英文）：FEDE

机构网站：https：//www.fede.education/fr/

简介：FEDE 成立于 1963 年，在其建设的网络中与 447 所学校分享共同项目。FEDE 正在逐步推动教育进步。它通过开展全民教育和学习项目，捍卫公民的利益，并影响欧洲保障人权的事业。FEDE 目前提供 12 个专业领域的 140 个学位。

工作语言：英语、法语

咨商地位：2021 年提交咨商地位申请，获得联合国经社理事会特别咨商地位

活动领域：经济、性别问题、妇女、人口、公共管理、社会发展、可持续发展

总部地址：瑞士/法国

Federal Union of European Nationalities（欧洲民族联盟）

机构名称：欧洲民族联盟

机构名称（英文）：Federal Union of European Nationalities

机构名称缩写：FUEN

机构名称缩写（英文）：FUEN

机构网站：http：//www.fuen.org/

简介：FUEN 成立于 1949 年，其旨在代表欧洲少数群体的利益，建立一个平等的欧洲社会。

工作语言：俄语、法语、德语、英语

咨商地位：1995 年提交咨商地位申请，获得联合国经社理事会特别咨商地位

活动领域：经济、社会、人权、少数群体权利、可持续发展等

总部地址：德国

Federation of Associations of Former International Civil Servants（前国际公务员协会联合会）

机构名称：前国际公务员协会联合会

机构名称（英文）：Federation of Associations of Former International Civil Servants

机构名称缩写：FAFICS

机构名称缩写（英文）：FAFICS

机构网站：https://www.fafics.org/

简介：FAFICS 成立于 1975 年，其旨在召集前国际公务员成员协会，并为其活动提供一个框架。FAFICS 的主要工作有：支持和促进联合国系统的宗旨、原则、方案；促进和捍卫前国际公务员群体的利益；保持会员协会之间的团结和密切联系；在联合国系统内适当代表前国际公务员群体，特别是退休人员和联合国合办工作人员养恤基金的受益人等。

工作语言：英语、西班牙语、法语

咨商地位：1983 年提交咨商地位申请，获得联合国经社理事会特别咨商地位

活动领域：经济和社会、可持续发展等

总部地址：瑞士

Federation of European Manufacturers of Friction Materials（欧洲摩擦材料制造商联合会）

机构名称：欧洲摩擦材料制造商联合会

机构名称（英文）：Federation of European Manufacturers of Friction Materials

机构名称缩写：FEMFM

机构名称缩写（英文）：FEMFM

机构网站：https://www.femfm.com/home

简介：FEMFM 致力于制定摩擦材料标准和控制这些标准的应用，促进道路车辆的安全运行。

工作语言：英语

咨商地位：1978年提交咨商地位申请，获得联合国经社理事会A1-名册咨商地位

活动领域：经济、社会、可持续发展等

总部地址：法国

Federation of European Motorcyclists' Associations（欧洲摩托车手协会联合会）

机构名称：欧洲摩托车手协会联合会

机构名称（英文）：Federation of European Motorcyclists' Associations

机构名称缩写：FEMA

机构名称缩写（英文）：FEMA

机构网站：https：//www.femamotorcycling.eu/

简介：FEMA的宗旨是促进、保护和维护摩托车运动。FEMA的使命是在整个欧洲和全球范围内促进摩托车乘客的利益。FEMA呼吁官方认可摩托车作为一种正规的交通方式，解决社会包容问题，减少交通拥堵。

工作语言：英语

咨商地位：1996年提交咨商地位申请，获得联合国经社理事会特别咨商地位

活动领域：经济、社会、工商、公民治理、气候变化、文化、发展等

总部地址：比利时

Federation of Independent Trade Unions of Russia（俄罗斯独立工会联合会）

机构名称：俄罗斯独立工会联合会

机构名称（英文）：Federation of Independent Trade Unions of Russia

机构名称缩写：FNPR

机构名称缩写（英文）：FNPR

机构网站：https：//www.fnpr.ru/

简介：FNPR成立于1990年。FNPR旨在研究科学信息、文化教育历史和工会劳动、劳动法、社会保险、社会政策的现状。

工作语言：英语、俄语

咨商地位：1998年提交咨商地位申请，获得联合国经社理事会特别咨商地位

活动领域：经济、社会、性别问题、妇女

总部地址：俄罗斯联邦

Federation of Western Thrace Turks in Europe（欧洲西色雷斯土耳其人联合会）

机构名称：欧洲西色雷斯土耳其人联合会

机构名称（英文）：Federation of Western Thrace Turks in Europe

机构名称缩写：ABTTF

机构名称缩写（英文）：ABTTF

机构网站：https：//www.abttf.org/

简介：ABTTF成立于1988年。ABTTF保护和促进希腊西色雷斯土耳其少数民族的权利，并协助通过民主与和平的方式解决少数民族的问题。

工作语言：德语、土耳其语、英语等

咨商地位：2006年提交咨商地位申请，获得联合国经社理事会特别咨商地位

活动领域：国际

总部地址：德国

Feminenza International Ltd（女子国际有限公司）

机构名称：女子国际有限公司

机构名称（英文）：Feminenza International Ltd

机构名称缩写：FI

机构名称缩写（英文）：FI

机构网站：https：//www.feminenza.org/

简介：FI成立于2000年，致力于鼓励女性的未来价值的实现，实现两性之间更大的相互包容与合作。

工作语言：英语

咨商地位：2019年提交咨商地位申请，获得联合国经社理事会特别咨

商地位

活动领域：性别问题、妇女、社会发展、可持续发展、非洲和平发展、非洲冲突解决等

总部地点：英国

FIA Foundation for the Automobile and Society（国际汽联汽车与社会基金会）

机构名称：国际汽联汽车与社会基金会

机构名称（英文）：FIA Foundation for the Automobile and Society

机构名称缩写：FIA Foundation

机构名称缩写（英文）：FIA Foundation

机构网站：https：//www.fiafoundation.org/

简介：FIA Foundation 成立于 2001 年，其旨在让所有人都能安全、健康地旅行，无论是每天步行上学还是大奖赛的最后一圈。

工作语言：英语

咨商地位：2004 年提交咨商地位申请，获得联合国经社理事会 A1-名册咨商地位

活动领域：经济和社会、发展筹资、社会发展、可持续发展等

总部地址：英国

FIAN International e. V.（粮食第一信息和行动网）

机构名称：粮食第一信息和行动网

机构名称（英文）：FIAN International e. V.

机构名称缩写：FIAN

机构名称缩写（英文）：FIAN

机构网站：https：//www.fian.org/

简介：FIAN 成立于 1986 年。FIAN 的使命是揭露侵犯人民食物权利的行为，无论发生在哪里。FIAN 坚决反对阻止人们自食其力的不公正的压迫做法。反对性别歧视和其他形式的排斥是其使命的组成部分。FIAN 努力确保人们获得现在和将来能养活自己所需的资源。

工作语言：英语、西班牙语、法语

咨商地位：1989年提交咨商地位申请，获得联合国经社理事会A1-名册咨商地位

活动领域：经济、性别问题、妇女、公共管理、社会发展、可持续发展等

总部地址：德国

Findhorn Foundation（发展角基金会）

机构名称：发展角基金会

机构名称（英文）：Findhorn Foundation

机构名称缩写：FINDHORN

机构名称缩写（英文）：FINDHORN

机构网站：https://www.findhorn.org/

简介：FINDHORN成立于1962年。FINDHORN的核心是成为精神社区和可持续的生活的典范。FINDHORN提供静修、研讨会和聚会，让社区居民能够停下来反思生活。

工作语言：英语

咨商地位：该组织不具有联合国经社理事会咨商地位

活动领域：可持续发展、农业、生物多样性、气候变化等

总部地址：英国

Finland National Committee for UN-Women（芬兰妇女署全国委员会）

机构名称：芬兰妇女署全国委员会

机构名称（英文）：Finland National Committee for UN-Women

机构名称缩写：UN-Women

机构名称缩写（英文）：UN-Women

机构网站：https://www.unwomen.fi/

简介：UN-Women成立于1981年。UN-Women作为芬兰妇女署的一个国家委员会，其目标和宗旨是通过筹款和提高认识来支持妇女署的工作。

工作语言：英语、芬兰语、瑞典语

咨商地位：2011 年提交咨商地位申请，获得联合国经社理事会特别咨商地位

活动领域：性别问题、妇女、能力建设、妇女教育和培训、女权

总部地址：芬兰

Finnish Centre for Health Promotion（芬兰健康促进中心）

机构名称：芬兰健康促进中心

机构名称（英文）：Finnish Centre for Health Promotion

机构名称缩写：无

机构名称缩写（英文）：无

机构网站：无

简介：Finnish Centre for Health Promotion 成立于 2000 年。

工作语言：英语

咨商地位：该组织不具有联合国经社理事会咨商地位

活动领域：可持续发展等

总部地址：芬兰

Finnish United Nations Association（芬兰联合国协会）

机构名称：芬兰联合国协会

机构名称（英文）：Finnish United Nations Association

机构名称缩写：无

机构名称缩写（英文）：无

机构网站：无

简介：Finnish United Nations Association 成立于 1954 年，其宗旨是通过其出版物（Maailmanpyora 杂志）、全球公民研究方案、人权大使培训和其他相关项目与联合国有关的非政府组织进行信息共享。

工作语言：英语

咨商地位：该组织不具有联合国经社理事会咨商地位

活动领域：联合国

总部地址：芬兰

Fire Rescue Development Program（消防救援发展计划）

机构名称：消防救援发展计划

机构名称（英文）：Fire Rescue Development Program

机构名称缩写：F. R. D. P.

机构名称缩写（英文）：F. R. D. P.

机构网站：https：//www.frdp.org/

简介：F. R. D. P. 成立于1997年。F. R. D. P. 是一个国际人道主义组织，致力于为饱受战争蹂躏的国家和发展中国家的消防救援和公民保护服务提供培训和资源，以拯救生命。

工作语言：意大利语、英语

咨商地位：2003年提交咨商地位申请，2004年获得联合国经社理事会A1-名册咨商地位

活动领域：经济、社会、可持续发展

总部地址：意大利

Focus, Association for Sustainable Development（聚焦、可持续发展学会，Focus, društvo za sonaraven razvoj）

机构名称：聚焦、可持续发展学会（Focus, društvo za sonaraven razvoj）

机构名称（英文）：Focus, Association for Sustainable Development

机构名称缩写：Focus

机构名称缩写（英文）：Focus

机构网站：https：//www.focus.si/

简介：Focus是一个独立、非政府、非营利和非政治性的个人协会。Focus的工作涵盖：气候变化、能源、环境、财政改革和消费。Focus希望建设一个"人类成为自然的一部分"的社会，而不只是与自然为邻。

工作语言：斯洛文尼亚语、英语

咨商地位：该组织不具有联合国经社理事会咨商地位

活动领域：可持续发展、气候变化、能源等

总部地址：斯洛文尼亚

Foundation for the Economy and Sustainable Development of the Regions of Europe（欧洲区域经济与可持续发展基金会，Fondation Européenne pour le développement durable des régions）

机构名称：欧洲区域经济与可持续发展基金会（Fondation Européenne pour le développement durable des régions）

机构名称（英文）：Foundation for the Economy and Sustainable Development of the Regions of Europe

机构名称缩写：FEDRE

机构名称缩写（英文）：FEDRE

机构网站：http：//www.fedre.org

简介：FEDRE 成立于 2005 年，其旨在促进经济发展以得到长久的民主，为利益相关方提供一个促进交流的平台。

工作语言：法语、英语

咨商地位：2005 年提交咨商地位申请，获得联合国经社理事会特别咨商地位

活动领域：经济、社会、可持续发展等

总部地址：瑞士

Foundation Giovannie e Francesca Falcone（乔瓦尼和弗朗西斯卡法尔科内基金会，Fondazione Giovannie e Francesca Falcone）

机构名称：乔瓦尼和弗朗西斯卡法尔科内基金会（Fondazione Giovannie e Francesca Falcone）

机构名称（英文）：Foundation Giovannie e Francesca Falcone

机构名称缩写：无

机构名称缩写（英文）：无

机构网站：https：//www.fondazionefalcone.it/

简介：Fondazione Giovannie e Francesca Falcone 成立于 1996 年。

工作语言：英语、意大利语

咨商地位：1996 年提交咨商地位申请，获得联合国经社理事会特别咨商地位

活动领域：经济、社会、可持续发展等

总部地址：意大利

Food for the Hungry International（国际饥饿食品组织）

机构名称：国际饥饿食品组织

机构名称（英文）：Food for the Hungry International

机构名称缩写：FHI

机构名称缩写（英文）：FHI

机构网站：https：//www.fh.org/

简介：FHI 成立于 1971 年，致力于对抗饥饿和营养不良。FHI 不只是帮助身处紧急情况下的弱势群体，而是解决整体的贫困问题，包括农业、收入差距、教育资源等。

工作语言：英语、法语

咨商地位：1989 年提交咨商地位申请，获得联合国经社理事会 A1-名册咨商地位

活动领域：经济、社会、可持续发展等

总部地址：瑞士

Forests Monitor Ltd.（森林监测有限公司）

机构名称：森林监测有限公司

机构名称（英文）：Forests Monitor Ltd

机构名称缩写：无

机构名称缩写（英文）：无

机构网站：无

简介：Forests Monitor Ltd 成立于 2002 年，其旨在通过整理和传播世界各地林业部门运营公司的信息，为有关可持续森林管理做出贡献。

工作语言：英语

咨商地位：2002 年提交咨商地位申请，获得联合国经社理事会 A1-名册咨商地位

活动领域：经济、社会、可持续发展等

总部地址：英国

Finnish Association for Nature Conservation（芬兰自然保护协会，Suomen luonnonsuojeluliitto ry）

机构名称：芬兰自然保护协会（Suomen luonnonsuojeluliitto ry）

机构名称（英文）：Finnish Association for Nature Conservation

机构名称缩写：SLL

机构名称缩写（英文）：SANC

机构网站：http：//www.sll.fi/english/

简介：SLL成立于1938年，旨在促进积极的公民意识和环境意识。总部位于赫尔辛基市中心，由以下五个单位组成：自然保护部、环境保护部、组织部、通信部、行政和财务部。

工作语言：英语、芬兰语

咨商地位：该组织不具有联合国经社理事会特别咨商地位

活动领域：经济、社会、原子能、生物多样性、合作社问责制、可持续发展、生物多样性、气候变化、消费、生产模式等

总部地址：芬兰赫尔辛基市

Flemish Platform on Sustainable Development（弗拉芒可持续发展平台，Vlaams Overleg Duurzame Ontwikkeling）

机构名称：弗拉芒可持续发展平台（Vlaams Overleg Duurzame Ontwikkeling）

机构名称（英文）：Flemish Platform on Sustainable Development

机构名称缩写：VODO

机构名称缩写（英文）：无

机构网站：http：//www.vodo.be

简介：VODO是民间社会各领域的一个伞形组织：环境运动、国际合作、和平运动、有机农民、妇女。主要目标是通过政策工作、辩论、能力建设和提高认识来实施可持续发展。

工作语言：英语、法语、西班牙语

咨商地位：无

活动领域：经济、性别问题、妇女、社会发展、可持续发展等

总部地址：比利时

Forum for Development and Environment（挪威环境与发展论坛）

机构名称：挪威环境与发展论坛

机构名称（英文）：Forum for Development and Environment

机构名称缩写：NFED

机构名称缩写（英文）：Forum

机构网站：http：//www.forumfor.no

简介：NFED 成立于 1992 年，论坛的总体目标是促进全球和国家层面对可持续发展的宣传。致力于可持续发展、人民参与、团结、和平与平等。

工作语言：英语

咨商地位：2007 年提交咨商地位申请，获得联合国经社理事会特别咨商地位

活动领域：农业、气候变化、消费、生产模式、能源、淡水、贸易、环境

总部地址：挪威

Friends of Science，Culture and Art Association（科学文化艺术之友协会，Kadikoyu Bilim Kultur ve Sanat Dostlari Dernegi）

机构名称：科学文化艺术之友协会（Kadikoyu Bilim Kultur ve Sanat Dostlari Dernegi）

机构名称（英文）：Friends of Science，Culture and Art Association

机构名称缩写：KADOS

机构名称缩写（英文）：KADOS

机构网站：http：//www.kados.org.tr

简介：KADOS 汇集了科学家、艺术家和文化工作者与市民的专业知识，旨在促进公民有效地互动，以获得正确的信息，系统地评估问题，包括他们的期望、信息和需求，以正确地定义问题并找到可以实施的解决方案。KADOS 是欧洲委员会环境论坛的成员，自过去 6 年以来代表土耳其的环境非政府组织平台。

工作语言：英语

咨商地位：无

活动领域：可持续发展
总部地址：土耳其

Foundation Centre for Legal Resources（法律资源基金会中心，Centrul de Resurse Juridice）

机构名称：法律资源基金会中心
机构名称（英文）：Foundation Centre for Legal Resources
机构名称缩写：CRJ
机构名称缩写（英文）：CLR
机构网站：http://www.crj.ro
简介：CRJ是一个非政府、非营利组织，由罗马尼亚开放社会基金会于1998年成立，积极倡导建立和运作一个法律和体制框架，以保障人权和平等机会，自由诉诸公正的司法，并有助于将其法律专业知识用于一般公众利益。
工作语言：英语、罗马尼亚语
咨商地位：2016年提交咨商地位申请，获得联合国经社理事会特别咨商地位
活动领域：经济、公共行政、社会发展、数据统计、性别问题、妇女
总部地址：罗马尼亚

G

Geneva International Peace Research Institute（日内瓦国际和平研究所，Institut International de Recherches Pour la Paix à Genève）

机构名称：日内瓦国际和平研究所（Institut International de Recherches pour la Paix à Genève）

机构名称（英文）：Geneva International Peace Research Institute

机构名称缩写：GIPRI

机构名称缩写（英文）：GIPRI

机构网站：http://www.2iecologie.ch/

简介：GIPRI 是一个总部设在日内瓦的非政府组织。它成立于 1980 年，其目的是了解战争，以便更好地避免战争。

工作语言：法语、英语

咨商地位：2017 年提交咨商地位申请，并获得联合国经社理事会特别咨商地位

活动领域：经济、社会、原子能、裁军、教育等

总部地址：瑞士

Green Liberty（绿色自由，Zala Briviba）

机构名称：绿色自由（Zala Briviba）

机构名称（英文）：Green Liberty

机构名称缩写：ZB

机构名称缩写（英文）：GL

机构网站：http://www.zalabriviba.lv

简介：GL 成立于 1991 年，旨在建立一个人们彼此和谐相处同时与环境和谐相处的社会。GL 致力于让人们了解消费主义，贸易和全球化等当前社会趋势对环境的影响。

工作语言：拉脱维亚语、英语、俄语

咨商地位：2013 年提交咨商地位申请，2014 年获得经社理事会特别咨商地位（已暂停）

活动领域：经济、社会、可持续发展

总部地址：拉脱维亚

Green Cross-Green Crescent（绿色浸礼，Zeleni krst）

机构名称：绿色浸礼（Zeleni krst）

机构名称（英文）：Green Cross-Green Crescent

机构名称缩写：Zeleni Polumjesec

机构名称缩写（英文）：Green Crescent

机构网站：无网站，邮箱：http://wwwzelenipolumjesec@hotmail.com

简介：Zeleni krst 成立于 2014 年，主要活跃于科索沃，致力于提高吸毒者的尊严，并捍卫弱势群体，如儿童、残障人士、艾滋病毒感染者、难民等的权益。

工作语言：塞尔维亚—克罗地亚语

咨商地位：2022 年提交咨商地位申请，获得联合国经社理事会特别咨商地位

活动领域：经济、社会

总部地址：塞尔维亚

Global Self-Care Federation（世界自我治疗协会）

机构名称：世界自我治疗协会

机构名称（英文）：Global Self-Care Federation

机构名称缩写：GSCF

机构名称缩写（英文）：GSCF

机构网站：http://www.selfcarefederation.org

简介：GSCF 是一个由各大洲非处方药的区域和国家协会以及制造商和分销商组成的联合会。GSCF 支持世界各地行业协会的发展，以帮助负责任的自我保健和自我用药发展。GSCF 要求成员协会制定自愿的广告行为守则，并鼓励使用对消费者友好的标签。

工作语言：英语

咨商地位：2004 年提交咨商地位申请，获得联合国经社理事会 A1 咨商地位

活动领域：经济、社会

总部地址：瑞士

Greening the University Tübingen（学生绿化大学倡议，Studierende Initiative Greening the University e. V. Tübingen）

机构名称：学生绿化大学倡议（Studierende Initiative Greening the University e. V. Tübingen）

机构名称（英文）：Greening the University Tübingen

机构名称缩写：SIGU

机构名称缩写（英文）：SIGU

机构网站：http：//www. greening-the-university. de

简介：SIGU 成立于 2006 年，旨在将可持续发展融入大学管理，例如，减少其对环境的影响，融入教学和研究活动。SIGU 遵循自下而上的战略，旨在启动创新项目，努力实现大学的制度变革，以实现可持续发展。

工作语言：德语、英语

咨商地位：该组织不具有联合国经社理事会特别咨商地位

活动领域：可持续发展、能力建设、教育、科学

总部地址：德国

Girls' Brigade International（女童军国际理事会）

机构名称：女童军国际理事会

机构名称（英文）：Girls' Brigade International

机构名称缩写：GBI

机构名称缩写（英文）：GBI

机构网站：http：//www. gbworldwide. org

简介：GBI 成立于 1893 年，旨在改变女童的社会福利状况，赋予世界各地的女童和年轻妇女以权利，让她们做自己，发展和利用自己的天赋和技能，在她们的生活中实现自我价值。

工作语言：英语

咨商地位：2018 年提交咨商地位申请，获得联合国经社理事会特别咨商地位

活动领域：宣传和外联、妇女教育和培训、女权千年发展目标、研究、女童、贩卖妇女和女童、暴力侵害妇女行为、妇女健康、妇女贫困

总部地址：英国

German Speleological Federation（德国岩洞学联合会，Verband der Deutschen Höhlen-und Karstforscher e. V.）

机构名称：德国岩洞学联合会（Verband der Deutschen Höhlen-und Karstforscher e. V.）

机构名称（英文）：German Speleological Federation

机构名称缩写：VdHK

机构名称缩写（英文）：无

机构网站：http：//www.vdhk.de

简介：VdHK 是德国岩溶和洞穴探险家的伞式组织，也是洞穴和岩溶领域最权威的联络机构。来自 70 个地区协会和团体、200 多个个人会员以及 7 个州协会的 2300 多名岩溶学家聚集在我们的旗下。我们的主要目标是探索和保护洞穴和岩溶现象。在德国，洞穴探险是一项自愿性活动，得到了 VdHK 会员的大力支持。其重点是以负责任的态度对待岩溶和洞穴的自然环境。

工作语言：英语、德语

咨商地位：2020 年提交咨商地位申请，获得联合国经社理事会特别咨商地位

活动领域：生物多样性、气候变化、灾害管理、淡水、国际合作、可持续旅游业等

总部地址：德国

German League for Nature and Environment（德国自然与环境联盟/德国自然保护协会，Deutscher Naturschutzring-DNR）

机构名称：德国自然与环境联盟/德国自然保护协会（Deutscher Naturschutzring-DNR）

机构名称（英文）：German League for Nature and Environment

机构名称缩写：DNR

机构名称缩写（英文）：DNR

机构网站：http：//www.dnr.de/

简介：DNR 是成立于 1950 年的非政府组织，积极参与许多国际机构的工作，包括世界自然保护联盟；是欧洲委员会自然保护国家联络点为了

处理欧洲问题建立的欧盟协调机构。

工作语言：英语、德语

咨商地位：1998年提交咨商地位申请，获得联合国经社理事会特别咨商地位

活动领域：经济、社会、可持续发展

总部地址：德国

H

Health Education and Research Association（健康教育和研究协会）

机构名称：健康教育和研究协会

机构名称（英文）：Health Education and Research Association

机构名称缩写：XEPA

机构名称缩写（英文）：HERA

机构网站：http：//www.hera.org.mk/

简介：HERA 致力于建立一个自由和公平的社会，没有歧视，确保所有人的性权利和生殖权利，以及一个自由选择权得到尊重的社会。HERA 致力于在社会正义和性别平等原则的基础上，利用宣传、提供教育和服务以及持续的系统发展和研究战略，促进所有人在性健康和生殖健康领域的人权。

工作语言：英语、马其顿语

咨商地位：2018 年提交咨商地位申请，获得联合国经社理事会特别咨商地位

活动领域：经济、性别问题、妇女、社会发展、人口等

总部地址：北马其顿

Human Rights Organization Rights and Freedoms of Citizens of Turkmenistan（保护土库曼斯坦公民的权利和自由的人权组织，Lidskoprávní Organizace Práva a svobody obcanuců Turkmenistánu z. s.）

机构名称：保护土库曼斯坦公民的权利和自由的人权组织（Lidskoprávní Organizace Práva a svobody obcanuců Turkmenistánu z. s.）

机构名称（英文）：Human Rights Organization Rights and Freedoms of Citizens of Turkmenistan

机构名称缩写：RFTP

机构名称缩写（英文）：RFTP

机构网站：http：//www.turkmenyurt.tv

简介：RFTP 于 2016 年在捷克共和国成立。这是土库曼斯坦第一个由土库曼妇女创立和领导的组织。RFTP 创建了媒体项目"土库马斯尤尔特电视台"（Turkmen Yurt TV），该项目涵盖土库曼斯坦侵犯人权的所有领

域。本组织和上述项目的主要任务是查明和保护土库曼斯坦公民和留在土库曼斯坦的外国公民的权利受到侵犯的情况。除此之外，RFTP 还监测土库曼斯坦的腐败计划。RFTP 主要重点之一是引起人们对土库曼斯坦境内支持妇女权利和侵犯妇女权利行为的关注。

工作语言：俄语、英语、土库曼语

咨商地位：2021 年提交咨商地位申请书，获得联合国经社理事会特别咨商地位

活动领域：老龄化、农业、文化等

总部地址：捷克

I

International Institute for Rights and Development Geneva（日内瓦国际权利和发展研究所，Institut International pour les Droits et le Développement）

机构名称：日内瓦国际权利和发展研究所（Institut International pour les Droits et le Développement）

机构名称（英文）：International Institute for Rights and Development Geneva

机构名称缩写：IRDG

机构名称缩写（英文）：IRDG

机构网站：https://www.irdg.ch/

简介：IRDG 是一个中立和公正的国际组织，专注于在发展中国家制定政策和提供技术援助；促进社会正义，调解冲突以及被忽视的权利。

工作语言：法语、英语

咨商地位：2018 年提交咨商地位申请书，并获得联合国经社理事会特别咨商地位

活动领域：性别问题、妇女、妇女教育和培训、女权等

总部地址：瑞士

Institute for African Alternatives（非洲选项研究所）

机构名称：非洲选项研究所

机构名称（英文）：Institute for African Alternatives

机构名称缩写：IFAA

机构名称缩写（英文）：IFAA

机构网站：http://www.ifaaza.org/

简介：IFAA 通过吸引那些认为种族、性别、阶级、民族和种姓等的不平等将阻碍社会繁荣的领袖，促进有关社会、生态和经济转型的思想。IFAA 倡导进行结构性改革，以减少贫困和不平等。IFAA 认为，鉴于非洲的资源禀赋，只有在现有的经济、社会和政治安排出现进步性革新的情况下，所有非洲居民才有可能过上高质量的生活。

工作语言：英语

咨商地位：1989年提交咨商地位申请，获得联合国经社理事会 A1 名册咨商地位

活动领域：经济、社会、可持续发展等

总部地址：英国

Institute for Human Rights & Business Limited（人权与商业研究所）

机构名称：人权与商业研究所

机构名称（英文）：Institute for Human Rights & Business Limited

机构名称缩写：IHRB

机构名称缩写（英文）：IHRB

机构网站：https://www.ihrb.org/

简介：IHRB 成立于2009年，是一个关于工商与国际公布的人权标准之间关系的全球卓越和专业知识中心。IHRB 为对话和独立分析提供了一个值得信赖、公正的空间，以加深对人权挑战以及企业的作用的理解。

工作语言：汉语、英语、德语、法语、西班牙语

咨商地位：2016年提交咨商地位申请，获得联合国经社理事会特别咨商地位

活动领域：经济、社会发展等

总部地址：英国

Institute for Planetary Synthesis（行星综合研究所）

机构名称：行星综合研究所

机构名称（英文）：Institute for Planetary Synthesis

机构名称缩写：IPS

机构名称缩写（英文）：IPS

机构网站：https://www.ipsgeneva.com/en/

简介：IPS 成立于1981年。IPS 的目的是重新唤起人们对日常生活中精神价值的认识，促进地球意识，从而在精神价值的基础上形成行星公民的态度：热爱真理、个人责任、正义感、建设性合作和无私奉献。

工作语言：西班牙语、法语、葡萄牙语、英语、俄语、德语

咨商地位：1998年提交咨商地位申请，获得联合国经社理事会 A1-名

册咨商地位

活动领域：经济、社会、可持续发展等

总部地址：瑞士

Institute for Policy Studies（政策研究学院）

机构名称：政策研究学院

机构名称（英文）：Institute for Policy Studies

机构名称缩写：TNI

机构名称缩写（英文）：TNI

机构网站：https：//www.tni.org/

简介：TNI 成立于 1974 年。TNI 的使命是通过严谨的研究、可靠的信息、合理的分析和建设性的建议来加强国际社会运动，推动渐进的民主政策变革和全球问题的共同解决方案。在此过程中，TNI 充当了社会运动、学者和政策制定者之间的纽带。

工作语言：西班牙语、英语

咨商地位：1977 年提交咨商地位申请，获得联合国经社理事会特别咨商地位

活动领域：经济、发展筹资、公共管理、社会发展、可持续发展等

总部地址：荷兰

Institute for Reporters' Freedom and Safety（记者自由与安全研究所）

机构名称：记者自由与安全研究所

机构名称（英文）：Institute for Reporters' Freedom and Safety

机构名称缩写：RATI

机构名称缩写（英文）：IRFS

机构网站：https：//www.irfs.org/

简介：IRFS 成立于 2006 年。IRFS 认为，没有言论自由，民主和发展就不可能实现。因此，IRFS 的使命是保护和改善阿塞拜疆的言论自由。IRFS 设想建立一个公民可以自由发言、发表意见和参与决策的地区。IRFS 致力于不受限制地访问多样化和独立的新闻媒体。

工作语言：英语、俄语、阿塞拜疆语

咨商地位：2021年提交咨商地位申请，获得联合国经社理事会特别咨商地位

活动领域：社会发展、信息、通信技术、青年等

总部地址：瑞士

Institute of Marine Engineering, Science and Technology（海洋工程科学与技术研究所）

机构名称：海洋工程科学与技术研究所

机构名称（英文）：Institute of Marine Engineering, Science and Technology

机构名称缩写：IMarEST

机构名称缩写（英文）：IMarEST

机构网站：http://www.imarest.org

简介：IMarEST是英国工程委员会（Engineering Council）的提名和许可机构，是科学委员会的成员，并与世界各地的海事组织有联系。我们为从事海事相关角色的每个人提供会员等级，从那些寻求成为特许或其他专业认可的人，到那些刚刚开始职业生涯或学习教育的人。该组织是同类机构中最大的海洋组织，也是第一个将海洋工程师、科学家和技术人员汇集到一个国际多学科专业机构的研究所。该组织促进海洋工程、科学和技术的科学发展，为交流思想和实践提供机会，维护全球海洋专业人员的地位、标准和知识。

工作语言：法语、英语、德语、荷兰语、西班牙语

咨商地位：2008年提交咨商地位申请，获得联合国经社理事会特别咨商地位

活动领域：经济、社会、海洋、科学技术

总部地址：英国

Institute of the Blessed Virgin Mary-Loreto Generalate（圣母玛利亚研究所—洛雷托总会）

机构名称：圣母玛利亚研究所—洛雷托总会

机构名称（英文）：Institute of the Blessed Virgin Mary-Loreto Generalate

机构名称缩写：IBVM

机构名称缩写（英文）：IBVM

机构网站：http://www.ibvm.org/www.ibvmunngo.org

简介：IBVM 和耶稣会（CJ）在联合国（UN）促进一个更加人道、公正和可持续的世界。防治艾滋病毒/艾滋病，疟疾和其他疾病，消除极端贫困和饥饿，普及初等教育，促进性别平等，赋予妇女权利，降低儿童死亡率，改善孕产妇健康，确保环境的可持续性，发展全球发展伙伴关系。

工作语言：西班牙语、英语、法语

咨商地位：自 2015 年以来的联合国经社理事会特殊咨商地位

活动领域：经济和社会、老龄化、发展、教育、非洲的发展、非洲和平等

总部地址：意大利

Institute for Development, Research and Alternatives（发展、研究和替代机构，Instituti për Kërkime dhe Alternativa Zhvillimi）

机构名称：发展、研究和替代机构（Instituti për Kërkime dhe Alternativa Zhvillimi）

机构名称（英文）：Institute for Development, Research and Alternatives

机构名称缩写：IKAZH

机构名称缩写（英文）：IDRA

机构网站：http://www.idrainstitute.org/en

简介：IDRA 的使命是作为一个提供专业知识的机构和社区与机构之间的有效桥梁，关注阿尔巴尼亚社会面临的问题，并以无党派，道德和专业的方式加强合作和对话。

工作语言：英语

咨商地位：自 2019 年以来的联合国经社理事会特殊咨商地位

活动领域：经济、社会、少数人权利、就业、社会政策、青年等

总部地址：阿尔巴尼亚

Institution of Occupational Safety and Health（职业安全卫生研究所）

机构名称：职业安全卫生研究所

机构名称（英文）：Institution of Occupational Safety and Health

机构名称缩写：IOSH

机构名称缩写（英文）：IOSH

机构网站：http：//www.iosh.com

简介：IOSH 成立于 1945 年，致力于促进性别平等、赋予妇女权利、确保环境的可持续性。IOSH 是全球最大的健康和安全专业人员特许机构和会员组织。愿景是一个安全健康的工作世界。全新的课程"可持续管理"满足了对专注于社会可持续性的职业安全和健康培训日益增长的需求。

工作语言：英语

咨商地位：自 2023 年起获得联合国经社理事会特殊咨商地位

活动领域：经济、社会、教育、非洲和平发展

组织总部：英国

International Institute for Law and the Environment（国际法与环境研究所，Instituto Internacional de Derechoy Medio Ambiente）

机构名称：国际法与环境研究所（Instituto Internacional de Derechoy Medio Ambiente）

机构名称（英文）：International Institute for Law and the Environment

机构名称缩写：IIDMA

机构名称缩写（英文）：IIDMA

机构网站：http：//www.iidma.org

简介：IIDMA 是一个非政治性的、公开的公用事业组织，利用法律来保护我们的星球。IIDMA 是联合国环境大会、《联合国气候变化框架公约》和《联合国防治荒漠化公约》的认可机构。

工作语言：西班牙语、英语

咨商地位：自 2022 年以来获得联合国经社理事会特殊咨商地位

活动领域：环境、可持续发展等

总部地址：西班牙

Inter African Committee in Norway（挪威非洲委员会）

机构名称：挪威非洲委员会

机构名称（英文）：Inter African Committee In Norway

机构名称缩写：IAC Norway

机构名称缩写（英文）：IAC Norway

机构网站：不明

简介：IAC Norway 希望通过消除有害的传统习俗和促进有益的传统习俗，促进两性平等，为改善生活在挪威的非洲和少数民族妇女和儿童的健康状况、社会、经济、政治、人权和生活质量作出贡献。

工作语言：英语、挪威语

咨商地位：联合国经社理事会特殊咨商地位

活动领域：性别问题、妇女、健康、决策和参与信息

总部地址：挪威

Inter University European Institute on Social Welfare（国际大学欧洲社会福利研究所）

机构名称：国际大学欧洲社会福利研究所

机构名称（英文）：Inter University European Institute on Social Welfare

机构名称缩写：不明

机构名称缩写（英文）：不明

机构网站：http://www.atom.archives.unesco.org/institut-europeen-interuniversitaire-de-laction-sociale

简介：Inter University European Institute on Social Welfare 是隶属于联合国的政府间组织，其目的是通过提供应用社会科学和比较实证研究，促进政府和组织在社会福利方面的合作。

工作语言：英语

咨商地位：获得联合国经社理事会名册咨商地位

活动领域：经济、社会、可持续发展

总部地址：比利时

Inter-European Parliamentary Forumon Population and Development（欧洲议会人口与发展论坛）

机构名称：欧洲议会人口与发展论坛

机构名称（英文）：Inter-European Parliamentary Forumon Population and Development

机构名称缩写：EPF

机构名称缩写（英文）：EPF

机构网站：https：//www.epfweb.org/

简介：EPF 旨在促进议员努力实现可持续发展目标，特别是在健康和人权领域。我们为来自世界各地的议员提供了一个平台，以倡导更好的医疗保健，扩大人权，并在本国和国外实现可持续发展目标。召集致力于保护世界上最弱势群体的性健康和生殖健康及权利的议员。

工作语言：英语、法语、俄语

咨商地位：获得联合国经社理事会特殊咨商地位

活动领域：人口、发展筹资、平等健康等

总部地址：比利时

Inter-Academy Panelon International Issues（国际问题国际学院小组）

机构名称：国际问题国际学院小组

机构名称（英文）：Inter-Academy Panelon International Issues

机构名称缩写：IAP

机构名称缩写（英文）：IAP

机构网站：不明

简介：IAP 是一个全球网络。IAP 的使命是让世界各地的择优录取院校发挥重要作用，确保科学包容、公平地服务社会，并通过就重大全球问题的科学方面向公众提供建议，为全球可持续发展奠定基础。

工作语言：英语

咨商地位：无

活动领域：经济、社会、教育、可持续发展等

总部地址：意大利

Inter-Press Service International Association（国际新闻服务协会）

机构名称：国际新闻服务协会

机构名称（英文）：Inter-Press Service International Association

机构名称缩写：IPS

机构名称缩写（英文）：IPS

机构网站：https://www.ips.org/

简介：IPS 是一个以全球通讯社为核心的国际传播机构，在发展问题上提高南方和民间社会的声音。由于其使命和概念方法，IPS 与民间社会共同成长，并系统地覆盖了民间社会，特别是其日益增长的国际影响。认识到全球化对南方的影响是影响我们报道、能力建设和传播新闻方式的另一个重要见解。这使得 IPS 成为整个发展进程中的重要行动者，并成为全世界有组织的民间社会的主要国际新闻提供者。

工作语言：英语、西班牙语

咨商地位：获得联合国经社理事会全面咨商地位

活动领域：经济、农业、社会发展、贫困等

总部地址：意大利

Inter-Union Commissionon Frequency Allocations for Radio Astronomy and Space Science（射电天文学和空间科学频率分配联盟委员会）

机构名称：射电天文学和空间科学频率分配联盟委员会

机构名称（英文）：Inter-Union Commissionon Frequency Allocations for Radio Astronomy and Space Science

机构名称缩写：IUCAF

机构名称缩写（英文）：IUCAF

机构网站：http://www.iucaf.org

简介：IUCAF（职权范围）在国际科学理事会 ISC 的主持下运作。IUCAF 由 IAU（国际天文学联盟）、URSI（国际无线电科学协会）和 COSPAR（空间研究委员会）组成。该机构是一个由专业天文学家组成的国际协会，成员在博士及以上水平，活跃于天文学的专业研究和教育。

工作语言：英语

咨商地位：获得联合国经社理事会名册咨商地位

活动领域：经济、社会、可持续发展等

总部地址：瑞士

International Police Organization（国际警察组织，Internacionalna Policijska Organizacija）

机构名称：国际警察组织（Internacionalna Policijska Organizacija）

机构名称（英文）：International Police Organization

机构名称缩写：IPO

机构名称缩写（英文）：IPO

机构网站：http://www.interpolice.org

简介：IPO 是一个多国专业非政府组织和非营利组织，旨在通过教育和科学工作创造理论和实践工具，通过将专业的民事和安全组织聚集在一起，共同为更安全的社区和更安全的明天作出贡献，从而成为社区与执法之间的桥梁。

工作语言：塞尔维亚—克罗地亚语、意大利语、英语

咨商地位：自 2022 年以来获得联合国经社理事会特殊咨商地位

活动领域：经济、社会、预防犯罪、妇女与武装冲突等

总部地址：意大利

International Academy of Architecture（国际建筑学院）

机构名称：国际建筑学院

机构名称（英文）：International Academy of Architecture

机构名称缩写：IAA

机构名称缩写（英文）：IAA

机构网站：http://www.iaa-ngo.com

简介：IAA 的主要目标是：刺激建筑、城市规划和建筑理论的发展；促进建筑教育的发展；为来自世界各地的年轻有才华的建筑师组织研究生课程和讲习班；支持和宣传联合国的方案、宣言和活动；组织国际会议；组织"Interarch-Sofia"世界建筑三年展。

工作语言：英语

咨商地位：自 1989 年以来获得联合国经社理事会特殊咨商地位

活动领域：经济、社会、信息、科学与技术、可持续发展等

总部地址：保加利亚

International Academy of Ecology and Life Protection Sciences（国际生态与生命保护科学研究院）

机构名称：国际生态与生命保护科学研究院

机构名称（英文）：International Academy of Ecology and Life Protection Sciences

机构名称缩写：IAELPS

机构名称缩写（英文）：IAELPS

机构网站：http://www.maneb.org

简介：IAELPS 是一个由在安全、生态和环境保护领域工作的专家和科技公共组织的公共联盟。1993 年 6 月 5 日召开了学院成立大会。该学院的创始人是列宁格勒人类安全专家联盟和白俄罗斯紧急情况协会"熔岩"。学院章程于 1994 年 2 月在俄罗斯联邦司法部注册（注册证书编号 2114）。

工作语言：英语、俄语

咨商地位：自 2004 年起获得联合国经社理事会特殊咨商地位

活动领域：经济、社会、可持续发展等

总部地址：俄罗斯

International Action for Peace & Sustainable Development（和平与可持续发展国际行动）

机构名称：和平与可持续发展国际行动

机构名称（英文）：International Action for Peace & Sustainable Development

机构名称缩写：IASPD

机构名称缩写（英文）：IASPD

机构网站：不明

简介：IASPD 成立于 2015 年。高度的武装暴力和不安全对一个国家的发展具有破坏性影响。在发生冲突或没有法治的地方，性暴力、犯罪、剥削和酷刑普遍存在。各国政府、民间社会和社区需要共同努力，为冲突和犯罪找到持久的解决方案。

工作语言：法语、英语

咨商地位：自 2019 年起获得联合国经社理事会特殊咨商地位

活动领域：经济、社会、教育、人道主义事务、冲突解决等
总部地址：瑞士

International Agency for the Prevention of Blindness（国际防盲机构）

机构名称：国际防盲机构

机构名称（英文）：International Agency for the Prevention of Blindness

机构名称缩写：IAPB

机构名称缩写（英文）：IAPB

机构网站：http://www.iapb.org

简介：IAPB 的发展目标是防治艾滋病毒/艾滋病、疟疾和其他疾病，消除极端贫困和饥饿，普及初等教育，促进性别平等，赋予妇女权利，降低儿童死亡率，改善孕产妇健康，确保环境的可持续性，发展全球发展伙伴关系。

工作语言：英语

咨商地位：获得联合国经社理事会名册咨商地位

活动领域：经济和社会、儿童、贫困、环境卫生等

总部地址：英国

International AIDS Society（IAS）（国际艾滋病协会）

机构名称：国际艾滋病协会

机构名称（英文）：International AIDS Society（IAS）

机构名称缩写：IAS

机构名称缩写（英文）：IAS

机构网站：http://www.iasociety.org

简介：IAS 是世界领先的艾滋病毒专业人员独立协会。成员包括来自各个学科的专业人士，人们共同努力结束艾滋病毒流行，在艾滋病毒应对的各个层面应用科学证据和最佳实践。致力于防治艾滋病毒/艾滋病、疟疾和其他疾病，消除极端贫困和饥饿，促进性别平等，赋予妇女权利，降低儿童死亡率，改善孕产妇健康，发展全球发展伙伴关系。

工作语言：英语

咨商地位：自 2012 年起获得联合国经社理事会特殊咨商地位

活动领域：经济、社会、老龄化、可持续发展、健康等

总部地址：瑞士

International Air Transport Association （国际航空运输协会）

机构名称：国际航空运输协会

机构名称（英文）：International Air Transport Association

机构名称缩写：IATA

机构名称缩写（英文）：IATA

机构网站：http：//www.iata.org

简介：IATA成立于1949年，是全球航空公司的行业协会，代表着约300家航空公司，占航空运输总量的83%。支持航空活动的许多领域，并帮助制定有关关键航空问题的行业政策。

工作语言：英语

咨商地位：自1949年起获得联合国经社理事会特殊咨商地位

活动领域：经济、社会、可持续发展等

总部地址：瑞士

International Alert （国际警报）

机构名称：国际警报

机构名称（英文）：International Alert

机构名称缩写：不明

机构名称缩写（英文）：不明

机构网站：http：//www.international-alert.org

简介：International Alert成立于1991年，30多年来，International Alert一直致力于建立积极的和平和减少暴力，跨越冲突线并与冲突各方合作。愿景是：人民及其社会能够在没有暴力的情况下解决冲突，共同努力建设可持续和包容的和平。使命是通过以下方式打破暴力循环并建立可持续和平：与直接受暴力冲突影响的人们合作，寻找持久的解决方案，制定减少和预防暴力以及支持可持续和平的政策和做法，与所有为和平而奋斗的人合作，以加强我们的集体声音和影响。

工作语言：英语

咨商地位：自 1991 年起获得联合国经社理事会特殊咨商地位

活动领域：经济、社会、工商业、妇女与武装冲突等

总部地址：英国

International Alliance of Women（国际妇女联盟）

机构名称：国际妇女联盟

机构名称（英文）：International Alliance of Women

机构名称缩写：IAW

机构名称缩写（英文）：IAW

机构网站：http：//www.womenalliance.org

简介：妇女的权利是人权。所有妇女和女童都应充分和平等地享有条约、公约和宣言所规定的人权。IAW 致力于消除极端贫困和饥饿、促进性别平等，赋予妇女权力，改善孕产妇健康，确保环境的可持续性。

工作语言：英语、法语

咨商地位：自 1947 年起获得联合国经社理事会特殊咨商地位

活动领域：经济、社会、老龄化、农业、公民身份、公民治理等

总部地址：瑞士

International Association "Znanie"（国际"Znanie"协会）

机构名称：国际"Znanie"协会

机构名称（英文）：International Association "Znanie"

机构名称缩写：不明

机构名称缩写（英文）：不明

机构网站：http：//www.malitikov.ru

简介：International Association "Znanie" 成立于 1947 年，前身为国际科学和教育"Znanie"协会。目标是：促进成员的智力和人道主义活动的努力；提高普通民众的文化和知识水平；促进来自不同国家的科学家和专家之间的联系；促进国际信息交流和科学、技术和人道主义知识的传播。

工作语言：英语、亚美尼亚语、俄语

咨商地位：无

活动领域：经济、社会、可持续发展、性别问题、妇女

总部地址：俄罗斯

International Association Against Drug Abuse and Drug Trafficking（国际禁止药物滥用和贩毒协会）

机构名称：国际禁止药物滥用和贩毒协会

机构名称（英文）：International Association Against Drug Abuse and Drug Trafficking

机构名称缩写：IADTDA

机构名称缩写（英文）：IADTDA

机构网站：http：//www. iadtda@ jvl-bg. com

简介：IADTDA 成立于 1991 年，目标是：阻止吸毒成瘾在俄罗斯和其他国家蔓延；协助协调力量，统筹打击非法贩毒活动；研究和实施旨在减少毒品需求的项目和计划；参与建立吸毒成瘾者特殊医疗中心网络及其社会康复。

工作语言：英语

咨商地位：无

活动领域：预防犯罪、刑事司法、药物管制等

总部地址：保加利亚

International Association Against Noise（国际抗噪协会）

机构名称：国际抗噪协会

机构名称（英文）：International Association Against Noise

机构名称缩写：IAN

机构名称缩写（英文）：IAN

机构网站：不明

简介：IAN 的目标是：在国际基础上与噪声做斗争；在国家协会之间开展合作，交流经验；制定国际公认的标准和法规，不时进行研究和出版出版物。两者都汇集了一个关键组织联盟，就噪声的不同方面进行游说。强调噪声问题，但组织的重点是解决方案。组织相信一个更安静的世界是可能的。

工作语言：英语

咨商地位：联合国经社理事会名册咨商地位

活动领域：经济、社会、环境、统计学、可持续发展等

总部地址：瑞士

International Association Against Painful Experiments on Animals（国际反对动物痛苦实验协会）

机构名称：国际反对动物痛苦实验协会

机构名称（英文）：International Association Against Painful Experiments on Animals

机构名称缩写：IAAPEA

机构名称缩写（英文）：IAAPEA

机构网站：不明

简介：IAAPEA 成立于 1969 年，目标是促进所有反对对动物造成痛苦和/或痛苦的实验之间的合作，包括：为科学、医疗、化妆品、工业、农业或任何其他目的而进行的过程；唤醒人类的良知，认识到这种实验的罪恶，并获得完全禁止它们的立法；鼓励开发和采用人道的替代研究和治疗方法。

工作语言：英语

咨商地位：自 1972 年以来的联合国经社理事会特殊咨商地位

活动领域：经济、社会、可持续发展等

总部地址：英国

International Association for Bridge and Structural Engineering（国际桥梁与结构工程协会）

机构名称：国际桥梁与结构工程协会

机构名称（英文）：International Association for Bridge and Structural Engineering

机构名称缩写：IABSE

机构名称缩写（英文）：IABSE

机构网站：http://www.iabse.org

简介：IABSE 成立于 1929 年，是一个科学技术协会，由全球 100 个国

家/地区的会员组成，拥有 58 个国家集团。IABSE 涉及结构工程的各个方面：规划、设计、施工、运营、监测和检查、维护、修复和保护、拆除和拆除结构的科学和艺术，同时考虑到技术、经济、环境、美学和社会方面。该协会的宗旨是交流知识并推动全球结构工程的实践，为专业和社会服务。

工作语言：英语

咨商地位：1974 年以来的联合国经社理事会名册咨商地位

活动领域：经济、社会、环境、可持续发展、税收政策等

总部地址：瑞士苏黎世

International Association for Community Development（国际社区发展协会）

机构名称：国际社区发展协会

机构名称（英文）：International Association for Community Development

机构名称缩写：IACD

机构名称缩写（英文）：IACD

机构网站：http：//www. iacdglobal. org

简介：IACD 的愿景是：可持续社区发展促进全球正义。我们的使命是成为一个公认的国际网络：促进可持续社区发展实践、教育、研究和政策分析；在国际论坛上宣传社区发展价值观、原则和方法；促进社区发展从业人员、协会、教育工作者和决策者之间的联系；倡导增强社区权能，在全球层面发出有效的声音，以支持基于社区的规划和发展。

工作语言：英语

咨商地位：1981 年以来的联合国经社理事会名册咨商地位

活动领域：经济、社会、预防犯罪、可持续发展、冲突解决等

总部地址：英国

International Association for Driving Instruction and Traffic Education（国际驾驶教学和交通教育协会）

机构名称：国际驾驶教学和交通教育协会

机构名称（英文）：International Association for Driving Instruction and

Traffic Education

 机构名称缩写：IADITE

 机构名称缩写（英文）：IADITE

 机构网站：不明

 简介：IADITE 成立于 1985 年，交通教育致力于为青少年司机提供一个基础，以灌输安全、谨慎和对管理驾驶的法律的基本理解。

 工作语言：英语

 咨商地位：1985 年以来的联合国经社理事会名册咨商地位

 活动领域：经济、社会、安全、可持续发展等

 总部地址：英国

International Association for Human Values（国际人类价值观协会）

 机构名称：国际人类价值观协会

 机构名称（英文）：International Association for Human Values

 机构名称缩写：IAHV

 机构名称缩写（英文）：IAHV

 机构网站：http://www.iahv.org

 简介：IAHV 是一个国际人道主义和教育非政府组织，致力于促进人类价值观在全球生活的各个方面的复兴。该协会与政府、教育机构、其他非政府组织、公司、企业和个人合作，制订和促进个人发展计划，以鼓励在日常生活中实践人类价值观。IAHV 及其姊妹组织生活艺术基金会拥有世界上最大的志愿者网络之一。它已通过广泛的社会、经济、文化和教育活动惠及 20 多个国家的 140 多万人。该组织具有联合国经济、社会和文化理事会（经社理事会）专门咨商地位，参加与保健和解决冲突有关的各种委员会和活动。IAHV 以其低管理费用和强大的组织能力而闻名。这是可能的，因为我们庞大的鼓舞人心的志愿者基础。

 工作语言：英语

 咨商地位：自 2002 年以来的联合国经社理事会特殊咨商地位

 活动领域：公民身份、公民治理、迁移、土著妇女、非洲冲突解决等

 总部地址：瑞士

International Association for Humanitarian Medicine Brock Chisholm
（国际人道主义医学协会布洛克·奇泽姆）

机构名称：国际人道主义医学协会布洛克·奇泽姆

机构名称（英文）：International Association for Humanitarian Medicine Brock Chisholm

机构名称缩写：IAHM

机构名称缩写（英文）：IAHM

机构网站：http://www.iahm.org

简介：IAHM 是一个专业的非营利性非政府组织，成立于 2006 年。根据人道主义医学原则促进和提供卫生保健，使世卫组织创始人乔治·布洛克·奇泽姆博士的理想永世长存。

工作语言：英语

咨商地位：自 2006 年以来的联合国经社理事会特殊咨商地位

活动领域：医疗、人权、人道主义等

总部地址：意大利

International Association for Hydraulic Research（国际水利研究协会）

机构名称：国际水利研究协会

机构名称（英文）：International Association for Hydraulic Research

机构名称缩写：IAHR

机构名称缩写（英文）：IAHR

机构网站：https://www.iahr.org/

简介：IAHR 成立于 1935 年，是一个由工程师和水专家组成的全球独立组织，从事与水环境科学及其实际应用相关的工作。活动范围从河流和海洋水力学到水资源开发和生态水力学，再到冰工程、水文信息学以及继续教育和培训。IAHR 促进和促进研究及其应用，并以此努力为可持续发展、世界水资源管理和工业流动过程的优化作出贡献。

工作语言：英语

咨商地位：获得联合国经社理事会名册咨商地位

活动领域：经济、社会、可持续发展等

总部地址：西班牙

International Association for Hydrogen Energy（国际氢能协会）

机构名称：国际氢能协会

机构名称（英文）：International Association for Hydrogen Energy

机构名称缩写：IAHE

机构名称缩写（英文）：IAHE

机构网站：不明

简介：IAHE 是一个成立于 1974 年的组织，致力于推进和推广氢作为能源载体。目标是：在世界范围内，协调努力开发基于氢的能源系统；向公众宣传和教育与氢能相关的所有领域及其最终好处，特别是氢能的作用。

工作语言：英语

咨商地位：1977 年以来获得联合国经社理事会名册咨商地位

活动领域：经济、社会、生物多样性、气候变化、能源等

总部地址：土耳其

International Association for Landscape Ecology（国际景观生态学协会）

机构名称：国际景观生态学协会

机构名称（英文）：International Association for Landscape Ecology

机构名称缩写：IALE

机构名称缩写（英文）：IALE

机构网站：http://www.landscape-ecology.org

简介：IALE 是景观生态学家的全球组织，成立于 1982 年。主要任务是促进我们各个分会之间以及与国际政策制定者的全球合作，也是跨学科讨论和互动的平台。通过工作组与成员的频繁沟通以及世界大会（每 4 年举行一次）和区域会议来实现使命。

工作语言：英语

咨商地位：无

活动领域：生态、环境、可持续发展等

总部地址：意大利

International Association for Sports and Leisure Facilities（国际体育休闲设施协会）

机构名称：国际体育休闲设施协会

机构名称（英文）：International Association for Sports and Leisure Facilities

机构名称缩写：IAKS

机构名称缩写（英文）：IAKS

机构网站：https：//www.iaks.sport

简介：IAKS 是全球领先的体育和休闲设施非营利组织，为行业专业人士提供规划、设计和运营专业知识的 IAKS 交流。致力于倡导可持续和高质量的室内和室外运动和休闲设施，这些设施具有完全包容性、普遍使用和社会相关性。活动需要激励和功能性的运动和休闲设施。

工作语言：英语

咨商地位：获得联合国经社理事会名册咨商地位

活动领域：经济、社会、文化、统计学、可持续发展、税收政策等

总部地址：德国

International Association for the Advancement of Innovative Approaches to Global Challenges（国际促进应对全球挑战的创新方法协会）

机构名称：国际促进应对全球挑战的创新方法协会

机构名称（英文）：International Association for the Advancement of Innovative Approaches to Global Challenges

机构名称缩写：IAAI

机构名称缩写（英文）：IAAI

机构网站：http：//www.glocha.info

简介：IAAI 是一个非营利性私人协会，由一个由科学家、科学管理人员和未来研究专家组成的国际团体，根据奥地利协会法于 2007 年 2 月成立。IAAI 的主要目标是探索和促进有关调动全球民间社会资源以支持联合国系统工作的有效全球治理的系统创新。IAAI 是联合国新闻部（UNDPI）的关联非政府组织，也是联合国学术影响倡议的成员。

工作语言：德语、斯洛文尼亚语、英语

咨商地位：自 2013 年以来获得联合国经社理事会特殊咨商地位

活动领域：发展筹资、消费和生产模式、灾害管理

总部地址：奥地利

International Association for the Child's Right to Play（国际儿童游戏权协会）

机构名称：国际儿童游戏权协会

机构名称（英文）：International Association for the Child's Right to Play

机构名称缩写：IPA World

机构名称缩写（英文）：IPA World

机构网站：http://www.ipaworld.org

简介：IPA World 是一个跨学科的非政府组织，为促进游戏机会提供国际论坛和宣传。IPA World 会员资格向任何支持 IPA 儿童游戏权利宣言的个人、团体或组织开放。该组织关注人权，特别是《联合国儿童权利宣言》中规定的儿童游戏权，现在体现在《儿童权利公约》中。与全世界儿童团结一致，参与和平教育。IPA 被联合国任命为和平使者，致力于最大限度地发挥每个人的潜力，保护和加强他们的文化，以及家庭和社区的重要性。

工作语言：英语

咨商地位：获得联合国经社理事会名册咨商地位

活动领域：经济、社会、可持续发展等

总部地址：瑞典

International Association for the Defence of Religious Liberty（国际捍卫宗教自由协会，Association Internationale Pour La Défense de la Liberté）

机构名称：国际捍卫宗教自由协会（Association Internationale Pour La Défense de la Liberté）

机构名称（英文）：International Association for the Defence of Religious Liberty

机构名称缩写：AIDLR

机构名称缩写（英文）：AIDLR

机构网站：http://www.aidlr.org

简介：AIDLR 目标是在全世界传播这一基本自由的原则，并以一切合法的方式保护每个人按照自己的选择进行礼拜或根本不信奉宗教的权利。

协会不代表任何特定的教会或政党。它承担了召集所有精神力量打击一切形式的不容忍和狂热主义的任务。所有的人，无论其出身、肤色、国籍或宗教信仰如何，只要他们热爱自由，都会被邀请加入这场反对宗派主义的十字军东征。

工作语言：英语、法语

咨商地位：自 1987 年以来获联合国经社理事会特殊咨商地位

活动领域：经济、社会、人权、国际法、少数群体权利、宗教等

总部地址：瑞士

International Association for the Exchange of Students for Technical Experience（国际技术经验学生交流协会）

机构名称：国际技术经验学生交流协会

机构名称（英文）：International Association for the Exchange of Students for Technical Experience

机构名称缩写：IAESTE

机构名称缩写（英文）：IAESTE

机构网站：http：//www.iaeste.org

简介：IAESTE 是一个全球性组织，在为年轻工程师、科学家和建筑师安排国际工作经验方面拥有 70 多年的经验。自成立以来，IAESTE 已在全球交换了超过 368000 名学生，在培养能够在全球经济中崭露头角的工程师和科学家方面发挥了关键作用。

工作语言：英语

咨商地位：自 2019 年起担任经社理事会总干事，获联合国经社理事会名册咨商地位

活动领域：经济、工商业、发展、教育、劳动、科学技术、可持续发展、社会发展、技术合作、青年

总部地址：卢森堡

International Association for Water Law（国际水法协会）

机构名称：国际水法协会

机构名称（英文）：International Association for Water Law

机构名称缩写：AIDA

机构名称缩写（英文）：IAWL

机构网站：http：//www.aida-waterlaw.org

简介：AIDA的主要目标是在国际、区域、国家和地方层面促进健全、可持续的水立法，目标是消除极端贫困和饥饿，确保环境的可持续性。

工作语言：意大利语、法语、西班牙语、英语

咨商地位：自1971年以来获联合国经社理事会特殊咨商地位

活动领域：经济、社会、国际法、可持续发展、水等

总部地址：意大利

International Association of Charities（国际慈善协会）

机构名称：国际慈善协会

机构名称（英文）：International Association of Charities

机构名称缩写：AIC Aisbl

机构名称缩写（英文）：AIC Aisbl

机构网站：https：//www.aic-international.org

简介：AIC Aisbl是一个由100万名当地志愿者组成的网络，其中大部分是妇女，他们在非洲、拉丁美洲、亚洲、欧洲和美国的56个国家的当地社区工作，以消除贫困。AIC拥有国际化的结构，因此协会的工作可以产生更大的影响。分散的区域领导还使协会能够针对世界每个区域开展不同类型的工作。

工作语言：西班牙语、法语、英语

咨商地位：自2003年以来获联合国经社理事会特殊咨商地位

活动领域：经济、社会、小额信贷、能力建设、妇女教育培训等

总部地址：比利时

International Association of Conference Interpreters（国际会议口译员协会）

机构名称：国际会议口译员协会

机构名称（英文）：International Association of Conference Interpreters

机构名称缩写：AIIC

机构名称缩写（英文）：AIIC

机构网站：不明

简介：AIIC紧跟技术发展，密切关注展位和设备的ISO标准以及远程口译的发展和日益广泛的使用。随着法律口译委员会和手语网络的成立，也朝着包容性迈进了一步。AIIC现在在其成员中拥有手语翻译，这一事实证明了它在21世纪与口译专业的所有领域都有联系。该组织被联合国教科文组织、产权组织、国际劳工组织等联合国实体机构认证。

工作语言：英语

咨商地位：获得联合国经社理事会名册咨商地位

活动领域：经济、社会、可持续发展等

总部地址：瑞士

International Association of Crafts and Small and Medium-sized Enterprises（国际手工艺品和中小企业协会）

机构名称：国际手工艺品和中小企业协会

机构名称（英文）：International Association of Crafts and Small and Medium-sized Enterprises

机构名称缩写：IACME

机构名称缩写（英文）：IACME

机构网站：不明

简介：IACME目标是促进私营企业、个人的主动性和所有者经营的企业的独立性；捍卫独立企业的利益和私营经济中的企业自由；开展培训和专业提升；鼓励在每个国家建立独立的专业协会和跨专业组织；收集、制定和表达成员组织对国际经济所有问题的意见；在与公共和私营国际机构打交道时，代表手工业和中小型独立企业的共同利益；在附属协会之间交流思想、经验、信息和文件，并就独立企业共同面临的所有问题启发公众舆论。

工作语言：英语

咨商地位：获得联合国经社理事会名册咨商地位

活动领域：经济、社会、可持续发展等

总部地址：西班牙

International Association of Hydrogeologists（国际水文地质学家协会）

机构名称：国际水文地质学家协会

机构名称（英文）：International Association of Hydrogeologists

机构名称缩写：IAH

机构名称缩写（英文）：IAH

机构网站：http：//www.iah.org/

简介：IAH目标："出版——我们出版水文地质学杂志，两个丛书，电子和印刷通讯以及其他不定期出版物。促进水文地质学家和其他对地下水感兴趣的人之间的国际合作，跨越地理和政治边界分享知识，是IAH的最初宗旨之一，现在仍然是我们的主要目标之一。鼓励——通过教育和技术转让计划在世界范围内应用水文地质技能。赞助国际会议，包括年度大会。合作——IAH与联合国系统各机构，特别是教科文组织、粮农组织、原子能机构和世界银行，以及其他与水有关的非政府组织合作，并且是世界水理事会的成员。IAH还隶属于国际地质科学联合会。

工作语言：英语

咨商地位：1989年以来获得联合国经社理事会名册咨商地位

活动领域：经济、社会、环境、可持续发展、水资源等

总部地址：英国

International Association of Oiland Gas Producers（国际石油和天然气生产商协会）

机构名称：国际石油和天然气生产商协会

机构名称（英文）：International Association of Oiland Gas Producers

机构名称缩写：IOGP

机构名称缩写（英文）：IOGP

机构网站：http：//www.iogp.org

简介：IOGP成立于1986年，是一家英国注册担保有限公司。代表世界E&C公司促进安全、负责任和可持续的运营，目标是确保环境的可持续性。

工作语言：英语

咨商地位：无

活动领域：经济、社会、能源、可持续发展等
总部地址：英国

International Association of Peace Foundations（国际和平基金会协会）

机构名称：国际和平基金会协会

机构名称（英文）：International Association of Peace Foundations

机构名称缩写：IAPF

机构名称缩写（英文）：IAPF

机构网站：http://www.peace-international.org

简介：IAPF 成立于 1989 年，发展目标是普及初等教育、确保环境可持续性、发展全球发展伙伴关系，使命是促进文化合作与儿童教育。

工作语言：俄语、英语

咨商地位：获联合国经社理事会常规咨商地位

活动领域：经济、社会、国际安全、财政

总部地址：俄罗斯

International Association of Peace Messenger Cities（国际和平使者城市协会）

机构名称：国际和平使者城市协会

机构名称（英文）：International Association of Peace Messenger Cities

机构名称缩写：IAPMC

机构名称缩写（英文）：IAPMC

机构网站：http://www.iapmc.org

简介：IAPMC 的成立是为了承认和鼓励城市在创造和平文化方面的作用和责任。IAPMC 于 1988 年在法国凡尔登举行了第一次会议。它于 1990 年在美国康涅狄格州纽黑文举行的大会上正式确定。IAPMC 是一个由公民、政府和组织组成的协会，他们通过公告、决议或公民倡导将其社区建立为正式的和平城市。

工作语言：英语、法语

咨商地位：自 1995 年以来获联合国经社理事会特殊咨商地位

活动领域：经济、社会、文化、排雷、裁军、可持续发展等

总部地址：波兰

International Association of Penal Law（国际刑法协会）

机构名称：国际刑法协会

机构名称（英文）：International Association of Penal Law

机构名称缩写：AIDP

机构名称缩写（英文）：IAPL

机构网站：http：//www. penal. org

简介：AIDP 是全球交流思想的平台，是世界上历史最悠久的刑法专家协会，也是历史最悠久的科学协会之一。AIDP 于 1924 年 3 月 14 日在巴黎成立。该协会是国际刑法联盟（IUPL/UIDP）的继承者，该联盟于 1889 年由三位重要的刑罚学家在维也纳成立：弗朗茨·冯·李斯特、热拉尔·范·哈默尔和阿道夫·普林斯。

工作语言：英语

咨商地位：自 1948 年以来获联合国经社理事会特殊咨商地位

活动领域：经济、社会、预防罪案、技术合作、暴力等

总部地址：法国

International Association of Schools of Social Work（国际社会工作学校协会）

机构名称：国际社会工作学校协会

机构名称（英文）：International Association of Schools of Social Work

机构名称缩写：IASSW

机构名称缩写（英文）：IASSW

机构网站：http：//www. iassw-aiets. org

简介：IASSW 使命是在全球范围内发展和促进卓越的社会工作教育、研究和奖学金，以提高人类福祉。

工作语言：西班牙语、英语、法语、日语、中文

咨商地位：自 1947 年以来获联合国经社理事会特别组织

活动领域：知识产权、社会发展、贫困、社会政策、青年等

总部地址：意大利

International Association of Seed Crushers（国际种子破碎机协会）

机构名称：国际种子破碎机协会

机构名称（英文）：International Association of Seed Crushers

机构名称缩写：IASC

机构名称缩写（英文）：IASC

机构网站：不明

简介：IASC 成立于 1910 年，旨在促进油籽、油脂的国际贸易；促进成员之间的合作，维护其共同利益。

工作语言：英语

咨商地位：获联合国经社理事会名册咨商地位

活动领域：经济和社会、可持续发展等

总部地址：英国伦敦

International Association of Soldiers for Peace（国际和平战士协会）

机构名称：国际和平战士协会

机构名称（英文）：International Association of Soldiers for Peace

机构名称缩写：AISP

机构名称缩写（英文）：SPIA

机构网站：http://www.aisp.fr

简介：AISP 成立于 1988 年，发展目标是消除极端贫困和饥饿、普及初等教育、促进性别平等、赋予妇女权利、降低儿童死亡率、改善孕产妇健康、确保环境可持续性、发展全球发展伙伴关系等。

工作语言：英语、法语

咨商地位：获联合国经社理事会常规咨商地位

活动领域：经济、社会、裁军、教育、食物、可持续发展、贸易等

总部地址：法国

International Association of Students in Agricultural and Related Sciences（国际农业及相关科学学生协会）

机构名称：国际农业及相关科学学生协会

机构名称（英文）：International Association of Students in Agricultural and Related Sciences

机构名称缩写：IAAS

机构名称缩写（英文）：IAAS

机构网站：http：//www.iaasworld.org

简介：IAAS 成立于 1957 年，使命是促进经验、知识和思想的交流，增进世界各地农业和相关科学领域学生之间的相互理解。

工作语言：英语、西班牙语、弗拉芒语、法语

咨商地位：获联合国经社理事会名册咨商地位

活动领域：经济、社会、农业、气候变化、荒漠化、干旱、科学等

总部地址：比利时

International Association of Students in Economics and Management（国际经济与管理学生协会）

机构名称：国际经济与管理学生协会

机构名称（英文）：International Association of Students in Economics and Management

机构名称缩写：AIESEC

机构名称缩写（英文）：AIESEC

机构网站：http：//www.aiesec.org

简介：AIESEC 成立于 1948 年，第二次世界大战后，管理和经济学专业的学生认识到需要加强不同国家之间的交流和思想和技能的分享。到 1970 年，该组织在全球 50 多个国家的 350 所大学成立。AIESEC 仍然是一个由学生管理的组织，为超过 75000 名学生提供了工作经验和实习机会，持续时间从 2 个月到 18 个月不等。

工作语言：英语

咨商地位：获联合国经社理事会名册咨商地位

活动领域：经济、社会、可持续发展等

总部地址：荷兰

International Association of the Soap Detergent and Maintenance Products Industry（国际肥皂洗涤剂和保养产品行业协会）

机构名称：国际肥皂洗涤剂和保养产品行业协会

机构名称（英文）：International Association of the Soap Detergent and Maintenance Products Industry

机构名称缩写：AISE

机构名称缩写（英文）：AISE

机构网站：https：//www.aise.eu

简介：AISE 是国际肥皂洗涤剂和保养产品协会。AISE 总部位于布鲁塞尔，70 多年来一直是欧盟监管机构的行业代言人。成员包括欧洲 29 个国家协会、18 家企业会员和 18 家价值链合作伙伴。通过这个广泛的网络，AISE 代表着 900 多家公司，在欧洲提供家用和专业清洁产品和服务。该行业的愿景是："一个繁荣的清洁和卫生行业，以创新和可持续的方式为社会服务。"

工作语言：英语

咨商地位：自 1981 年以来获联合国经社理事会名册咨商地位

活动领域：经济、社会、环境、统计学、可持续发展、水资源等

总部地址：比利时

International Association of Trading Organizations for a Developing World（国际发展中世界贸易组织协会）

机构名称：国际发展中世界贸易组织协会

机构名称（英文）：International Association of Trading Organizations for a Developing World

机构名称缩写：ASTRO

机构名称缩写（英文）：ASTRO

机构网站：不明

简介：ASTRO 成立于 1984 年，目标是促进和加强贸易组织、专业知识以及创业和管理能力，使它们具备必要的知识和技能，以便充满信心地进入世界市场；促进和便利发展中国家和发达国家之间以及与中东欧国家、独联体和其他转型期国家的贸易和经济合作；交换贸易和商业信息；

为相互贸易创造机会；促进国际贸易经验交流；加强思想交流，扩大世界贸易。

工作语言：英语

咨商地位：获联合国经社理事会名册咨商地位

活动领域：经济、社会、可持续发展等

总部地址：斯洛文尼亚

International Association of Universities（国际大学协会）

机构名称：国际大学协会

机构名称（英文）：International Association of Universities

机构名称缩写：IAU

机构名称缩写（英文）：IAU

机构网站：http：//www.iau-aiu.net

简介：IAU成立于1950年，由联合国教科文组织赞助，是全球领先的高等教育机构和组织协会。IAU汇集了来自130多个国家的成员，就共同的优先事项进行反思和行动。IAU是一个独立的双语（英语和法语）非政府组织。IAU使命是通过阐明支撑知识追求、传播和应用的基本价值观和原则，促进其成员之间的合作。该协会倡导尊重不同观点和促进社会责任的高等教育政策和实践。IAU特别强调价值观和领导力，并作为分享和联合行动的论坛，鼓励机构之间的创新、相互学习和合作。

工作语言：法语、英语

咨商地位：获联合国经社理事会名册咨商地位

活动领域：经济、社会、可持续发展、非洲和平发展

总部地址：法国

International Association of Universities of the Third Age（第三时代国际大学协会）

机构名称：第三时代国际大学协会

机构名称（英文）：International Association of Universities of the Third Age

机构名称缩写：IAUTA

机构名称缩写（英文）IAUTA

机构网站：https：//www.aiu3a.org

简介：IAUTA 汇集了来自各大洲的第三时代大学。40 年来，IAUTA 一直通过终身教育、大学交流，尤其是教育和科学研究领域的创新，为老年人的事业辩护，让每个人都能在社会中找到自己的位置。

工作语言：英语

咨商地位：获联合国经社理事会名册咨商地位

活动领域：经济、社会、教育等

总部地址：法国

International Association of Young Lawyers（国际青年律师协会，Association Internationale des Jeunes Avocats）

机构名称：国际青年律师协会（Association Internationale des Jeunes Avocats）

机构名称（英文）：International Association of Young Lawyers

机构名称缩写．AIJA

机构名称缩写（英文）：AIJA

机构网站：http：//www.aija.org

简介：AIJA 是致力于服务青年律师与法律顾问的全球协会。自 1962 年以来，国际青年律师协会为年轻律师提供了相互交流、学习和共同发展的平台。目前国际青年律师协会在全球 100 多个国家拥有 4000 余名会员，其中包括 60 多个团体和律师协会。国际青年律师协会致力于捍卫与促进诸如法治与人权等核心法律原则，在尊重世界上每个文明社会的完整性的同时，促进成员与整个法律界其他参与者之间的跨文化理解。

工作语言：法语、英语

咨商地位：无

活动领域：法律、司法、教育、正义、可持续发展等

总部地址：比利时

International Authors Forum（国际作家论坛）

机构名称：国际作家论坛

机构名称（英文）：International Authors Forum

机构名称缩写：IAF

机构名称缩写（英文）：IAF

机构网站：http://www.internationalauthors.org

简介：IAF 为作家团体就影响他们的全球问题进行讨论、分享信息并协调行动提供了平台。目前没有其他独立的全球性组织代表作家在版权和合同方面的利益，在许多国家中，作家甚至并没有正式的代表。国际作家论坛旨在通过联合全球作家团体，以在全球范围内捍卫广大作家的权利。

工作语言：西班牙语、法语、英语

咨商地位：2016 年提交咨商地位申请，获得联合国经社理事会特别咨商地位；获得世界知识产权组织（WIPO）认证

活动领域：文化、信息、知识产权、教育等

总部地址：英国

International Automobile Federation（国际汽车联合会，Fédération Internationale De l'Automobile）

机构名称：国际汽车联合会（Fédération Internationale De l'Automobile）

机构名称（英文）：International Automobile Federation

机构名称缩写：FIA

机构名称缩写（英文）：FIA

机构网站：http://www.fia.com

简介：FIA 成立于 1904 年，最初的目标是促进对赛车运动的管理与其安全性的提升。凭借在该领域的专业知识，国际汽车联合会在当下已发展成为一个全球性的组织。除了推动相关赛事以外，该联合会还致力于为世界各地的所有道路使用者提供安全、可持续和无障碍的出行方式。联合会在三个相互关联的关键活动领域开展工作——体育、竞技和出行。在出行方面，国际汽车联合会致力于让所有人都能获得安全、负担得起且环保的交通出行方式。为此联合会响应全球可持续性倡议，发起国际汽车联合会道路安全行动（FIAAction for Road Safety），旨在到 2020 年将道路上的死亡人数减少 500 万。同时，作为赛车运动的管理机构，联合会通过加强监管促进全球赛车竞技赛事的公平与安全。

工作语言：英语、法语

咨商地位：1972年提交咨商地位申请，获得联合国经社理事会特别咨商地位

活动领域：竞技体育、交通运输、可持续发展等

总部地址：法国

International Baccalaureat Organization（国际文凭组织）

机构名称：国际文凭组织

机构名称（英文）：International Baccalaureat Organization

机构名称缩写：IBO

机构名称缩写（英文）：IBO

机构网站：https：//www.ibo.org

简介：IBO是国际教育领域的全球领导者，目标是培养好奇、知识渊博、自信且有爱心的年轻人。国际文凭组织为3—19岁的学生提供连续性的课程，使学龄学生能够自主学习，获得面向未来的技能以在瞬息万变的世界中茁壮成长并有所作为。该组织希望建立促进跨文化理解与尊重的教育以帮助创造一个更美好、更和平的世界。

工作语言：英语

咨商地位：获得联合国经社理事会名册咨商地位；获得联合国教科文组织（UNESCO）认证

活动领域：教育、人权、可持续发展等

总部地址：瑞士

International Bar Association（国际律师协会）

机构名称：国际律师协会

机构名称（英文）：International Bar Association

机构名称缩写：IBA

机构名称缩写（英文）：IBA

机构网站：http：//www.ibanet.org

简介：IBA是国际法律从业者、律师协会和法律协会的首要组织。国际律师协会成立于1947年，旨在全球范围内促进法治。其诞生源于这样一

个信念,即由世界律师协会组成的组织可以通过司法为全球稳定与和平作出贡献。IBA成立以来的75年中在不断地壮大,目前IBA成员包括了来自世界领先律师事务所的80000多名律师与遍布170多个国家的约190个律师协会和法律协会。国际律师协会在为全球法律界提供援助方面拥有丰富的专业知识,并通过其全球成员影响国际法改革的进程,影响全球法律界。

工作语言:英语

咨商地位:1947年提交咨商地位申请,获得联合国经社理事会特别咨商地位

活动领域:犯罪预防、刑事司法、可持续发展、性别问题、妇女

总部地址:英国

International Board on Books for Young People（国际青少年图书委员会）

机构名称:国际青少年图书委员会

机构名称（英文）:International Board on Books for Young People

机构名称缩写:IBBY

机构名称缩写（英文）:IBBY

机构网站:https://www.ibby.org

简介:IBBY是一个非营利组织,于1953年在瑞士苏黎世成立。委员会的成员是世界各地致力于让青少年获得优质图书的人们。如今,委员会在世界各地80个国家拥有分会。委员会的目标是在世界范围内,尤其在发展中国家中,鼓励优质读物的出版和发行,让世界各地的青少年有机会接触到具有高文学和艺术水平的书籍,以此帮助他们建立对世界的理解。为此委员会积极促进青少年文学领域的研究和学术工作,为相关人员提供支持和培训。与此同时,委员会还根据《联合国儿童权利公约》积极保护儿童权利。

工作语言:英语

咨商地位:获得联合国经社理事会名册咨商地位;获得联合国教科文组织认证

活动领域:青少年发展、教育等

总部地址：瑞士

International Bridges to Justice（国际司法桥梁）

机构名称：国际司法桥梁

机构名称（英文）：International Bridges to Justice

机构名称缩写：IBJ

机构名称缩写（英文）：IBJ

机构网站：http：//www.ibj.org

简介：IBJ 认可《世界人权宣言》的基本原则，致力于保护发展中国家中普通公民的基本合法权利。具体而言，IBJ 致力于保障所有公民拥有获得律师帮助、免受酷刑以及获得公平审判的权利。全球超过 3 万名法律活动者参与到国际司法桥梁组织的活动中，在世界各地为促进持久和平作出贡献。

工作语言：法语、英语

咨商地位：2005 年提交咨商地位申请，获得联合国经社理事会特别咨商地位

活动领域：刑事司法、教育、人权、正义等

总部地址：瑞士

International Buddhist Foundation（国际佛教基金会）

机构名称：国际佛教基金会

机构名称（英文）：International Buddhist Foundation

机构名称缩写：IBF

机构名称缩写（英文）：IBF

机构网站：http：//www.ibf-geneva.org

简介：IBF 是一个非营利的慈善协会，于 1991 年根据《瑞士民法典》成立。基金会的日内瓦佛寺于 1992 年 3 月 8 日成立，旨在实现"让每一位寻求皈依佛法的人都能受到寺庙欢迎"的宗旨。其主要目标有通过佛陀的教义（佛法）为促进持久和平作出贡献；促进佛教生活方式与国际社会普遍的道德和社会伦理规范相一致；鼓励研究和讨论，以提高公众对佛教哲学的认识，促进世界和平与理解，并为学习佛教提供便利；促进与瑞士和

国际社会的友谊与和谐；提供冥想的机会，以提高意识和精神纪律；调动资源提供人道主义援助；与世界其他宗教保持对话。

工作语言：英语

咨商地位：1998年提交咨商地位申请，获得联合国经社理事会名册咨商地位

活动领域：宗教、人权、可持续发展等

总部地址：瑞士

International Buddhist Relief Organisation（国际佛教救济组织）

机构名称：国际佛教救济组织

机构名称（英文）：International Buddhist Relief Organisation

机构名称缩写：IBRO

机构名称缩写（英文）：IBRO

机构网站：http://www.ibro.org.uk

简介：IBRO是一个总部位于英国的非政府组织，于1995年成立，旨在减轻全球各地人们的苦难，为世界各地的众生提供实际且直接的帮助。该组织曾向科索沃、印度和非洲等地提供援助。IBRO主张人类必须相互尊重，社会内部和社会之间的信仰、文化和语言差异不应该成为恐惧的源头而遭到压制。

工作语言：英语

咨商地位：2000年提交咨商地位申请，获得联合国经社理事会特别咨商地位

活动领域：宗教、人道主义、人权、可持续发展等

总部地址：英国

International Bureau for Epilepsy（国际癫痫局）

机构名称：国际癫痫局

机构名称（英文）：International Bureau for Epilepsy

机构名称缩写：IBE

机构名称缩写（英文）：IBE

机构网站：http://www.ibe-epilepsy.org

简介：IBE 是一个成立于 1961 年的非政府组织，由对癫痫的医学和非医学方面感兴趣的专业人士与非专业人士组成。该组织的宗旨是"改善全球所有癫痫患者的生活质量，消除癫痫所带来的社会歧视和偏见"。为了改善所有癫痫患者及其护理人员的社会状况和生活质量，IBE 主要从事以下活动：支持癫痫患者的权利和需求；促进癫痫教育、宣传和意识；支持和鼓励癫痫相关的研究；协助建立和发展国家和地区的癫痫协会；与其他国际组织和机构合作，推动癫痫问题的解决。

工作语言：英语

咨商地位：2007 年提交咨商地位申请，获得联合国经社理事会特别咨商地位

活动领域：卫生健康、人权、社会发展、可持续发展等

总部地址：爱尔兰

International Bureau of Social Tourism（国际社会旅游事业局）

机构名称：国际社会旅游事业局

机构名称（英文）：International Bureau of Social Tourism

机构名称缩写：BITS

机构名称缩写（英文）：BITS

机构网站：无

简介：BITS 是一个成立于 1963 年的国际非营利组织，将来自世界各地的社会力量、旅游行业的利益相关者聚集在一起，促进可负担和道德的旅游行业发展。该组织的宗旨是"改善全球所有人的旅游生活质量，消除旅游所带来的社会歧视和偏见"。BITS 的主要活动包括：代表其成员在与旅游相关的国家和国际机构面前发声；传播有关旅游的信息和见解；促进其成员之间的沟通；支持和参与与旅游相关的项目和活动。BITS 如今已经更名为国际社会旅游组织（ISTO）。

工作语言：英语

咨商地位：获得联合国经社理事会名册咨商地位；获得联合国教科文组织、国际劳工组织（ILO）认证

活动领域：经济、社会事务

总部地址：比利时

International Business Leaders Forum（全球商业领袖论坛）

机构名称：全球商业领袖论坛

机构名称（英文）：International Business Leaders Forum

机构名称缩写：IBLF

机构名称缩写（英文）：IBLF

机构网站：http://www.iblfglobal.org

简介：IBLF成立于1990年，是一个独立的非营利组织，与广大跨国公司就可持续发展和商业议程开展合作。组织秉承"激励商界领袖帮助建设可持续发展的世界"的精神，将企业定位为国际发展的主要合作伙伴。因为解决发展问题符合企业的既得利益，能够为企业提供稳定的运营和发展环境，但在复杂的挑战面前，企业无法单独解决。IBLF帮助企业同政府、全球机构与民间社会共同合作以克服这些挑战。IBLF通过让商界领袖参与核心问题的解决中以实现这一目标。其组织召开全球和当地首席执行官和从业者论坛，为公司提供一个中立的"安全空间"，以帮助他们建设性地交换观点，促进跨部门合作，将当地专业知识带入倡议中。在过去的二十年里，IBLF因其中立性、专业性、思想领导力和影响力而受到广泛尊重。其目标是定义和促进可能尚未进入公众视野的问题，预测社会问题并提出看法，通过跨部门协作行动应对最紧迫的商业和社会挑战。

工作语言：英语、汉语

咨商地位：无

活动领域：经济和社会、社会发展、可持续发展等

总部地址：英国

International Cable Protection Committee（国际电缆保护委员会）

机构名称：国际电缆保护委员会

机构名称（英文）：International Cable Protection Committee

机构名称缩写：ICPC

机构名称缩写（英文）：ICPC

机构网站：http://www.iscpc.org

简介：ICPC成立于1958年，其成员包括拥有或经营海底电信或电力电缆的政府行政部门和商业公司，以及对海底电缆行业感兴趣的其他公

司。ICPC 的主要目的是通过提供一个可以交流相关技术、法律和环境信息的论坛，帮助其成员改善海底电缆的安全性。ICPC 的主要活动有：提高政府和其他用户对海底电缆作为关键基础设施的认识、为国际商定的电缆安装、保护和维护提供建议、关注国际条约和国家立法的变化以确保海底电缆得到充分保护、同联合国相关机构保持紧密联系等。

工作语言：英语

咨商地位：2018 年提交咨商地位申请，获得联合国经社理事会特别咨商地位

活动领域：经济、社会发展、可持续发展、非洲和平发展等

总部地址：英国

International Campaign to Ban Landmines-Cluster Munition Coalition（国际禁止地雷—集束弹药联盟）

机构名称：国际禁止地雷—集束弹药联盟

机构名称（英文）：International Campaign to Ban Landmines-Cluster Munition Coalition

机构名称缩写：ICBL-CMC

机构名称缩写（英文）：ICBL-CMC

机构网站：http://www.icblcmc.org

简介：ICBL-CMC 是一个由非政府组织和专职人员组成的全球联盟，在 100 多个国家中开展工作，促使禁止地雷和集束弹药条约的执行与新成员的加入。其目标是建立一个没有新的地雷与集束弹药的受害者、受影响社区和幸存者的需求得到满足、他们的人权得到保障的世界。联盟为禁雷运动和集束弹药监测委员会的研究工作提供支持，提供关于国际社会对地雷、集束弹药和战争遗留爆炸物造成的问题的最新和最全面的信息和评估。联盟由各个国家运动组织、一个管理委员会和国际工作人员小组组成，其办事处设在瑞士日内瓦。

工作语言：英语

咨商地位：2011 年提交咨商地位申请，获得联合国经社理事会特别咨商地位

活动领域：人权、发展、难民、人道主义等

总部地址：瑞士

International Cartographic Association（国际制图协会）

机构名称：国际制图协会

机构名称（英文）：International Cartographic Association

机构名称缩写：ICA

机构名称缩写（英文）：ICA

机构网站：https：//www.icaci.org

简介：ICA 的使命是在国际范围内促进制图学和地理信息系统专业的传播与发展。其目的是通过在国际上推广制图学和地理科学，确保制图学和地理信息系统得到最大限度的利用以充分发挥其潜力，造福社会大众。

工作语言：英语、法语

咨商地位：无

活动领域：经济、社会发展、统计学、可持续发展等

总部地址：匈牙利

International Catholic Child Bureau（国际天主教儿童局）

机构名称：国际天主教儿童局

机构名称（英文）：International Catholic Child Bureau

机构名称缩写：ICCB

机构名称缩写（英文）：ICCB

机构网站：http：//www.bice.org

简介：ICCB 成立于 1948 年，是一个维护儿童尊严，保护其权利的协会。BICE 是根据法国法律成立的协会，致力于为所有儿童服务，不加歧视或改变信仰，无论其出身、文化、国籍或宗教如何。BICE 是罗马教廷认可的国际天主教协会，在 30 多个国家与当地组织合作，同包括非洲、拉丁美洲、亚洲、欧洲和中东在内的 80 多个从事儿童保护的机构相互联系。

工作语言：法语、西班牙语、英语

咨商地位：1952 年提交咨商地位申请，获得联合国经社理事会特别咨商地位

活动领域：经济、性别问题、妇女、人口、社会发展、可持续发展等

总部地址：法国

International Catholic Committee of Nurses & Medico-Social Assistants（国际天主教护士和医疗社会工作者委员会）

机构名称：国际天主教护士和医疗社会工作者委员会

机构名称（英文）：International Catholic Committee of Nurses & Medico-Social Assistants

机构名称缩写：CICIAMS

机构名称缩写（英文）：CICIAMS

机构网站：http：//www.ciciams.org

简介：在教会的道德和社会教导下，CICIAMS致力于通过指导和支持国际医护人员作为生活中基督徒的见证。CICIAMS协调各成员协会的工作，努力传播护理专业和社会的精神；促进医疗与护理领域的专业研究，以实现最佳护理和福祉。CICIAMS尊重他人的宗教信仰。

工作语言：英语、法语、西班牙语

咨商地位：获得联合国经社理事会名册咨商地位；获得国际劳工组织（ILO）认证

活动领域：经济、社会事务

总部地址：梵蒂冈

International Catholic Migration Commission（国际天主教移民委员会）

机构名称：国际天主教移民委员会

机构名称（英文）：International Catholic Migration Commission

机构名称缩写：ICMC

机构名称缩写（英文）：ICMC

机构网站：http：//www.icmc.net

简介：ICMC保护和服务背井离乡的人，包括难民、寻求庇护者、境内流离失所者、人口贩运受害者和移民——不分其信仰、种族、民族或国籍。ICMC为流离的弱势群体提供援助和保护，并倡导为难民和移民问题提供可持续的解决方案。其主要活动有：提供人道主义援助、从事难民保护和预防工作、安置移民与难民等。

工作语言：法语、英语、西班牙语

咨商地位：1952年提交咨商地位申请，获得联合国经社理事会特别咨商地位

活动领域：经济、社会事务

总部地址：瑞士

International Center of the Roerichs（罗里奇国际中心）

机构名称：罗里奇国际中心

机构名称（英文）：International Center of the Roerichs

机构名称缩写：ICR

机构名称缩写（英文）：ICR

机构网站：https://www.en.icr.su

简介：ICR于1989年在莫斯科成立，由著名艺术家、学者和公众人物Nicholas Roerich的儿子Svetoslav Roerich倡议成立。罗里奇为20世纪文化财产保护国际法律体系的形成做出了重要贡献。为了确立其基本原则，他提出了一项保护艺术和科学机构及历史古迹的条约《罗里奇公约》，该条约于1935年由南美和北美的21个国家在华盛顿白宫签署。根据罗里奇的意愿移交给ICR的罗里奇家族留下的艺术、学术、哲学和文学遗产不仅对俄罗斯而且对世界文化都至关重要，因为它具有在罗里奇思想的深刻人文主义基础上以文化的名义团结各国的巨大潜力。罗里奇国际中心的使命是为子孙后代保护和普及分散在世界各地的罗里奇家族遗产。该中心在其广泛的文化活动中体现了罗里奇的"通过文化创造世界"的理念，始终鼓励文化互动领域的国际合作。ICR促进和平与尊重所有文化的思想，不断向社会灌输对世界各国人民传统知识的深刻尊重，并鼓励其研究。作为联合国新闻部的联系成员，ICR积极参与其工作和年度会议，设定了在世界上保护罗里奇遗产的目标。为此，ICR在印度、美国（在华盛顿和联合国组织在纽约的主要办事处）、法国（教科文组织巴黎总部）、瑞典、比利时、保加利亚、德国、墨西哥（在新闻部/非政府组织2009年年会的框架内）、古巴、西班牙、奥地利和其他国家举办了原画和档案照片文件展览。ICR还是泛欧文化遗产联合会"Europa Nostra"，国际国家信托组织（INTO），国际博物馆理事会（ICOM）

的成员，并且是印度库卢国际罗里奇纪念信托基金的受托人。多年来，ICR一直与蓝盾国家委员会协会、红十字国际委员会和其他国际组织合作。ICR定期安排音乐晚会、科普讲座和年度国际科学会议，有广泛的科学界和公众人物参加。ICR 发行期刊出版物"文化与时间"，在国际专业展览会"Press-2008"上获得了"新闻界黄金储备-2008"的优异标志。

工作语言：俄语、英语

咨商地位：2014 年提交咨商地位申请，获得联合国经社理事会特别咨商地位

活动领域：社会发展、社会政策

总部地址：俄罗斯

International Centre for Development Initiatives（国际发展倡议中心）

机构名称：国际发展倡议中心

机构名称（英文）：International Centre for Development Initiatives

机构名称缩写：ICDI

机构名称缩写（英文）：ICDI

机构网站：http：//www.icdi-uk.net

简介：ICDI 坚定不移地偏向于提供信息、教育、提高认识和促进改革问题和改革，于 2008 年 11 月在英国伦敦正式成立，作为一个持久的志愿部门组织和民间社会参与者，作为英国境内外崛起最快、响应社会最快的民间社会组织之一，在战略上做好准备。ICDI 以积极主动的发展意识文化为愿景，每天都在扩大她的触角和影响力，特别是在西非地区，以及在南部非洲发展共同体（SADC）。ICDI 在这些国家的使命是与其他国家合作，通过千年发展目标的倡议，倡导普及基础和质量教育，找到持久的贫困解决方案；青年领导和参与式治理，对腐败零容忍。作为一个促进务实协会和广泛代表性的广泛机构，它确定了在她与青年、社区组织领导人、政策制定者、当地"伙伴"组织、国家政府、跨国民间社会组织、捐助组织、联合国发展机构、英国文化协会和世界银行学院等的合作中产生持久影响的共同资源。ICDI 作为一个致力于标准做法的不断发展的自治志愿部门组织联合会的成员，它既作为一个组织独立工作，也与地方、国家和全球各级的各国政府合作，以实现社会改革并影响国际机构和政府的政策。它是

非政治性的、独立的组织，没有宗教信仰。

工作语言：约鲁巴语、豪撒语、英语、伊博语

咨商地位：2017年提交咨商地位申请，获得联合国经社理事会特别咨商地位

活动领域：可持续发展、非洲地区发展等

总部地址：英国

International Centre for Scientific Culture World Laboratory（国际科学文化中心世界实验室）

机构名称：国际科学文化中心世界实验室

机构名称（英文）：International Centre for Scientific Culture World Laboratory

机构名称缩写：ICSC-World Laboraty

机构名称缩写（英文）：ICSC-World Laboraty

机构网站：无

简介：ICSC-World Laboraty 是一个非政府组织，旨在促进科学合作和教育，特别是在发展中国家。它与世界科学家联合会（WFS）合作，组织国际研讨会和项目，应对全球紧急问题，如信息安全、环境保护、能源和健康等。

工作语言：英语

咨商地位：1986年提交咨商地位申请，获得联合国经社理事会名册咨商地位

活动领域：经济、社会事务

总部地址：瑞士

International Centre for Trade and Sustainable Development（国际贸易与可持续发展中心）

机构名称：国际贸易与可持续发展中心

机构名称（英文）：International Centre for Trade and Sustainable Development

机构名称缩写：ICTSD

机构名称缩写（英文）：ICTSD

机构网站：http：//www.ictsd.org

简介：ICTSD 成立于 1996 年，是一个由国际组织、研究机构和非政府组织组成的非正式联盟，活跃于重大贸易和发展活动。中心以促进可持续发展作为国际贸易政策制定和贸易政策设计中的参与式决策的目标，促进非政府团体对贸易和可持续发展的兴趣和活动，努力让国际政策制定者和贸易官员认识到非政府组织参与贸易、发展和环境的重要性。中心出版系列出版物，积极传播成果和报告其活动，同时与国际机构合作，为全球贸易辩论的参与者提供贸易与可持续发展之间的分析判断。

工作语言：英语、法语、西班牙语

咨商地位：无

活动领域：经济、社会、可持续发展等

总部地址：瑞士

International Centre for Trade Union Rights（国际工会权利中心）

机构名称：国际工会权利中心

机构名称（英文）：International Centre for Trade Union Rights

机构名称缩写：ICTUR

机构名称缩写（英文）：ICTUR

机构网站：http：//www.ictur.org/IUR.html

简介：ICTUR 成立于 1987 年，其成员包括世界各地的工会、人权组织、研究机构和律师协会。在全球范围内，有 50 多个国家级组织隶属于 ICTUR。其目标是：捍卫和扩大全世界工会和工会成员的权利；收集信息并提高对工会权利及其侵犯行为的认识；本着《联合国宪章》《世界人权宣言》《国际劳工组织公约》和适当国际条约的精神开展活动。

工作语言：英语、西班牙语

咨商地位：1993 年提交咨商地位申请，获得联合国经社理事会名册咨商地位

活动领域：经济、社会事务

总部地址：英国

International Chamber of Commerce（国际商会）

机构名称：国际商会

机构名称（英文）：International Chamber of Commerce

机构名称缩写：ICC

机构名称缩写（英文）：ICC

机构网站：http://www.iccwbo.org

简介：ICC 是代表世界各地各行各业的企业具有权威发言权的代表机构，我们是 170 多个国家 4500 万家公司的机构代表，使企业更容易进行国际贸易。我们相信私营部门有能力让世界变得更美好，并且拥有独特的优势，可以确保在最重要的地方听到大大小小的企业的声音。国际商会的根本使命是促进开放的国际贸易投资体系和市场经济，帮助企业应对全球化的挑战和机遇。来自国际商会全球成员的商界领袖和专家就贸易和投资政策的广泛问题以及重要的技术主题确立了商界立场。

工作语言：英语、法语

咨商地位：无

活动领域：经济、社会、可持续发展等

总部地址：法国

International Civil Aviation English Association（国际民航英语协会）

机构名称：国际民航英语协会

机构名称（英文）：International Civil Aviation English Association

机构名称缩写：ICAEA

机构名称缩写（英文）：ICAEA

机构网站：http://www.icaea.aero

简介：ICAEA 是一个非营利性、无党派协会，其存在的目的是：促进在航空领域使用英语的人员和组织之间的交流；提高对语言能力及其对航空安全、服务质量和行业效率影响的认识；培养所有航空专业中英语的使用、培训和测试方面的专业知识；促进专业人士、行业和培训机构之间的专业知识共享和合作。

工作语言：法语、英语

咨商地位：2010 年提交咨商地位申请，获得联合国经社理事会名册咨

商地位

活动领域：民航、经济、社会事务

总部地址：法国

International Commission of Catholic Prison Pastoral Care（天主教监狱教牧关怀国际委员会）

机构名称：天主教监狱教牧关怀国际委员会

机构名称（英文）：International Commission of Catholic Prison Pastoral Care

机构名称缩写：ICCPPC

机构名称缩写（英文）：ICCPPC

机构网站：http：//www.iccppc.org

简介：ICCPPC 是一个由天主教监狱牧灵人员组成的国际组织，旨在促进监狱牧灵的培训和协调，改革刑罚制度，支持人权和捍卫监狱中的宗教援助自由。ICCPPC 于 1950 年成立，1974 年通过章程，2014 年获得梵蒂冈的正式承认。

工作语言：英语、法语、德语、西班牙语

咨商地位：2000 年提交咨商地位申请，获得联合国经社理事会特别咨商地位

活动领域：经济、社会

总部地址：荷兰

International Commission of Jurists（国际法学家委员会）

机构名称：国际法学家委员会

机构名称（英文）：International Commission of Jurists

机构名称缩写：ICJ

机构名称缩写（英文）：ICJ

机构网站：http：//www.icj.org

简介：ICJ 是一个非政府组织，自 1952 年以来一直致力于在全球范围内捍卫人权和法治。ICJ 由来自不同国家和法律体系的 60 位杰出的法官和律师组成，他们拥有无与伦比的法律和人权知识。ICJ 与致力于改善人权

表现的政府合作，通过外交、建设性批评、能力建设等方式，为受害者、幸存者和人权捍卫者提供司法救济，特别是来自边缘化社区的人。ICJ 还指导、培训和保护全球的法官和律师，以便他们遵守和执行国际标准和改进的立法。

工作语言：西班牙语、法语、阿拉伯语、俄语、英语

咨商地位：1957 年提交咨商地位申请，获得联合国经社理事会特别咨商地位

活动领域：经济、社会、性别问题、妇女、公共行政、社会发展

总部地址：瑞士

International Commission on Illumination（国际照明委员会）

机构名称：国际照明委员会

机构名称（英文）：International Commission on Illumination

机构名称缩写：CIE

机构名称缩写（英文）：CIE

机构网站：http://www.cie.co.at

简介：CIE 致力于与光和照明，色彩和视觉，光生物学和图像技术相关的所有事项的全球合作和信息交流。CIE 拥有强大的技术、科学和文化基础，是一个独立的非营利组织，在自愿的基础上为成员国服务。自 1913 年成立以来，CIE 已成为一个专业组织，并被公认为代表该主题的最佳权威，因此被 ISO 认可为国际标准化机构。

工作语言：英语

咨商地位：获得联合国经社理事会名册咨商地位；获得国际劳工组织（ILO）、获得国际民航组织（ICAO）认证

活动领域：经济、社会

总部地址：奥地利

International Commission on Occupational Health（国际职业健康委员会）

机构名称：国际职业健康委员会

机构名称（英文）：International Commission on Occupational Health

机构名称缩写：ICOH

机构名称缩写（英文）：ICOH

机构网站：http://www.icohweb.org

简介：ICOH 是一个国际非政府专业协会，其目标是促进职业健康和安全各方面的科学进步、知识和发展。它于 1906 年在米兰成立，当时是职业健康常设委员会。今天，ICOH 是职业健康领域世界领先的国际科学协会，拥有来自 110 多个国家的 2000 多名专业人员。ICOH 被联合国认可为非政府组织（NGO），并与国际劳工组织和世界卫生组织有着密切的工作关系。ICOH 最引人注目的活动是三年一度的世界职业健康大会。ICOH 有 37 个科学委员会。这些委员会大多定期举行专题讨论会、科学专著，并审查提交给国际大会的摘要。

工作语言：英语、法语

咨商地位：获得联合国经社理事会名册咨商地位；获得国际劳工组织（ILO）、世界卫生组织（WHO）认证

活动领域：经济和社会、可持续发展

总部地址：意大利

International Committee for the Indigenous Peoples of the Americas（美洲土著人民国际委员会）

机构名称：美洲土著人民国际委员会

机构名称（英文）：International Committee for the Indigenous Peoples of the Americas

机构名称缩写：INCOMINDIOS

机构名称缩写（英文）：INCOMINDIOS

机构网站：http://www.incomindios.ch

简介：INCOMINDIOS 是一个人权组织，专注于北美、南美和中美洲的原住民的权利。该组织成立于 1974 年，由国际印第安人条约理事会的成员提议。自 2003 年起，该组织在联合国经济及社会理事会获得非政府组织地位（二类）。该组织总部设在瑞士苏黎世，还在英国伦敦设有分支机构。

工作语言：德语、法语、英语、西班牙语

咨商地位：2003 年提交咨商地位申请，获得联合国经社理事会特别咨商地位

活动领域：经济和社会

总部地址：瑞典

International Confederation of Associations of Experts and Consultants（国际专家和顾问协会联合会，Confédération Internationale des Associations D'experts et de Conseils）

机构名称：国际专家和顾问协会联合会（Confédération internationale des associations d'experts et de conseils）

机构名称（英文）：International Confederation of Associations of Experts and Consultants

机构名称缩写：CIDADEC

机构名称缩写（英文）：无

机构网站：无

简介：CIDADEC 于 1954 年在意大利米兰成立，其目标是联合任何国籍、类别和分支机构的专家、评估员和顾问协会；协调专业的基本原则；制定理论法规，编纂法律规定，并为成员提供国际法规，无论他们涉及哪个专业领域。

工作语言：英语

咨商地位：1969 年提交咨商地位申请，获得联合国经社理事会名册咨商地位

活动领域：经济、社会事务

总部地址：法国

International Confederation of Midwives（国际助产士联合会）

机构名称：国际助产士联合会

机构名称（英文）：International Confederation of Midwives

机构名称缩写：ICM

机构名称缩写（英文）：ICM

机构网站：http://www.internationalmidwives.org

简介：ICM 支持、代表并致力于加强世界各地的助产士专业协会。目前有 140 个协会会员，代表各大洲 119 个国家，这些协会总共代表了全球

超过100万助产士。ICM是一个经过认可的非政府组织，代表世界各地的助产士组织与助产士，以实现母亲和新生儿护理的共同目标。

工作语言：英语

咨商地位：2002年提交咨商地位申请，获得联合国经社理事会名册咨商地位

活动领域：经济、社会、性别问题、妇女

总部地址：荷兰

International Confederation of the Society of St. Vincent de Paul（圣文森特德保罗协会国际联合会）

机构名称：圣文森特德保罗协会国际联合会

机构名称（英文）：International Confederation of the Society of St. Vincent de Paul

机构名称缩写：SSVP, CGI

机构名称缩写（英文）：SSVP, CGI

机构网站：http://www.ssvpglobal.org/en/

简介：SSVP, CGI是由天主教信徒组成的国际组织，他们通过为最需要帮助的人提供服务来寻求个人和精神的成长。如今SSVP, CGI在150多个国家开展业务，拥有80万名会员和150万名志愿者。每天，它帮助超过3000万人。SSVP, CGI是联合国教科文组织的准会员，也是联合国经济及社会理事会（ECOSOC）的特别顾问。它也是全球天主教气候运动的一部分，并与联合国在《2030年议程》中提出的17项可持续发展目标（SDG）保持一致。

工作语言：英语、法语

咨商地位：2011年提交咨商地位申请，获得联合国经社理事会特别咨商地位

活动领域：经济、社会、性别问题、妇女、可持续发展

总部地址：法国

International Container Bureau（国际集装箱局，Bureau International des Containers et du Transport Intermodal）

机构名称：国际集装箱局（Bureau International des Containers et du

Transport Intermodal）

机构名称（英文）：International Container Bureau

机构名称缩写：BIC

机构名称缩写（英文）：BIC

机构网站：http：//www.bic-code.org

简介：BIC 于 1933 年在国际商会的支持下成立，是一个中立的非营利性国际组织，其使命是提高集装箱运输效率，同时促进安全、安保、标准化和可持续性。BIC 制定集装箱行业的合理标准，并促进其 2900 多名成员、标准机构、政府和其他行业组织之间的专业对话。BIC 拥有国际海事组织（IMO）的非政府组织全面咨商地位，是世界海关组织（WCO）的官方合作伙伴组织，并拥有联合国欧洲经济委员会 UNECE 的非政府组织观察员地位。

工作语言：英语

咨商地位：1970 年提交咨商地位申请，获得联合国经社理事会名册咨商地位

活动领域：经济、社会事务

总部地址：法国

International Coordination Council of Educational Institutions Alumni（国际教育机构校友协调委员会）

机构名称：国际教育机构校友协调委员会

机构名称（英文）：International Coordination Council of Educational Institutions Alumni

机构名称缩写：INCORVUZ-XXI

机构名称缩写（英文）：INCORVUZ-XXI

机构网站：无

简介：INCORVUZ-XXI 于 1989 年在莫斯科成立。其目标有：促进人道主义、科学和技术方面的接触，特别是在高等教育领域；协助教育机构实现教学、技术和科学设施的现代化和增强，并制定先进、高效的教育体系；协助毕业生、校友在教育科研机构和生产单位提高和提升专业素质；通过转让和分享知识来向发展中国家提供援助，以促进其经济和社会进

步；促进非政府组织的活动及其网络。

工作语言：俄语

咨商地位：无

活动领域：教育、经济、社会事务

总部地址：俄罗斯

International Council for Adult Education（国际成人教育理事会）

机构名称：国际成人教育理事会

机构名称（英文）：International Council for Adult Education

机构名称缩写：ICAE

机构名称缩写（英文）：ICAE

机构网站：http://www.icae.global

简介：ICAE 是一个全球网络，其具体使命是倡导青年和成人学习与教育（ALE）作为一项普遍人权。它成立于 1973 年，拥有 7 个区域机构（非洲、阿拉伯区域、亚洲、加勒比、欧洲、拉丁美洲和北美），代表超过 75 个国家的 800 多个非政府组织（区域、国家和部门网络）。它是一个战略网络，旨在促进成人学习和教育，作为人们积极公民意识和知情参与的工具。

工作语言：英语

咨商地位：无

活动领域：经济、社会、性别问题、妇女

总部地址：塞尔维亚

International Council for Commercial Arbitration（国际商事仲裁理事会）

机构名称：国际商事仲裁理事会

机构名称（英文）：International Council for Commercial Arbitration

机构名称缩写：ICCA

机构名称缩写（英文）：ICCA

机构网站：http://www.arbitration-icca.org

简介：ICCA 是一个全球性非政府组织。自 1961 年成立以来，致力于促进仲裁、调解和其他形式的国际争议解决方式的使用和改进，协调仲裁与调解规则、法律、程序和标准。其活动包括召开代表大会和会议，赞助权威的争议解决出版物，以及促进仲裁与调解规则、法律、程序和标准的统一。

工作语言：英语

咨商地位：1979年提交咨商地位申请，获得联合国经社理事会名册咨商地位

活动领域：经济、社会事务

总部地址：荷兰

International Council for Game and Wildlife Conservation（国际野生动物保护委员会）

机构名称：国际野生动物保护委员会

机构名称（英文）：International Council for Game and Wildlife Conservation

机构名称缩写：CIC

机构名称缩写（英文）：CIC

机构网站：http://www.cic-wildlife.org

简介：CIC是一个政治独立的国际非政府咨询机构，倡导通过可持续利用原则保护野生动物。它是世界上最古老的保护组织之一，目前拥有1800多名会员，代表27个政府机构。如今，CIC活跃于80多个国家。委员会的使命是通过可持续利用（包括狩猎）促进和支持野生动物及相关景观、当地社区和传统的保护。

工作语言：英语

咨商地位：2007年提交咨商地位申请，获得联合国经社理事会特别咨商地位

活动领域：生物多样性、经济、社会事务

总部地址：匈牙利

International Council of AIDS Service Organizations（国际艾滋病服务组织理事会）

机构名称：国际艾滋病服务组织理事会

机构名称（英文）：International Council of AIDS Service Organizations

机构名称缩写：ICASO

机构名称缩写（英文）：ICASO

机构网站：http://www.icaso.org

简介：自1991年以来，ICASO动员世界各地的社区在全球应对艾滋病毒以及相互交叉的健康和人权问题中发挥领导作用。ICASO促进了社区有意义地参与主要政策论坛。通过我们的协作和包容性方法，我们建立了作为有效联盟构建者和值得信赖的倡导伙伴的独特角色。ICASO还支持社区努力影响国家卫生决策并实现结构性变革，以促进人权和改善健康结果。我们为世界各地的社区组织提供技术援助。ICASO的愿景是为所有人终结艾滋病毒流行。

工作语言：英语、西班牙语

咨商地位：1995年提交咨商地位申请，获得联合国经社理事会名册咨商地位

活动领域：经济、社会事务、性别问题、妇女、社会发展、可持续发展

总部地址：加拿大

International Council of Catholic Men（国际天主教男子理事会）

机构名称：国际天主教男子理事会

机构名称（英文）：International Council of Catholic Men

机构名称缩写：ICCM

机构名称缩写（英文）：ICCM

机构网站：http://www.unum-omnes.com

简介：ICCM的目标有帮助男性实现天主教徒生活的潜力；鼓励他们在教会和社会中发挥应有的作用；促进家庭作为人类生命的源泉以及家庭的责任和行动范围；促进天主教男性组织的建立；促进天主教男性组织之间的对话；促进与国家和国际组织的关系；代表人们在生活各个领域的希望。

工作语言：英语

咨商地位：获得联合国经社理事会名册咨商地位；联合国粮农组织

（FAO）认证

活动领域：经济、社会、性别问题

总部地址：意大利

International Council of Chemical Associations（国际化学协会理事会）

机构名称：国际化学协会理事会

机构名称（英文）：International Council of Chemical Associations

机构名称缩写：ICCA

机构名称缩写（英文）：ICCA

机构网站：https://www.icca-chem.org/

简介：ICCA 是一个由创新者、远见者、解决方案提供商和产品管理先驱组成的协会。ICCA 的使命是"通过解决全球问题并通过责任关怀和其他计划帮助该行业不断提高绩效，帮助全球化学行业提高财务业绩和声誉"。ICCA 代表世界各地的化学品制造商和生产商，我们会员的销售额占全球化学品销售额的 90% 以上，在全球拥有超过 1.2 亿的直接或间接雇员。

工作语言：英语

咨商地位：1998 年提交咨商地位申请，获得联合国经社理事会特别咨商地位

活动领域：经济、社会、可持续发展

总部地址：比利时

International Council of Environmental Law（国际环境法理事会）

机构名称：国际环境法理事会

机构名称（英文）：International Council of Environmental Law

机构名称缩写：ICEL

机构名称缩写（英文）：ICEL

机构网站：http://www.icelinternational.org

简介：ICEL 成立于 1969 年，是一个由资深环境法专家组成的全球性协会，他们在国际环境法的形成中发挥着重要作用。随着环境退化趋势的恶化以及人类世时代的面貌越来越明显，现在比以往任何时候都更需要部

署 ICEL 专业知识。ICEL 获得了联合国环境署、联合国气候变化框架公约秘书处、迁徙物种公约秘书处和其他国际组织的认可,还是国际自然保护联盟(IUCN)的成员。ICEL 在波恩、日内瓦、内罗毕和纽约设有代表处。由于其联合国相关机构的认可,ICEL 被允许参加当前的谈判,例如,根据联合国公约起草关于国家管辖范围以外区域海洋生物多样性(BBNJ)的保护和可持续利用新条约的政府间会议海洋法和联合国大会磋商,以加强国际环境法的实施,"迈向全球环境公约"。

工作语言:英语、西班牙语、法语

咨商地位:2000 年提交咨商地位申请,获得联合国经社理事会全面咨商地位

活动领域:经济、社会发展、可持续发展

总部地址:西班牙

International Council of Management Consulting Institutes(国际管理咨询协会理事会)

机构名称:国际管理咨询协会理事会

机构名称(英文):International Council of Management Consulting Institutes

机构名称缩写:ICMCI

机构名称缩写(英文):ICMCI

机构网站:http://www.cmc-global.org

简介:ICMCI 是国际管理咨询专业机构,由各个国家的管理咨询协会(IMC)成员组成。我们与许多行业领导者、学术界以及各种类型和规模的咨询公司合作,为专业管理顾问的个人认证建立了通用标准。1987 年,来自十个国家的 21 名管理顾问齐聚巴黎,探讨以认证个人管理顾问而闻名的专业机构之间的共同点。这次会议的倡议来自时任美国管理顾问协会主席的约翰·罗瑟尔。来自加拿大和英国的 IMC 最先支持该倡议。会议提出了成立国际管理咨询机构理事会的联合提案,以提高世界各地管理咨询师的认证水平。七个国家(澳大利亚、奥地利、加拿大、丹麦、南非、英国和美利坚合众国)的 IMC 组成了新理事会的创始成员。我们的核心活动侧重于促进和改进 CMC 价值主张,包括通过 IMC 实现改善职业的共同目标;

不断提高全球管理咨询师的标准，提高管理咨询作为受人尊敬的职业的接受度；鼓励具有公认的通用标准的国家机构之间的互惠并遵守国际行为准则；向影响管理顾问选择和使用的国际机构宣传 CMC 的价值。

工作语言：英语

咨商地位：2001 年提交咨商地位申请，获得联合国经社理事会特别咨商地位

活动领域：经济、社会

总部地址：瑞士

International Council of Museums（国际博物馆理事会）

机构名称：国际博物馆理事会

机构名称（英文）：International Council of Museums

机构名称缩写：ICOM

机构名称缩写（英文）：ICOM

机构网站：http：//www.icom.museum/en/

简介：ICOM 是一个由博物馆和相关专业人士组成的国际组织，致力于研究、保护、延续和向社会传播世界自然和文化遗产、现在和未来、有形和无形的遗产。国际博物馆协会是一个会员协会和非政府组织，为博物馆活动制定专业和道德标准。作为专家论坛，它就与文化遗产有关的问题提出建议，促进能力建设并增进知识。国际博物馆协会是博物馆专业人士在国际舞台上的代言人，通过全球网络和合作项目提高公众文化意识。

工作语言：西班牙语、法语、英语

咨商地位：获得联合国经社理事会名册咨商地位；获得联合国教科文组织认证

活动领域：经济、社会、可持续发展

总部地址：法国

International Council of Nurses（国际护士理事会）

机构名称：国际护士理事会

机构名称（英文）：International Council of Nurses

机构名称缩写：ICN

机构名称缩写（英文）：ICN

机构网站：http：//www.icn.ch

简介：ICN 是由 130 多个国家护士协会（NNA）组成的联盟，代表全球超过 2800 万名护士。ICN 致力于确保为所有人提供优质的护理服务、健全的全球健康政策、护理知识的进步以及在全球范围内拥有受人尊敬的护理专业和称职且满意的护理队伍。ICN 的使命是代表全球护理、推动护理专业发展、促进护士福祉并在所有政策中倡导健康。我们的愿景是全球社会认可、支持和投资护士和护理人员，以此为所有人提供健康服务。

工作语言：西班牙语、法语、英语

咨商地位：获得联合国经社理事会名册咨商地位；获得世界卫生组织（WHO）、国际劳工组织（ILO）认证

活动领域：经济、社会、发展融资、性别问题、妇女、人口、公共行政、社会发展、数据统计、可持续发展

总部地址：瑞士

International Council of Russian Compatriots（国际俄罗斯同胞理事会，Международный совет российских соотечественников）

机构名称：国际俄罗斯同胞理事会（Международный совет российских соотечественников）

机构名称（英文）：International Council of Russian Compatriots

机构名称缩写：MCPC

机构名称缩写（英文）：ICRC

机构网站：http：//www.msrs.ru

简介：MCPC 是唯一的世界性俄罗斯同胞组织协会，由来自世界 52 个国家的 137 个组织组成。理事会的主要目标有：巩固俄罗斯侨民，协调公共协会和同胞组织的活动，以维护俄罗斯土著人民的民族特征、民族和宗教特征、精神和文化遗产；促进形成单一的俄罗斯文化、信息和教育空间，以加强俄罗斯侨民的共同性，加强其国际地位；为扩大俄罗斯同胞与其历史祖国的文化、知识和商业联系创造必要条件；促进同胞与俄罗斯公共组织和协会的全面联系和接触的发展；吸引海外俄罗斯同胞的智力、经济和财政资源回到他们的历史家园；代表合法利益，协助保护和落实海外

同胞的公民、政治、经济、社会、文化、宗教权利和自由；俄罗斯语言和文化在国外的传播；以热爱祖国、尊重祖国历史传统、民族风俗和文化的精神教育同胞；在外国公众舆论中形成对 MCPC 的活动及其法定目的和目标的有利态度。

工作语言：俄语、英语

咨商地位：2011 年提交咨商地位申请，获得联合国经社理事会特别咨商地位

活动领域：经济、人口、公共行政、社会发展

总部地址：俄罗斯

International Council of Women（国际妇女理事会）

机构名称：国际妇女理事会

机构名称（英文）：International Council of Women

机构名称缩写：ICW-CIF

机构名称缩写（英文）：ICW-CIF

机构网站：http：//www.icw-cif.com

简介：ICW-CIF 是一个跨国界的妇女组织，致力于倡导妇女人权的共同事业。1888 年 3 月和 4 月，代表来自 9 个国家的 53 个妇女组织的 80 名发言者和 49 名代表齐聚华盛顿特区，标志着国际妇女理事会的成立。隶属于 ICW-CIF 的国家妇女委员会可以通过积极参与和强有力的宣传在国际层面上表达意见。ICW-CIF 是第一个真正的全球妇女非政府组织，旨在提高世界各地妇女的地位。过去 135 年来，国际妇女理事会一直是促进国际妇女权利的积极倡导者。联合国成立时，ICW-CIF 就在场，以确保《联合国宪章》包含妇女平等权利，并成立妇女地位委员会。ICW-CIF 代表妇女的声音，促进和保护妇女的国际人权，让世界对妇女来说更加安全和美好。

工作语言：英语、西班牙语、法语

咨商地位：1947 年提交咨商地位申请，获得联合国经社理事会全面咨商地位

活动领域：经济、性别问题、妇女、社会发展、数据统计、可持续发展、非洲和平发展

总部地址：法国

International Council on Alcohol and Addictions（国际酒精与成瘾理事会）

机构名称：国际酒精与成瘾理事会

机构名称（英文）：International Council on Alcohol and Addictions

机构名称缩写：ICAA

机构名称缩写（英文）：ICAA

机构网站：http://www.icaa.ch

简介：ICAA 是一个独立、中立的国际非政府组织，具有联合国经社理事会特别咨商地位，与世界卫生组织保持密切关系。通过在国际、区域和地方各级开展一系列活动，理事会向其成员和广大感兴趣的公众提供服务、进行教育以提高公众健康、增强组织和个人的能力。ICAA 提供了一个环境，在这个环境中，专业和公共领域的参与者可以聚集在一起，承认彼此的成就和目标，尽管在观点、专业和能力方面存在分歧，但可以相互学习和分享。ICAA 致力于预防和减少酒精、烟草、其他药物和成瘾行为对个人、家庭、社区和社会的危害。

工作语言：英语

咨商地位：1972 年提交咨商地位申请，获得联合国经社理事会特别咨商地位

活动领域：经济、社会发展、人口

总部地址：瑞士

International Council on Mining and Metals（国际采矿和金属理事会）

机构名称：国际采矿和金属理事会

机构名称（英文）：International Council on Mining and Metals

机构名称缩写：ICMM

机构名称缩写（英文）：ICMM

机构网站：http://www.icmm.com

简介：ICMM 的存在不是为了服务于会员的商业利益。相反，ICMM 是可持续发展的全球领导组织，通过负责任生产的金属和矿物为创造一个安全、公正和可持续的世界作出贡献。其目标是通过合作发挥领导作用，以加强采矿和金属对可持续发展的贡献。其基本信念是，当负责任地开采和

生产矿物和金属时，可以带来变革，促进当地社区和整个国家的社会进步和可持续发展。税收、就业、技能、基础设施和社区服务只是东道国体验采矿收益的一些方式。ICMM 致力于最大限度地利用这些收益，同时尽量减少对人类或地球的任何潜在伤害。

工作语言：俄语、西班牙语、法语、葡萄牙语、英语

咨商地位：无

活动领域：经济、社会、可持续发展

总部地址：英国

International Council on Monuments and Sites（国际古迹遗址理事会）

机构名称：国际古迹遗址理事会

机构名称（英文）：International Council on Monuments and Sites

机构名称缩写：ICOMOS

机构名称缩写（英文）：ICOMOS

机构网站：http：//www.icomos.org

简介：ICOMOS 致力于保护文化遗产地，是致力于促进理论、方法和科学技术在建筑和考古遗产保护中的应用方面唯一的全球性非政府组织。ICOMOS 是一个专家网络，受益于其成员的跨学科交流，其中包括建筑师、历史学家、考古学家、艺术史学家、地理学家、人类学家、工程师和城市规划师。国际古迹遗址理事会的成员致力于改善遗产保护、每种文化遗产的标准和技术。截至 2022 年 12 月，组织在 132 个国家和地区拥有 10891 名会员。

工作语言：英语、法语

咨商地位：2019 年提交咨商地位申请，获得联合国经社理事会特别咨商地位

活动领域：经济、社会

总部地址：法国

International Council on Public Relations in Rehabilitation（国际康复公共关系委员会）

机构名称：国际康复公共关系委员会

机构名称（英文）：International Council on Public Relations in Rehabilitation

机构名称缩写：ICPRR

机构名称缩写（英文）：ICPRR

机构网站：无

简介：ICPRR 于 1971 年成立，其目标是：在残疾人康复领域促进国际合作；研究和发展公共关系；与残疾人合作并为残疾人服务；提供关于康复领域公共关系的选定技术材料。自 1990 年以来该组织没有报告最近的活动。

工作语言：英语

咨商地位：1994 年提交咨商地位申请，获得联合国经社理事会名册咨商地位

活动领域：经济、社会

总部地址：希腊

International Council Supporting Fair Trial and Human Rights（支持公平审判和人权国际理事会）

机构名称：支持公平审判和人权国际理事会

机构名称（英文）：International Council Supporting Fair Trial and Human Rights

机构名称缩写：ICSFT

机构名称缩写（英文）：ICSFT

机构网站：http：//www.icsft.net

简介：ICSFT 的宗旨是确保所有被告得到一个根据所有人权公约所载国际标准依法设立的中立且独立的法庭。任何人不得因任何行为或不行为而在法律没有相关规定的情况下被判犯有刑事罪。对相关当事人的处罚也不得重于刑事犯罪发生时适用的刑罚。ICSFT 旨在结束严重侵犯人权的行为并支持公平审判。它旨在为执法人员、法官、媒体专业人员、当地和国际活动家以及非政府组织经营者提供更好的人权理解。ICSFT 的主要关切是确保保护和承认社会中最脆弱群体，包括儿童和妇女的权利。它展示了捍卫人权的领导能力和勇气，促进了《世界人权宣言》承认的人权的

适用。

工作语言：法语、阿拉伯语、英语

咨商地位：2016年提交咨商地位申请，获得联合国经社理事会特别咨商地位

活动领域：经济、社会

总部地址：瑞士

International Court of the Environment（国际环境法院）

机构名称：国际环境法院

机构名称（英文）：International Court of the Environment

机构名称缩写：ICE

机构名称缩写（英文）：ICE

机构网站：http://www.icecoalition.org

简介：ICE代表了越来越多的环境、法律、商业、学术和非政府组织利益相关者，他们倡导国际法治，为今世后代保护全球环境。我们建议，有必要设立一个国际环境法庭，以解决当前国际环境法律秩序中的重大漏洞。ICE的核心立场是，一个适当的机制必须：（1）足够专业化，使司法机构能够权衡对复杂科学证据的相互竞争的解释与突出的地缘政治和国际经济和社会发展优先事项相权衡；（2）能够根据"诉诸司法"的原则和不仅在国家之间而且对国际社会承担的普遍义务，向国家和非国家行为者提供资格。

工作语言：英语

咨商地位：无

活动领域：经济、社会、环境保护、可持续发展

总部地址：意大利

International Court of the Environment Foundation（国际环境法院基金会）

机构名称：国际环境法院基金会

机构名称（英文）：International Court of the Environment Foundation

机构名称缩写：ICEF

机构名称缩写（英文）：ICEF

机构网站：http://www.icef-court.org

简介：ICEF 于 1992 年在罗马成立，其目标是促进建立国际环境法院，作为全球一个新的、专门的和常设的机构。不仅国家，而且个人和非政府组织都可以获得法院的相关服务。在 ICEF 的愿景下，国际环境法院以国际社会名义作出的决定的普遍效力和权威，解决环境争端的现有机构和法律将得到加强。

工作语言：意大利语、英语、法语

咨商地位：1996 年提交咨商地位申请，获得联合国经社理事会名册咨商地位

活动领域：经济、社会

总部地址：意大利

International Cremation Federation（国际火葬联合会）

机构名称：国际火葬联合会

机构名称（英文）：International Cremation Federation

机构名称缩写：ICF

机构名称缩写（英文）：ICF

机构网站：http://www.icf-worldwide.org

简介：ICF 于 1937 年在伦敦成立，是一个国际非营利组织，致力于将火葬实践推广到最高标准。ICF 在其章程中确定的目标是：宣传火葬的优点；简化火葬过程，并确保对这一仪式的普遍认可；在仍然存在法律限制的国家中免除对火葬的限制；在全社会包括宗教界，将火葬提高到与土葬相同的水平；消除将死者的骨灰从一个国家运送到另一个国家时遇到的问题。

工作语言：法语、英语

咨商地位：1996 年提交咨商地位申请，获得联合国经社理事会名册咨商地位

活动领域：经济、社会

总部地址：荷兰

International Cultural Youth Exchange（国际青年文化交流中心）

机构名称：国际青年文化交流中心

机构名称（英文）：International Cultural Youth Exchange

机构名称缩写：ICYE

机构名称缩写（英文）：ICYE

机构网站：http://www.icye.org

简介：ICYE 是一个国际性的非营利性青年交流组织，提供青年流动、跨文化学习和国际志愿服务机会，帮助人们打破偏见，发展跨文化理解和能力，建设一个更加公正与和平的世界。ICYE 在全球 40 多个国家组织长期和短期交流，将寄宿家庭与志愿服务相结合。

工作语言：英语、西班牙语

咨商地位：1979 年提交咨商地位申请，获得联合国经社理事会名册咨商地位

活动领域：经济、社会、可持续发展

总部地址：德国

International Cystic Fibrosis（Mucoviscidosis）Association［国际囊性纤维化（黏液黏稠病）协会］

机构名称：国际囊性纤维化（黏液黏稠病）协会

机构名称（英文）：International Cystic Fibrosis（Mucoviscidosis）Association

机构名称缩写：ICFMA

机构名称缩写（英文）：ICFMA

机构网站：无

简介：ICFMA 于 1964 年在法国巴黎成立，其目标是：提高医疗专业人员、政府和公众对囊性纤维化的认识；促进患有囊性纤维化的儿童和成人的利益，改善他们可获得的医疗服务以及他们及其家人可获得的心理和社会护理；鼓励、支持和推进对囊性纤维化的性质、原因、预防、治疗、缓解和治愈的研究，以减少不必要的痛苦和过早死亡；推动建立国家协会。2003 年 1 月，该组织与国际囊性纤维化成人协会（IACFA）合并为全球囊性纤维化（CFW）协会。

工作语言：英语

咨商地位：获得联合国经社理事会名册咨商地位；获得世界卫生组织（WHO）认证

活动领域：经济、社会发展

总部地址：荷兰

International Dairy Federation（国际乳业联合会）

机构名称：国际乳业联合会

机构名称（英文）：International Dairy Federation

机构名称缩写：FIL-IDF

机构名称缩写（英文）：FIL-IDF

机构网站：http://www.fil-idf.org/

简介：FIL-IDF 是乳品链所有利益相关者科学和技术专业知识的主要来源。自 1903 年以来，FIL-IDF 的乳制品专家网络为乳制品行业提供了一种机制，以就如何帮助为世界提供安全和可持续的乳制品达成全球共识。作为制定乳制品行业科学标准方面公认的国际权威机构，FIL-IDF 在确保制定正确的政策、标准、实践和法规以确保世界乳制品的安全和可持续发展方面发挥着重要作用。

工作语言：英语、法语

咨商地位：获得联合国经社理事会名册咨商地位；获得联合国粮农组织（FAO）认证

活动领域：经济、社会、可持续发展

总部地址：比利时

International Dalit Solidarity Network（国际达利特团结网络）

机构名称：国际达利特团结网络

机构名称（英文）：International Dalit Solidarity Network

机构名称缩写：IDSN

机构名称缩写（英文）：IDSN

机构网站：http://www.idsn.org

简介：IDSN 成立于 2000 年 3 月，旨在倡导达利特人权并提高国内外对达利特问题的认识。IDSN 是一个由国际人权组织、发展机构、欧洲国家达利特团结网络以及受种姓影响国家的国家平台组成的网络。该网络对种姓歧视这一重要人权问题的国际化产生了重大影响。通过与联合国、欧盟和其他多边机构的合作，IDSN 成功游说采取以行动为导向的方法，以解决针对达利特人和因工作和血统遭受歧视的类似社区的"贱民"和其他侵犯人权的行为。

工作语言：英语

咨商地位：2008 年提交咨商地位申请，获得联合国经社理事会特别咨商地位

活动领域：经济、社会

总部地址：丹麦

International Dental Federation（国际牙科联合会）

机构名称：国际牙科联合会

机构名称（英文）：International Dental Federation

机构名称缩写：FDI

机构名称缩写（英文）：FDI

机构网站：http://www.fdiworldental.org

简介：FDI 作为全球超过 100 万牙医的主要代表机构，拥有引领世界实现最佳口腔健康的大胆愿景。FDI 是牙科领域最古老的组织之一，其成员包括 130 多个国家的约 200 个牙科协会和专家团体。FDI 是一家非政府、非营利组织，总部位于瑞士日内瓦。它与联合国机构（如与其有正式关系的世界卫生组织）以及其他非政府组织、国际合作伙伴、政府和企业合作伙伴合作，以改善所有人的口腔健康。FDI 通过分享预防保健、诊断和治疗方面的知识来促进口腔健康科学和教育的最佳实践，并通过自己的继续教育（CE）计划、项目、宣传活动和政策声明来建设能力。FDI 还组织大会并出版《国际牙科杂志》（IDJ），以推进牙科科学和实践。

工作语言：英语

咨商地位：获得联合国经社理事会名册咨商地位；获得世界卫生组织（WHO）认证

活动领域：经济、社会

总部地址：瑞士

International Disability Alliance（国际残疾人联盟）

机构名称：国际残疾人联盟

机构名称（英文）：International Disability Alliance

机构名称缩写：IDA

机构名称缩写（英文）：IDA

机构网站：http：//www.internationaldisabilityalliance.org

简介：IDA 是一个由 14 个全球和区域残疾人组织组成的联盟。我们在联合国倡导为每个人创造一个更具包容性的全球环境。我们共同推动残疾人融入全球，支持促进人权和可持续发展的努力。我们支持残疾人组织要求其政府承担责任，并倡导地方、国家和国际的良好变革。IDA 的成员组织遍布世界各地，代表了全球约 10 亿残疾人。其中包括一些世界上最大且最常被忽视的边缘群体。IDA 以其独特的组成，包括最重要的国际残疾人权利组织，被联合国系统视为全球残疾人最权威的代表。

工作语言：英语

咨商地位：2017 年提交咨商地位申请，获得联合国经社理事会特别咨商地位

活动领域：经济、社会

总部地址：瑞士

International Doctors for Healthier Drug Policies（国际医生促进更健康的药物政策）

机构名称：国际医生促进更健康的药物政策

机构名称（英文）：International Doctors for Healthier Drug Policies

机构名称缩写：IDHDP

机构名称缩写（英文）：IDHDP

机构网站：http：//www.idhdp.com

简介：IDHDP 是一个全球医生网络，支持促进个人和社会健康的循证药物政策。IDHDP 的工作遵循以下原则：必须紧急实施更健康、有证可循的药物政策；医生是社区中最值得信赖的成员，可以形成强大的国际网络

来促进更健康的药物政策；每个人都有免痛苦的权利；药物依赖是一个健康问题，而不是犯罪问题。

工作语言：英语、西班牙语

咨商地位：2017 年提交咨商地位申请，获得联合国经社理事会特别咨商地位

活动领域：经济、社会发展、可持续发展、性别问题、妇女

总部地址：英国

International Economic Association（国际经济协会）

机构名称：国际经济协会

机构名称（英文）：International Economic Association

机构名称缩写：IEA

机构名称缩写（英文）：IEA

机构网站：http：//www.iea-world.org

简介：IEA 于 1950 年在联合国教科文组织社会科学部的推动下作为一个非政府组织成立。自成立以来，它一直与联合国教科文组织保持信息和咨询关系，并自 1973 年起成为国际社会科学理事会的联合成员。它的目标从一开始就是通过组织科学会议、共同研究计划以及针对当前重要问题的国际性出版物，促进世界不同地区经济学家之间的个人接触和相互理解。

工作语言：英语

咨商地位：获得联合国经社理事会名册咨商地位；获得联合国粮农组织（FAO）认证

活动领域：经济、社会

总部地址：法国

International Electrotechnical Commission（国际电工委员会）

机构名称：国际电工委员会

机构名称（英文）：International Electrotechnical Commission

机构名称缩写：IEC

机构名称缩写（英文）：IEC

机构网站：http：//www.iec.ch

简介：IEC 成立于 1906 年，是制定和发布所有电气、电子和相关技术的国际标准的世界领先组织。这些统称为"电技术"。IEC 是一个全球性的非营利性会员组织，汇集了 170 多个国家，并协调全球 2 万名专家的工作。IEC 致力于使电气和电子技术更安全、更高效、更可靠。

工作语言：英语

咨商地位：2016 年提交咨商地位申请，获得联合国经社理事会全面咨商地位

活动领域：经济和社会

总部地址：瑞士

International Emergency Action（国际紧急行动）

机构名称：国际紧急行动

机构名称（英文）：International Emergency Action

机构名称缩写：IEA

机构名称缩写（英文）：IEA

机构网站：无

简介：IEA 是一个非政府组织，成立于 1985 年，旨在为全球各地的自然灾害和人为危机提供及时、有效和人道的救援。IEA 与当地社区、政府和其他人道组织合作，提供食物、水、医疗、住房、教育和心理支持等服务。IEA 还致力于提高灾害预防和减轻能力，以减少未来危机的影响。

工作语言：英语

咨商地位：1985 年提交咨商地位申请，获得联合国经社理事会名册咨商地位

活动领域：经济、社会

总部地址：法国

International Emissions Trading Association（国际排放交易协会）

机构名称：国际排放交易协会

机构名称（英文）：International Emissions Trading Association

机构名称缩写：IETA

机构名称缩写（英文）：IETA

机构网站：http://www.ieta.org

简介：IETA 是一个非营利性商业组织，成立于 1999 年 6 月，旨在建立一个温室气体减排交易的实用国际框架，其成员包括来自整个碳交易周期的领先国际公司。IETA 成员寻求制定排放交易制度，实现真实和可核查的温室气体减排，同时平衡经济效率、环境完整性和社会公平。

工作语言：英语

咨商地位：无

活动领域：经济、社会

总部地址：瑞士

International Environment Forum（国际环境论坛）

机构名称：国际环境论坛

机构名称（英文）：International Environment Forum

机构名称缩写：IEF

机构名称缩写（英文）：IEF

机构网站：http://www.iefworld.org

简介：IEF 作为受巴哈伊启发的环境和可持续发展专业组织，分享并维护巴哈伊信仰的原则和理想，并支持其努力建立和促进和平、人类团结以及维护地球生态平衡的不断发展的世界文明。巴哈伊警告物质文明过度的危险，要求适度，强调人类的一体性，并支持生态原则，如万物的相互关联性，多样性中的统一性，以及在广阔的创造范围内合作水平不断提高、复杂性和互惠性的基本现实。巴哈伊认为，维护世界各个层面的生态平衡是全人类极为关注的问题，并敦促从地方到全球层面以与社区生活节奏相协调的方式为环境和可持续发展采取行动。人类的内在生活离不开周围的环境，这两者密切相关，要求在基本的伦理和道德价值以及精神原则的层面上解决环境和可持续发展问题。

工作语言：英语

咨商地位：无

活动领域：可持续发展

总部地址：瑞士

International Falcon Movement-Socialist Educational International（国际猎鹰运动—社会主义教育国际）

机构名称：国际猎鹰运动—社会主义教育国际

机构名称（英文）：International Falcon Movement-Socialist Educational International

机构名称缩写：IFM-SEI

机构名称缩写（英文）：IFM-SEI

机构网站：http：//www.ifm-sei.org

简介：IFM-SEI 的目标和原则是我们全球运动和成员组织的指导原则。这些是我们组织的基础，也是我们教育工作的核心。教育是实现社会变革的最有力工具。通过非正规教育，我们为儿童和年轻人创造了一个空间，以培养批判意识，赋予他们挑战我们世界中不平等的能力。我们为一个包容和平等的社会进行教育和宣传。因此，我们打击组织内外的任何形式的歧视，如法西斯主义、种族主义、仇外心理、同性恋恐惧症、跨性别恐惧症和厌女症。我们是一个女权主义组织，反对父权制，争取所有性别平等。我们拒绝性别二元，并认识到有两种以上的性别。我们教育平等权利，并了解性别陈规定型观念、歧视和特权。

工作语言：英语、西班牙语、法语

咨商地位：2013 年提交咨商地位申请，获得联合国经社理事会特别咨商地位

活动领域：经济、性别问题、妇女、社会发展、可持续发展

总部地址：比利时

International Federation for Family Development（国际家庭发展联合会）

机构名称：国际家庭发展联合会

机构名称（英文）：International Federation for Family Development

机构名称缩写：IFFD

机构名称缩写（英文）：IFFD

机构网站：http：//www.iffd.org

简介：IFFD 是一个非政府、独立和非营利的联合会，其主要任务是通

过培训支持家庭。IFFD 与广泛的志愿者网络合作，在五大洲的 68 个国家/地区开展工作。联合会具有联合国经社理事会全面咨商地位，并定期组织关于家庭问题的国际会议。

工作语言：西班牙语、英语、法语

咨商地位：2011 年提交咨商地位申请，获得联合国经社理事会全面咨商地位

活动领域：经济、性别问题、妇女、人口、社会发展、统计、可持续发展

总部地址：西班牙

International Federation for Home Economics（国际家政学联合会）

机构名称：国际家政学联合会

机构名称（英文）：International Federation for Home Economics

机构名称缩写：IFHE

机构名称缩写（英文）：IFHE

机构网站：http://www.ifhe.org

简介：IFHE 是唯一一个关注家政和消费者研究的全球性组织。它成立于 1908 年，旨在为家政领域提供一个国际交流的平台。国际家政联合会是一个国际非政府组织（INGO），拥有联合国（ECOSOC，FAO，UNESCO，UNICEF）和欧洲委员会的咨商地位。

工作语言：英语

咨商地位：1981 年提交咨商地位申请，获得联合国经社理事会特别咨商地位

活动领域：经济、社会、性别问题、妇女

总部地址：德国

International Federation for Housing and Planning（国际住房和规划联合会）

机构名称：国际住房和规划联合会

机构名称（英文）：International Federation for Housing and Planning

机构名称缩写：IFHP

机构名称缩写（英文）：IFHP

机构网站：http：//www.infhp.org

简介：IFHP的愿景是为所有人共同创造宜居城市。我们通过连接城市专业人士、分享工具和知识，并通过交流新的解决方案来激发更多行动来实现这一目标。我们的成员构成了一个由城市专业人士和政策制定者组成的全球社区。我们热衷于在城市住房和规划领域交流见解、工具和解决方案。我们的使命是为所有人共同创造宜居城市。

工作语言：丹麦语、法语、德语、英语、葡萄牙语

咨商地位：1947年提交咨商地位申请，获得联合国经社理事会特别咨商地位

活动领域：经济、社会

总部地址：丹麦

International Federation for Human Rights Leagues（国际人权联合会）

机构名称：国际人权联合会

机构名称（英文）：International Federation for Human Rights Leagues

机构名称缩写：FIDH

机构名称缩写（英文）：FIDH

机构网站：http：//www.fidh.org

简介：FIDH是一个国际人权非政府组织，由来自116个国家的188个组织联合起来。自1922年以来，国际人权联合会一直捍卫《世界人权宣言》规定的所有公民的政治、经济、社会和文化权利。对人权联合会来说，改变社会有赖于当地行动者的工作。因此，人权联合会的活动旨在加强其能力和影响力。FIDH在国家、区域和国际各级采取行动，支持其成员和伙伴组织处理侵犯人权行为并巩固民主进程。FIDH还与其他当地伙伴组织和变革行动者合作。

工作语言：英语、法语

咨商地位：1952年提交咨商地位申请，获得联合国经社理事会特别咨商地位

活动领域：经济、社会

总部地址：法国

International Federation for Hydrocephalus and Spina Bifida（国际脑积水和脊柱裂联合会）

机构名称：国际脑积水和脊柱裂联合会

机构名称（英文）：International Federation for Hydrocephalus and Spina Bifida

机构名称缩写：IF

机构名称缩写（英文）：IF

机构网站：http：//www.ifglobal.org

简介：IF 由脊柱裂和脑积水（SBH）患者及其家人于 1979 年创立。多年来，它已从一个志愿协会发展成为一个专业的残疾人组织（DPO），具有全球覆盖率、民主结构、透明和负责任的程序。国际脑积水和脊柱裂联合会的使命是：改善脊柱裂和脑积水患者及其家人的生活质量，并通过一级预防降低神经管缺陷和脑积水的发生率。联合会通过提高认识，通过政治宣传、研究、社区建设和人权教育，以实现以上目标。

工作语言：英语、法语、荷兰语

咨商地位：1991 年提交咨商地位申请，获得联合国经社理事会特别咨商地位

活动领域：经济、社会

总部地址：比利时

International Federation for Information and Documentation（国际信息和文献联合会）

机构名称：国际信息和文献联合会

机构名称（英文）：International Federation for Information and Documentation

机构名称缩写：FID

机构名称缩写（英文）：FID

机构网站：无

简介：FID 于 1895 年在比利时布鲁塞尔成立。组织的目标是：通过国

际合作，促进科学、技术、工业、社会科学、艺术和人文领域的信息科学、信息管理和文献的研究和发展，包括组织、储存、检索、重新包装、传播、信息增值和评价信息；为交流思想和经验提供一个世界论坛，并为关注信息科学、信息管理和文献问题的组织和个人提供在国际一级协调其努力的机会；促进发展和建立国际信息系统网络；促进和协调信息科学的研究和培训；鼓励建立信息分析中心和文献中心；为成员组织制定指导原则并组织信息交流；着力发展现代信息专业和信息使用者；促进文献各部门的研究、组织和实践。1959年8月29日，根据比利时法律，由于缺乏资金而停止活动。

工作语言：英语

咨商地位：1950年提交咨商地位申请，获得联合国经社理事会名册咨商地位

活动领域：经济、社会

总部地址：荷兰

International Federation of ACAT（Action by Christians for the Abolition of Torture）（基督徒废除酷刑行动国际联合会）

机构名称：基督徒废除酷刑行动国际联合会

机构名称（英文）：International Federation of ACAT（Action by Christians for the Abolition of Torture）

机构名称缩写：FIACAT

机构名称缩写（英文）：FIACAT

机构网站：http：//www.fiacat.org

简介：FIACAT是一个国际非政府人权组织，成立于1987年，致力于消除酷刑和废除死刑。FIACAT汇集了分布在三大洲的大约30个国家协会，即基督徒废除酷刑行动组织。

工作语言：英语、法语

咨商地位：1995年提交咨商地位申请，获得联合国经社理事会特别咨商地位

活动领域：经济、社会

总部地址：法国

International Federation of Agricultural Producers（世界农民组织）

机构名称：世界农民组织

机构名称（英文）：International Federation of Agricultural Producers

机构名称缩写：WFO

机构名称缩写（英文）：WFO

机构网站：http：//www.worldfarmersorganisation.com

简介：WFO 总部位于意大利罗马，成立于 2011 年，是一个国际农民组织，专注于农业生态学、农业类型学、食物链、土著人民和山区农业。WFO 旨在加强农业生产者和农民在价值链中的地位，特别关注小农户，与粮农组织保持密切合作。

工作语言：西班牙语、英语、法语

咨商地位：无

活动领域：农业、经济、社会

总部地址：意大利

International Federation of Associations of the Elderly（国际老年人协会联合会）

机构名称：国际老年人协会联合会

机构名称（英文）：International Federation of Associations of the Elderly

机构名称缩写：FIAPA

机构名称缩写（英文）：FIAPA

机构网站：http：//www.fiapa.net

简介：FIAPA 的基本目标是动员老年人及其协会，以加强他们融入社会生活。它还在联合国、世界世卫组织、联合国教科文组织、欧洲委员会和欧盟等主要国际组织中代表老年人，倡导有利于老年人的相关政策。

工作语言：法语、英语

咨商地位：1991 年提交咨商地位申请，获得联合国经社理事会全面咨商地位

活动领域：经济、社会

总部地址：法国

International Federation of Beekeepers' Associations（国际养蜂人协会联合会）

机构名称：国际养蜂人协会联合会

机构名称（英文）：International Federation of Beekeepers' Associations

机构名称缩写：Apimondia

机构名称缩写（英文）：Apimondia

机构网站：http://www.apimondia.org

简介：Apimondia 是一个非政府组织，汇集了养蜂人、养蜂设备制造商以及参与养蜂、蜂疗、授粉，发展和经济学的各种科学家。Apimondia 的主要目标是促进信息交流和讨论，使养蜂人、科学家、蜂蜜贸易商、发展代理人、技术人员和立法者聚集在一起，相互倾听、讨论和学习。

工作语言：英语

咨商地位：1972 年提交咨商地位申请，获得联合国经社理事会特别咨商地位

活动领域：经济、社会

总部地址：意大利

International Federation of Building and Wood Workers（国际建筑和木工联合会）

机构名称：国际建筑和木工联合会

机构名称（英文）：International Federation of Building and Wood Workers

机构名称缩写：BWI

机构名称缩写（英文）：BWI

机构网站：http://www.bwint.org

简介：IFBWW 是一个全球性的工会联合会，代表了建筑、建筑材料、木材、林业和相关行业的工会。IFBWW 于 2005 年 12 月 9 日在阿根廷布宜诺斯艾利斯的世界大会上与世界建筑和木材工人联合会（WFBW）合并，成立了新的全球工会联合会，即建筑和木材工人国际（BWI）。BWI 目前拥有约 351 个工会，代表了 127 个国家约 1200 万名会员。BWI 的总部设在瑞士日内瓦。BWI 的使命是在可持续发展的背景下，促进世界各地本行业

工会的发展，以及促进和维护工人权利。

　　工作语言：英语

　　咨商地位：1997年提交咨商地位申请，获得联合国经社理事会特别咨商地位

　　活动领域：经济、社会

　　总部地址：瑞士

International Federation of Business and Professional Women（国际商业和专业妇女联合会）

　　机构名称：国际商业和专业妇女联合会

　　机构名称（英文）：International Federation of Business and Professional Women

　　机构名称缩写：BPW International

　　机构名称缩写（英文）：IFBPW

　　机构网站：http：//www.bpw-international.org

　　简介：IFBPW由Lena Madesin Phillips博士于1930年创立。IFBPW是最具影响力的国际商业和专业妇女网络之一，在五大洲的100多个国家设有分支机构。其成员包括有影响力的女性领导人、企业家、企业主、高管、专业人士以及年轻的企业和职业女性。IFBPW的任务是通过在世界各地的宣传、教育、指导、联网、技能建设和经济赋权方案和项目，在各级开发妇女的商业、专业和领导潜力。

　　工作语言：英语、意大利语、法语、西班牙语

　　咨商地位：1947年提交咨商地位申请，获得联合国经社理事会全面咨商地位

　　活动领域：经济、性别问题、妇女、社会发展、可持续发展

　　总部地址：瑞士

International Federation of Catholic Medical Associations（国际天主教医学协会联合会，Fédération Internationale des Associations Médicales Catholiques）

　　机构名称：国际天主教医学协会联合会（Fédération Internationale des

Associations Médicales Catholiques）

机构名称（英文）：International Federation of Catholic Medical Associations

机构名称缩写：FIAMC

机构名称缩写（英文）：FIAMC

机构网站：http：//www.fiamc.org

简介：FIAMC由来自世界各地的约80个国家天主教医师协会组成。FIAMC的目标有：(1) 协调天主教医学协会在全世界研究和传播基督教原则的努力；(2) 鼓励天主教医学协会在所有国家的发展，以协助天主教医生的道德和精神发展以及技术进步；(3) 参与医学专业的总体发展，并根据天主教会的教义促进健康和社会工作；(4) 致力于医学伦理问题及其实践和理论解决方案的研究；(5) 与发展中国家建立卫生和教牧关怀合作模式。

工作语言：英语

咨商地位：1997年提交咨商地位申请，获得联合国经社理事会特别咨商地位

活动领域：经济、性别问题、妇女、人口、公共行政、社会发展、统计、可持续发展

总部地址：梵蒂冈

International Federation of Catholic Universities（国际天主教大学联合会）

机构名称：国际天主教大学联合会

机构名称（英文）：International Federation of Catholic Universities

机构名称缩写：FIUC

机构名称缩写（英文）：IFCU

机构网站：http：//www.fiuc.org

简介：FIUC在圣心天主教大学（意大利米兰）和奈梅亨天主教大学（荷兰奈梅亨）的倡议下，1924年采取了初步步骤，将天主教大学聚集在一个联合会中，讨论共同关心的具体问题。次年，在巴黎天主教学院的一次会议上，这些努力得到了具体体现，来自世界各地的14所大学派代表参

加了第一届大会。大会于 1948 年得到罗马教廷法令的承认，并于 1949 年得到教皇庇护十二世的承认，最终于 1965 年成为国际天主教大学联合会（IFCU）。联合会的作用是：促进天主教高等教育机构对其使命的集体反思；促进研究领域的学术合作，以及向决策界评估和传播研究成果；促进天主教高等教育机构之间的经验和技能交流；在国际组织和协会中代表天主教大学，并根据其机构优先事项与他们合作；为天主教高等教育的发展和维护其特定身份作出贡献。

工作语言：法语、英语、西班牙语

咨商地位：获得联合国经社理事会名册咨商地位；获得联合国教科文组织认证

活动领域：经济、性别问题、妇女、人口、社会发展、可持续发展、非洲和平发展、非洲冲突解决

总部地址：法国

International Federation of Chemical, Energy & General Workers' Unions（国际化学、能源和总工会联合会）

机构名称：国际化学、能源和总工会联合会

机构名称（英文）：International Federation of Chemical, Energy & General Workers' Unions

机构名称缩写：ICEM

机构名称缩写（英文）：ICEM

机构网站：无

简介：ICEM 成立于 1996 年 1 月，其目标是以工会主义的新出发点，适应能源行业不断变化的形态，将能源供应商和能源生产商联合成大型企业集团。2012 年与国际金属工人联合会（IMF）和国际纺织、服装和皮革工人联合会（ITGLWF）合并后不复存在。

工作语言：英语

咨商地位：1974 年提交咨商地位申请，获得联合国经社理事会名册咨商地位

活动领域：经济、社会

总部地址：比利时

International Federation of Consular Corps and Associations（国际领事团和协会联合会）

机构名称：国际领事团和协会联合会

机构名称（英文）：International Federation of Consular Corps and Associations

机构名称缩写：FICAC

机构名称缩写（英文）：FICAC

机构网站：http：//www. ficacworld. org

简介：FICAC 于 1982 年 10 月在哥本哈根成立。它诞生于将来自世界各地的领事协会或使团聚集在一起分享经验并协调努力以提高领事的地位和有效性的必要性。FICAC 是一个全球领事协会网络，旨在支持和改善所有接受国所有领事官员的地位、合法性和有效性。FICAC 的目标是：促进和加强全球名誉领事和职业领事之间的相互了解；制定一个框架和基础，以交流有关名誉领事和职业领事办公室相关事项的最新信息、想法和建议；在国家和国际层面促进更好地了解名誉领事和职业领事的职责和责任、权利和特权。

工作语言：法语、英语

咨商地位：2017 年提交咨商地位申请，获得联合国经社理事会特别咨商地位

活动领域：经济、社会

总部地址：比利时

International Federation of Freight Forwarders Associations（国际货运代理协会联合会）

机构名称：国际货运代理协会联合会

机构名称（英文）：International Federation of Freight Forwarders Associations

机构名称缩写：FIATA

机构名称缩写（英文）：FIATA

机构网站：http：//www. fiata. org

简介：FIATA 是一个非政府、会员制组织，代表大约 150 个国家的货

运代理。FIATA 的会员由 109 个协会会员和 5500 多名个人会员组成，代表了全球 40000 家货运代理和物流公司的行业。FIATA 是管理货运代理和物流行业的国际政策和法规的参考来源。FIATA 在国际层面代表从事贸易物流和供应链管理的服务提供商，致力于通过与世界贸易组织，联合国机构和其他国际组织，运输组织，全球合作伙伴和政府合作来代表其成员的利益，以促进和保护行业的利益。

工作语言：英语

咨商地位：1970 年提交咨商地位申请，获得联合国经社理事会名册咨商地位

活动领域：经济、社会、可持续发展

总部地址：瑞士

International Federation of Gynecology and Obstetrics（国际妇产科联合会）

机构名称：国际妇产科联合会

机构名称（英文）：International Federation of Gynecology and Obstetrics

机构名称缩写：FIGO

机构名称缩写（英文）：FIGO

机构网站：http://www.figo.org

简介：FIGO 是世界上最大的妇产科国家学会联盟。FIGO 的使命是改善妇女和女童的健康和福祉，减少医疗保健方面的差距，并推动全球妇产科的实践。FIGO 在五个地区拥有 130 多个国家成员协会。我们的地理覆盖范围和调动网络的能力使我们能够在全球范围内扩大关键见解并促进知识共享。我们将临床研究、经验和证据置于我们计划的核心，并相信我们多元化的全球社区的力量可以带来真正的变革。

工作语言：法语、西班牙语、英语

咨商地位：获得联合国经社理事会名册咨商地位；获得世界卫生组织（WHO）认证

活动领域：经济、社会、性别问题、妇女

总部地址：英国

International Federation of International Furniture Removers（国际家具搬运工联合会）

机构名称：国际家具搬运工联合会

机构名称（英文）：International Federation of International Furniture Removers

机构名称缩写：IFI

机构名称缩写（英文）：IFI

机构网站：无

简介：IFI 是一个全球性的组织，由专业从事国际家具搬运和搬迁服务的公司组成。IFI 的目标是为其成员提供高质量的服务，促进行业的发展和创新，以及维护行业的道德和专业标准。IFI 还提供培训、认证、网络和信息交流等服务，以帮助其成员提高竞争力和满足客户的需求。

工作语言：英语

咨商地位：1963 年提交咨商地位申请，获得联合国经社理事会名册咨商地位

活动领域：经济、社会

总部地址：比利时

International Federation of Journalists（国际新闻工作者联合会）

机构名称：国际新闻工作者联合会

机构名称（英文）：International Federation of Journalists

机构名称缩写：IFJ

机构名称缩写（英文）：IFJ

机构网站：http://www.ifj.org

简介：IFJ 是世界上最大的记者组织，代表来自 140 多个国家的 187 个工会和协会的 60 万名媒体专业人士。IFJ 成立于 1926 年，是联合国系统内和国际工会运动中为记者代言的组织。IFJ 组织集体行动，支持记者工会争取公平报酬、体面的工作条件和捍卫他们的劳动权利；通过强大、自由和独立的记者工会，促进捍卫新闻自由和社会正义的国际行动；在其所有结构、政策和方案中争取两性平等；反对一切形式的歧视，谴责利用媒体进行宣传或宣扬不容忍和冲突；相信政治和文化表达自由。IFJ 支持记者

及其工会争取他们的工业和专业权利，并设立了国际安全基金，为有需要的记者提供人道主义援助。IFJ 的政策由每三年举行一次的大会民主决定，工作由秘书处在选举产生的执行委员会的指导下进行。

工作语言：法语、英语

咨商地位：1953 年提交咨商地位申请，获得联合国经社理事会特别咨商地位

活动领域：经济、社会

总部地址：比利时

International Federation of Liberal Youth（国际自由青年联合会）

机构名称：国际自由青年联合会

机构名称（英文）：International Federation of Liberal Youth

机构名称缩写：IFLRY

机构名称缩写（英文）：IFLRY

机构网站：http：//www.iflry.org

简介：IFLRY 是来自世界各地的自由青年和学生组织的全球伞式组织，其使命是实现将自由全球化。IFLRY 通过合作伙伴合作并代表会员的观点，在国际层面倡导我们的自由价值观；通过促进活动和在线交流思想和最佳实践，提高民主和自由主义的能力；支持会员组织专题活动，以在特定政策领域或特定区域实现这两个目标。

工作语言：西班牙语、法语、英语

咨商地位：无

活动领域：青年、经济、社会

总部地址：英国

International Federation of Library Associations and Institutions（国际图书馆协会和机构联合会）

机构名称：国际图书馆协会和机构联合会

机构名称（英文）：International Federation of Library Associations and Institutions

机构名称缩写：IFLA

机构名称缩写（英文）：IFLA

机构网站：http：//www.ifla.org

简介：IFLA 是图书馆的全球代言人，代表图书馆行业的利益，致力于改善全球服务。我们受益于强大的会员、充满活力的专业社区以及与合作伙伴的密切合作。我们的使命是通过构建强大、团结的世界图书馆共同体增强公民的识字、知情和参与社会的能力，为社会赋能。

工作语言：英语

咨商地位：获得联合国经社理事会名册咨商地位；获得联合国教科文组织、世界知识产权组织（WIPO）认证

活动领域：经济、社会、性别问题、妇女、公共行政、可持续发展

总部地址：荷兰

International Federation of Medical Students' Associations（国际医学生协会联合会）

机构名称：国际医学生协会联合会

机构名称（英文）：International Federation of Medical Students' Associations

机构名称缩写：IFMSA

机构名称缩写（英文）：IFMSA

机构网站：http：//www.ifmsa.org

简介：IFMSA 成立于 1951 年，是世界上历史最悠久、规模最大的学生组织之一。它每天代表、联系和参与来自全球 130 个国家/地区的 139 个国家成员组织的 130 万医学生的网络。IFMSA 在赋予医学生权力以解决对我们这一代人至关重要的健康问题方面有着悠久的历史。作为一个国际联合会，我们处于影响各级决策的最佳位置，与从全球到本地实施的不同组织合作。医学协联是一个植根于其国家成员的多样化和全球性组织，因此能够以协调的方式在区域和全球一级讨论和影响政策，从而影响所有国家的政策。

工作语言：英语

咨商地位：2003 年提交咨商地位申请，获得联合国经社理事会特别咨商地位

活动领域：经济、性别问题、妇女、人口、社会发展、可持续发展

总部地址：丹麦

International Federation of Organic Agriculture Movements（国际有机农业运动联合会）

机构名称：国际有机农业运动联合会

机构名称（英文）：International Federation of Organic Agriculture Movements

机构名称缩写：IFOAM

机构名称缩写（英文）：IFOAM

机构网站：http：//www.ifoam.bio

简介：IFOAM 成立于 1972 年，是一个会员制组织，致力于为全球农业带来真正的可持续性。当下我们世界的粮食和农业系统面临多重挑战，从饥饿加剧、气候变化和生物多样性丧失到农民和粮食工人收入不高。通过改变生产和消费食物的方式可以缓解这些状况的发生。IFOAM 通过我们的工作，我们的能力建设，促进农民向有机农业过渡，提高对可持续生产和消费需求的认识，并倡导有利于农业生态农业实践和可持续发展的政策环境。

工作语言：英语

咨商地位：1996 年提交咨商地位申请，获得联合国经社理事会名册咨商地位

活动领域：经济、社会

总部地址：德国

International Federation of Pedestrians（国际行人联合会）

机构名称：国际行人联合会

机构名称（英文）：International Federation of Pedestrians

机构名称缩写：IFP

机构名称缩写（英文）：IFP

机构网站：http：//www.pedestrians-int.org

简介：IFP 是一个由来自世界各地的非营利协会和个人组成的网络，

致力于为行人和宜居的公共空间服务。IFP 成立于 1963 年，是联合国认可的非政府组织，此后一直在促进行人的权利。

工作语言：英语

咨商地位：1971 年提交咨商地位申请，获得联合国经社理事会名册咨商地位

活动领域：经济、社会

总部地址：瑞士

International Federation of Persons with Physical Disability（国际肢体残疾人联合会）

机构名称：国际肢体残疾人联合会

机构名称（英文）：International Federation of Persons with Physical Disability

机构名称缩写：FIMITIC

机构名称缩写（英文）：FIMITIC

机构网站：http：//www.fimitic.org

简介：FIMITIC 是一个国际性的、非营利性的、政治上独立的、宗教上中立的国家非营利组织联合会。FIMITIC 的宗旨是改善身体残疾人的社会、职业和社会条件。FIMITIC 目前在 18 个国家有成员组织，是一个分享知识、良好实践和方法论的网络。

工作语言：英语

咨商地位：无

活动领域：经济、社会

总部地址：德国

International Federation of Pharmaceutical Manufacturers Associations（国际药品制造商协会联合会）

机构名称：国际药品制造商协会联合会

机构名称（英文）：International Federation of Pharmaceutical Manufacturers Associations

机构名称缩写：IFPMA

机构名称缩写（英文）：IFPMA

机构网站：http：//www.ifpma.org

简介：IFPMA 在国际一级代表创新制药业，并与联合国建立有正式关系。IFPMA 与联合国系统内的所有公共卫生利益攸关方密切合作，包括世界卫生组织、世界贸易组织和世界知识产权组织。我们还与政府、全球卫生组织、非政府组织、民间社会、患者团体、国际医院组织、全球基金会以及研究和学术机构合作。IFPMA 促进可持续的解决方案，鼓励制药创新并改善世界各地的人们健康。其任务是与全球卫生利益攸关方合作，促进可持续政策和举措，鼓励药物创新并支持全球人民获得疫苗和药物。

工作语言：英语

咨商地位：获得联合国经社理事会名册咨商地位；获得世界卫生组织（WHO）、联合国工业发展组织（UNIDO）、世界知识产权组织（WIPO）、联合国贸发会议（UNCTAD）认证

活动领域：经济、社会

总部地址：瑞士

International Federation of Psoriasis Associations（国际银屑病协会联合会）

机构名称：国际银屑病协会联合会

机构名称（英文）：International Federation of Psoriasis Associations

机构名称缩写：IFPA

机构名称缩写（英文）：IFPA

机构网站：http：//www.ifpa-pso.com

简介：IFPA 成立于 1971 年，是银屑病协会的国际联合会。其成员代表超过 6000 万银屑病患者，共同倡导进步。联合会的愿望是团结、加强和领导全球银屑病社区，改善所有银屑病患者的生活，使得所有银屑病患者都享有良好健康和福祉的未来。

工作语言：英语、瑞典语

咨商地位：2011 年提交咨商地位申请，获得联合国经社理事会特别咨商地位

活动领域：经济、社会发展

总部地址：瑞典

International Federation of Robotics（国际机器人联合会）

机构名称：国际机器人联合会

机构名称（英文）：International Federation of Robotics

机构名称缩写：IFR

机构名称缩写（英文）：IFR

机构网站：https://www.ifr.org

简介：IFR 连接全球机器人世界。IFR 成立于 1987 年，是一个非营利组织。机构成员来自机器人领域的国家或国际行业协会以及研发机构。联合会直接代表来自 20 多个国家的 90 多个成员。目标和宗旨是促进机器人对生产力、竞争力、经济增长以及工作和生活质量的积极益处，促进整个机器人领域的研究、开发、使用和国际合作，在与机器人有关的活动中充当组织和政府代表的联络点，促进和加强全球机器人产业，提高公众对机器人技术的认识，以及处理与会员有关的其他事项。

工作语言：英语

咨商地位：1980 年提交咨商地位申请，获得联合国经社理事会名册咨商地位

活动领域：经济、社会

总部地址：瑞典

International Federation of Rural Adult Catholic Movements（国际农村成人天主教运动联合会）

机构名称：国际农村成人天主教运动联合会

机构名称（英文）：International Federation of Rural Adult Catholic Movements

机构名称缩写：FIMARC

机构名称缩写（英文）：FIMARC

机构网站：http://www.fimarc.org

简介：FIMARC 是一个由来自不同国家和地区的农村成人天主教运动组成的国际组织，致力于在社会政治问题和可持续农村发展方面进行培训和教育。FIMARC 成立于 1964 年，最初由欧洲的一些农村成人天主教运动在葡萄牙法蒂玛召开的会议上创建，后来在 20 世纪 70 年代扩展到非洲、

亚洲和拉丁美洲。FIMARC 是一个国际天主教组织，也是国际天主教组织会议的成员。作为一个非政府组织，FIMARC 拥有联合国经社理事会、联合国教科文组织、联合国粮食及农业组织和欧洲委员会的咨商地位。

工作语言：英语、法语、西班牙语

咨商地位：1981 年提交咨商地位申请，获得联合国经社理事会名册咨商地位

活动领域：经济、社会

总部地址和：比利时

International Federation of Senior Police Officers（国际高级警官联合会）

机构名称：国际高级警官联合会

机构名称（英文）：International Federation of Senior Police Officers

机构名称缩写：IFSPO

机构名称缩写（英文）：IFSPO

机构网站：无

简介：IFSPO 于 1950 年 4 月在法国成立。其目标有加强不同国家警官之间的兄弟关系；促进文化交流；对警察的预防和教育作用进行研究；帮助改善警察部门的组织和效率。IFSPO 自 2010 年以来没有报告任何活动。

工作语言：英语

咨商地位：1993 年提交咨商地位申请，获得联合国经社理事会名册咨商地位

活动领域：经济、社会

总部地址：法国

International Federation of Settlements and Neighbourhood Centres（国际住区和居民区中心联合会）

机构名称：国际住区和居民区中心联合会

机构名称（英文）：International Federation of Settlements and Neighbourhood Centres

机构名称缩写：IFS

机构名称缩写（英文）：IFS

机构网站：http://www.ifsnetwork.org

简介：IFS 是一个由 11000 多个成员协会组成的全球运动，其中包括世界各地的多用途社区组织。IFS 相信通过连接、激励和支持包容性的全球社区来赋予为社会正义而努力的人们权力。IFS 努力通过赋权、激励和联系当地为社会正义而工作的人们来建立一个包容性的全球社区，以最终实现包容、民主和社会正义。

工作语言：英语

咨商地位：1998 年提交咨商地位申请，获得联合国经社理事会全面咨商地位

活动领域：经济、社会、性别问题、妇女、可持续发展

总部地址：芬兰

International Federation of Social Workers（国际社会工作者联合会）

机构名称：国际社会工作者联合会

机构名称（英文）：International Federation of Social Workers

机构名称缩写：IFSW

机构名称缩写（英文）：IFSW

机构网站：http://www.ifsw.org

简介：IFSW 是该行业的全球机构。联合会及其国家成员通过促进社会工作最佳实践和参与国际合作，努力实现社会正义、人权和包容、可持续的社会发展。

工作语言：法语、英语、西班牙语

咨商地位：1956 年提交咨商地位申请，获得联合国经社理事会特别咨商地位

活动领域：经济、性别问题、妇女、社会发展

总部地址：瑞士

International Federation of Surgical Colleges（国际外科学院联合会）

机构名称：国际外科学院联合会

机构名称（英文）：International Federation of Surgical Colleges

机构名称缩写：IFSC

机构名称缩写（英文）：IFSC

机构网站：http://www.theifsc.org

简介：IFSC成立于1958年，成员包括世界各地的外科学院、协会和学会。IFSC一直提倡卓越的外科教育、培训和研究，尤其关注低收入和中等收入国家。IFSC自1960年以来一直与世界卫生组织保持正式关系。IFSC的主要目标有：成为一个真正代表世卫组织和联合国机构中低收入国家外科医生的组织；倡导将基本外科护理作为全球健康的重要组成部分；为全球外科教育和研究中的非殖民化作出贡献。

工作语言：英语

咨商地位：获得联合国经社理事会名册咨商地位；获得世界卫生组织（WHO）认证

活动领域：经济、社会、可持续发展

总部地址：瑞士

International Federation of Surveyors（国际测量师联合会）

机构名称：国际测量师联合会

机构名称（英文）：International Federation of Surveyors

机构名称缩写：FIG

机构名称缩写（英文）：FIG

机构网站：http://www.fig.net

简介：FIG成立于1878年，是联合国和世界银行认可的非政府组织，由来自120多个国家的国家成员协会，地籍和测绘机构以及部委，大学和企业组成。FIG涵盖了全球测量界的所有专业领域，地籍、估价、测绘、大地测量、水文学、地理空间和工料测量师，并为旨在促进专业实践和标准的讨论和发展提供了一个国际论坛。

工作语言：英语

咨商地位：1970年提交咨商地位申请，获得联合国经社理事会名册咨商地位

活动领域：经济、社会、可持续发展

总部地址：丹麦

International Federation of Translators（国际翻译联合会，Fédération Internationale des Traducteurs）

机构名称：国际翻译联合会（Fédération Internationale des Traducteurs）

机构名称（英文）：International Federation of Translators

机构名称缩写：FIT

机构名称缩写（英文）：FIT

机构网站：http：//www.fit-ift.org

简介：FIT 是世界各地口译员、笔译员和术语学家专业协会的联合会，在文学、科学和技术、公共服务、法院和法律环境、会议口译、媒体和外交领域以及学术界等各个领域开展工作。FIT 在国际层面上支持会员和行业，为该行业建立社区，知名度和可持续的未来提供支持。

工作语言：英语、法语

咨商地位：2012 年提交咨商地位申请，获得联合国经社理事会特别咨商地位

活动领域：经济和社会、文化事业

总部地址：法国

International Fellowship of Reconciliation（国际和睦协会）

机构名称：国际和睦协会

机构名称（英文）：International Fellowship of Reconciliation

机构名称缩写：IFOR

机构名称缩写（英文）：IFOR

机构网站：http：//www.ifor.org

简介：IFOR 为应对欧洲战争的恐怖而成立，在其整个历史中一直采取一贯反对战争及其准备的立场。IFOR 的创始人认识到世界需要愈合与和解，他们制定了人类社会的愿景，其基础是相信行动中的爱有能力改变不公正的政治、社会和经济结构。今天，国际和睦协会在各大洲40 多个国家设有分支机构、团体和附属机构。和睦协会虽然是在国家和区域基础上组织的，但它力求克服民族国家的分裂，而民族国家的分裂往往是冲突和暴力的根源。其成员包括所有主要精神传统的信徒，以及那些有其他精神来源致力于非暴力的人。

工作语言：法语、英语、西班牙语

咨商地位：1979年提交咨商地位申请，获得联合国经社理事会特别咨商地位

活动领域：经济、社会、性别问题、妇女

总部地址：荷兰

International Fertilizer Industry Association（国际肥料工业协会）

机构名称：国际肥料工业协会

机构名称（英文）：International Fertilizer Industry Association

机构名称缩写：IFA

机构名称缩写（英文）：IFA

机构网站：http：//www.fertilizer.org

简介：IFA成立于1927年，是唯一的全球肥料协会，在大约80个国家拥有450+成员，其使命是促进植物养分的高效和负责任的生产、分配和使用。这一使命在帮助以可持续方式养活世界方面发挥着关键作用。IFA代表植物营养解决方案的供应商。成员包括化肥生产商、贸易商和分销商，以及他们的协会、行业服务提供商、研究机构、农业科技初创企业和非政府组织。

工作语言：法语、英语

咨商地位：获得联合国经社理事会名册咨商地位；获得联合国贸发会议（UNCTAD）、联合国工业发展组织（UNIDO）、联合国粮农组织（FAO）认证

活动领域：可持续发展

总部地址：法国

International Fiscal Association（国际财政协会）

机构名称：国际财政协会

机构名称（英文）：International Fiscal Association

机构名称缩写：IFA

机构名称缩写（英文）：IFA

机构网站：http：//www.ifa.nl

简介：IFA 是唯一一个处理财政事务的非政府和非部门国际组织。IFA 是一个中立、独立、非游说组织，因此是同类中唯一的全球网络。作为一个非营利组织，IFA 提供了一个中立和独立的平台，所有专业和利益的代表都可以在最高层次上会面和讨论国际税务问题。其目标是研究和推进有关公共财政的国际法，特别是在国际财政法以及税收的财政和经济方面。IFA 力求通过其年度大会和与之相关的科学出版物以及科学研究来实现这些目标。

工作语言：英语

咨商地位：1969 年提交咨商地位申请，获得联合国经社理事会名册咨商地位

活动领域：经济、社会

总部地址：荷兰

International Food and Beverage Alliance（国际食品和饮料联盟）

机构名称：国际食品和饮料联盟

机构名称（英文）：International Food and Beverage Alliance

机构名称缩写：IFBA

机构名称缩写（英文）：IFBA

机构网站：http://www.ifballiance.org

简介：IFBA 由领先的食品和非酒精饮料公司的首席执行官于 2008 年创立，旨在使消费者能够均衡饮食和过上更健康的生活，以支持世界卫生组织改善全球公共卫生的努力。IFBA 成员公司代表食品和非酒精饮料行业的全球领导者，这些成员在全球拥有 300 多万名员工，2016 年的年收入总额超过 4100 亿美元。

工作语言：英语、法语、西班牙语

咨商地位：2013 年提交咨商地位申请，获得联合国经社理事会特别咨商地位

活动领域：经济、社会发展

总部地址：比利时

International Forestry Students' Association（国际林业学生协会）

机构名称：国际林业学生协会

机构名称（英文）：International Forestry Students' Association

机构名称缩写：IFSA

机构名称缩写（英文）：IFSA

机构网站：http://www.ifsa.net

简介：IFSA是林业和相关科学领域最大的国际学生网络之一。IFSA是一个全球性组织和本地运营的学生组织，将森林和相关科学专业的学生与同龄人和森林相关组织和政策平台联系起来。IFSA拥有130多个成员协会，也称为地方委员会（LC），分布在50多个国家，将成千上万的学生团结起来，努力了解森林、文化和环境。IFSA是一个完全由学生经营的非政治、非营利和非宗教组织。IFSA寻求在森林和相关科学专业的学生之间建立全球合作，以扩大知识和理解，并为青年在国际森林进程中提供空间，以实现森林的可持续未来。通过网络，促进学生会议，参与科学辩论，并支持青年参与区域和全球的决策过程。

工作语言：英语

咨商地位：2006年提交咨商地位申请，获得联合国经社理事会特别咨商地位

活动领域：可持续发展

总部地址：德国

International Forum（国际论坛）

机构名称：国际论坛

机构名称（英文）：International Forum

机构名称缩写：IF

机构名称缩写（英文）：IF

机构网站：无

简介：IF是一个非政治和非营利性的协会，于1979年2月在奥斯陆成立。它鼓励外国人和挪威人之间的联系，并安排一些共同感兴趣的活动。

工作语言：英语

咨商地位：获得联合国经社理事会名册咨商地位；获得联合国工业发展组织（UNIDO）认证

活动领域：经济、社会
总部地址：法国

International Gas Union（国际天然气联合会）

机构名称（英文）：International Gas Union

机构名称缩写：IGU

机构名称缩写（英文）：IGU

机构网站：http://www.igu.org

简介：IGU 是一个全球性的非营利组织，成立于 1931 年，总部位于瑞士韦维，秘书处位于英国伦敦。IGU 的使命是倡导天然气作为可持续全球能源体系的一个组成部分，并促进天然气行业的政治、技术和经济进步。IGU 拥有超过 150 个来自五大洲的会员，包括天然气行业的协会和企业，代表了全球 90% 以上的天然气市场。IGU 涵盖了从勘探和生产、管道和液化天然气（LNG）输送，到天然气在使用点的分配和燃烧的完整价值链。IGU 通过支持非歧视性的政策和合理的合同原则和实践，鼓励国际间的天然气贸易；通过推动增加天然气环境效益的技术发展，进一步提高天然气生产、输送、分配和利用的安全性。IGU 的愿景是成为最有影响力、最有效和最独立的非营利组织，作为全球天然气行业的发言人。

工作语言：法语、英语

咨商地位：无

活动领域：经济、可持续发展、社会发展

总部地址：挪威

International Geothermal Association（国际地热协会）

机构名称：国际地热协会

机构名称（英文）：International Geothermal Association

机构名称缩写：IGA

机构名称缩写（英文）：IGA

机构网站：http://www.lovegeothermal.org

简介：IGA 是全球地热能领域的领先平台，致力于推动地热能作为实现可持续发展目标（为所有人提供负担得起的、清洁的、基础负荷能源）

的关键因素。IGA 连接了全球地热社区，提供了促进和支持全球地热发展的网络和机会。IGA 与行业合作伙伴制定标准，推动技术议程的成熟，并培育从事清洁技术的创业者。

工作语言：英语

咨商地位：2015 年提交咨商地位申请，获得联合国经社理事会特别咨商地位

活动领域：经济、社会、可持续发展、发展筹资

总部地址：德国

International Harm Reduction Association（国际减少伤害协会）

机构名称：国际减少伤害协会

机构名称（英文）：International Harm Reduction Association

机构名称缩写：IHRA

机构名称缩写（英文）：IHRA

机构网站：https：//www.hri.global

简介：IHRA 是一个非营利组织，致力于在全球推广减少药物使用和药物政策相关危害的政策和实践，同时维护药物使用者的人权。IHRA 关注的危害包括不仅是药物注射者感染艾滋病毒和丙型肝炎的风险，还有非法药物、酒精和烟草对个人、社区和社会造成的负面社会、健康、经济和刑事影响。

工作语言：英语

咨商地位：2007 年提交咨商地位申请，获得联合国经社理事会特别咨商地位

活动领域：经济、社会

总部地址：英国

International Higher Education Academy of Sciences（国际高等教育科学院）

机构名称：国际高等教育科学院

机构名称（英文）：International Higher Education Academy of Sciences

机构名称缩写：IHEAS

机构名称缩写（英文）：IHEAS

机构网站：http://www.iheas.edu.ru

简介：IHEAS 于 1992 年成立，是一个非政府、非营利的国际学术组织，总部设在俄罗斯莫斯科。该组织旨在促进高等教育和科学的发展，加强不同国家和地区的学术交流和合作，提高教育质量和创新能力。该组织的主要活动包括举办国际会议、出版学术期刊和专著、颁发荣誉称号和奖项、建立国际合作网络等。

工作语言：英语

咨商地位：2002 年提交咨商地位申请，获得联合国经社理事会全面咨商地位

活动领域：经济、社会

总部地址：俄罗斯